マンション管理・改修ガイドブック

資産価値向上のための処方箋

NTTファシリティーズ［監修］

弁護士　　　　　　NTTファシリティーズFMアシスト
佐藤 貴美・南木 政博［著］

編集協力／NTTファシリティーズ総合研究所

大成出版社

書　　名	マンション管理・改修ガイドブック ―資産価値向上のための処方箋―
監　　修	㈱NTTファシリティーズ （株式会社エヌ・ティ・ティ　ファシリティーズ）
著　　者	佐藤貴美 南木政博
編集協力	㈱NTTファシリティーズ総合研究所

［著者紹介］　佐藤　貴美（さとうたかよし）
（50音順）　弁護士，佐藤貴美法律事務所
　　　　　　総理府（現在の内閣府）入省，建設省，総務庁，公害等調整委員会等出向を経て内閣府を退官，2002年弁護士登録，マンション管理士試験委員，賃貸住宅標準契約書改定検討委員会副座長　等
　　　　　　（著書）『基礎からわかる賃貸住宅の管理』住宅新報社，2005年／『実践！賃貸不動産管理』大成出版社，2010年／『自然災害発生!!建物賃貸管理・マンション管理　緊急時の対応』大成出版社，2011年／『わかりやすい　賃貸住宅標準契約書の解説』大成出版社，2012年／ほか

　　　　　　南木　政博（なんもく　まさひろ）
　　　　　　㈱NTTファシリティーズFMアシスト　エキスパート部門
　　　　　　一級建築士，一級建築施工管理技士，インテリアプランナー，ファシリティマネージャー，防犯設備士
　　　　　　（2015年4月現在）

イラスト　古澤　忠正
装偵・組版設計　ビークス

刊行にあたって

　本書刊行に先立ち、「ビルオーナーとビル管理者のための建築関連法規ガイドブック－オフィスビル編」を 4 年前に著しました。こちらは、オフィスビルの維持管理業務を実践するために欠かせない関連法令類や判例をご紹介させていただきました。

　本書は、前著を意識しながら、分譲マンションを中心として、マンション管理や竣工後の修繕・改修に際してトラブルや事故を未然に防ぐための具体的な行動フロー（例）、関連法規、判例などをご紹介しています。

　多くの方々が住まわれるマンションでは、オフィスビル同様、竣工直後から物理的な劣化が徐々に進行していくことから、適正な建物管理が求められます。また、家族以外の集団ゆえに、オフィスビル以上に、マンションごとに独自のきめ細やかな住まい方のルールなどを定め、快適なくらしが営まれるようソフト面での管理も必要となります。

　マンション管理組合をはじめ、マンション管理会社、マンション管理士など多くの方が上記の「管理・改修」に携わっています。

　区分所有者の権利を尊重しつつ、マンションの付加価値を維持向上させるためには、区分所有者の合意形成や意思決定をスムーズに行うことが欠かせません。

　マンションが本格的に普及して約50年となり、その間に、さまざまな社会的・環境的変化、意識の変化、建設技術の変化などがあり、老朽化を契機とした大規模修繕・建替え問題をはじめ、クレーム、トラブルなどが急激に増加し、それに対応すべく、各種法律ばかりでなく、マンション標準管理規約、マンション使用規則モデルなどが制定・改訂されてきています。マンションライフを円滑に進めるための具体的な行動をとる場合には、これらの「基本的ルール」を理解しなければなりません。

　本書を通じて、日常のマンション管理業務と法令・規則の関係を深めていただくにとどまらず、マンションの長寿命化や省エネルギーにも貢献する契機となれば幸いです。

　　2015年 6 月

　　　　　　　　　　　　　　　　　　　　　　　㈱ＮＴＴファシリティーズ
　　　　　　　　　　　　　　　　　　　　　　　　常務取締役建築事業本部長
　　　　　　　　　　　　　　　　　　　　　　　　　　横　田　昌　幸

はじめに

　本ガイドブックは、マンション管理組合、マンション管理士、マンション管理業者（管理業務主任者を含む）の方々などを対象に、マンションの管理、改修について記述したものです。

　これまで、多くのマンション管理・改修に関する書籍が出版されています。しかし、管理組合の理事にはじめてなった方むけのマンション管理運営入門書やマンション管理士・マンション管理業務主任者受験者むけの参考書・問題集が大半を占め、マンション改修は建築の専門家向けがほとんどでした。

　また、マンションの管理の適正化の推進に関する法律（適正化法）が施行され14年が経過し、社会的に適正管理の意識が定着しつつあるなか、「計画的な維持管理に対する取組み」「老朽マンションの修繕・建替え」等での組合員の合意形成に、マンション関連法規の理解と諸課題の共有が不可欠となっており、適正なアドバイスを求める動きは年々高まっています。

　因みに、全国の分譲マンション600万戸（1450万人が居住）のうち、100万戸超は築30年以上で、10年後には250万戸が築30年以上となります。

　さらに、東日本大震災、省エネ気運のさらなる高まり、マンション組合員の高齢化などを契機とした新しい動きや技術が生まれてきています。

そこで、
1．マンション管理・改修の専門家でない方々を中心に、
2．日常の維持管理で生じる一般的なトラブル、疑問や最近のトピックス等を題材に、法律・判例、維持管理技術等の解決策を提供し、
3．修繕計画や工事に関連する法律問題の解釈のヒントを掲載し、心配や問題を事前に摘み取る支援をする。

ためのツールとして刊行するものです。

結果として
　①維持管理や修繕に対するマンション管理組合関係者の抵抗感をやわらげ各種計画の作成を容易にする
　②改修等の意思決定のための判断材料を提供する
　③具体的なマンション管理業務遂行に貢献する
　④マンション組合員間の意思疎通を図り、長寿命化や省エネルギー化等の住環境向上の取り組みを促す

ことなどが期待されます。

　なお、巻末にマンション健全度簡易セルフチェックシートがありますので、ご活用ください。

目次

刊行にあたって

はじめに

第1章 マンション管理の基礎知識（総論）

- 1-1 マンション管理 …………………………………………………3
- 1-2 マンション管理組合業務 ………………………………………9
- 1-3 マンション管理組合における意思決定 ……………………11
- 1-4 総会運営 …………………………………………………………13
- 1-5 理事会運営 ………………………………………………………14
- 1-6 区分所有権 ………………………………………………………17
- 1-7 マンション管理に関する法令 ………………………………24
- 1-8 総会決議 …………………………………………………………25
- 1-9 マンション管理のためのルール ……………………………30
- 1-10 マンションの経年劣化 ………………………………………32

第2章 マンション運営維持

- 2-1 主なマンション管理業務の体系と関連法規チェック項目 …37
- 2-2 マンション維持・保全Q＆A …………………………………41
  - 2-2-1 長期修繕計画 ………………………………………………41
    - Question 1 修繕 …………………………………………42
    - Question 2 長期修繕計画の策定〜修繕実施時期 …45
    - Question 3 長期修繕計画の見直し ……………………50
  - 2-2-2 修繕 …………………………………………………………53
    - (1) 点検・診断 ……………………………………………………54
      - Question 4 点検 …………………………………………54

Question 5　劣化診断……………………………………………63
　(2)　工事の実施………………………………………………………75
　　　Question 6　補修工事の進め方………………………………75
　　　Question 7　工事の優先順位…………………………………77
　　　Question 8　改修工事の進め方………………………………80
　　　Question 9　大規模修繕工事の進め方………………………83
　　　Question 10　工事に係る管理組合側の体制…………………88
　　　Question 11　大規模修繕工事の発注…………………………90
　　　Question 12　第三者監理方式…………………………………96
　(3)　各改修等工事のポイント………………………………………98
　　　Question 13　外壁補修…………………………………………98
　　　●コラム　結露とは、………………………………………106
　　　Question 14　屋上漏水………………………………………107
　　　Question 15　エレベーター…………………………………111
　　　Question 16　排水管設備……………………………………116
　　　Question 17　給水設備の改修………………………………118
　　　Question 18　機械式駐車場施設……………………………123
　　　Question 19　アスベスト対策………………………………126
　　　Question 20　シックハウス対策……………………………135
　　　Question 21　屋外広告物の掲載……………………………138
　　　Question 22　改修工事にともなう届出……………………139
　　　Question 23　専有部分と共用部分にまたがる工事………140
　　　Question 24　専有部分の修繕・リフォーム………………143
　　　Question 25　改修……………………………………………146
　　　Question 26　省エネ対策……………………………………148
　　　●コラム　HEMS、LED照明、節水………………………154
　　　Question 27　バリアフリー化………………………………156
　　　Question 28　電気容量の変更等……………………………162
　　　Question 29　既存不適格建築物……………………………166
　(4)　その他……………………………………………………………169

Question 30　相談体制……………………………………169
　2-2-3　運営管理……………………………………………171
　　　Question 31　マンションに不審者が自由に出入りしない対策……172
　　　Question 32　管理費滞納の回収……………………………177
　　　●コラム　資源ゴミの集団回収……………………………104
　　　Question 33　関係書類の保管………………………………185
　2-2-4　建物の維持管理費用等の見直し……………………189
　　　Question 34　管理ライフサイクルコスト…………………190
　　　Question 35　管理委託契約の見直し………………………193
　　　Question 36　管理会社の変更………………………………195
　　　Question 37　管理費等の不足への対応……………………199

第3章 大規模自然災害等への対応Q&A

　3-1　大規模自然災害への備え……………………………203
　　　Question 38　耐震補強………………………………………204
　　　●コラム　活断層、水防・津波対策、液状化対策…………217
　　　Question 39　防災への取組み………………………………219
　　　Question 40　災害時の緊急的な対応………………………224
　　　Question 41　復旧・再建……………………………………226
　　　●コラム　火災保険や地震保険における「専有部分」と「共用部分」の対象範囲って？……………………………230
　3-2　老朽化対応………………………………………………231
　　　Question 42　老朽化対応……………………………………232

第4章 マンション管理等に関する周辺情報

- 4 マンションをめぐる新しい動き……………………………………243
    - Question 43 第三者管理方式…………………………………244
    - Question 44 マンション管理をめぐる最近の注目点………246
    - Question 45 マンションコンシェルジュ……………………248
    - Question 46 違法ハウス／脱法ハウス………………………250
    - Question 47 マンション管理、改修に関する助成金制度…252

第5章 マンション管理・改修に関する判例と罰則

- 5-1 判例 ………………………………………………………………259
    - 【専有部分と共用部分】 No.1、No.2、No.3、No.4、No.5
    - 【専有部分の修繕・改造】 No.6、No.7
    - 【共用部分の修繕・改造】 No.8、No.9、No.10
    - 【工事の実施・遅延・不備等の責任】 No.11、No.13、No.14、No.15、No.16
    - 【工事代金の支出に係る管理者の責任】 No.12
    - 【事故と管理】 No.17、No.18、No.19、No.20、No.21、No.22、No.23、No.24、No.25、No.26
    - 【自然災害】 No.27、No.28
    - 【増築】 No.29
    - 【復旧】 No.30
- 5-2 マンション管理等にかかわる主な罰則………………………319

第6章 支援ツール

マンション健全度　簡易セルフチェックシート …………327

索引
・事項索引　………………………………………………329
・判例索引　………………………………………………330

おわりに

マンション管理の全容を知っていただくため、下記の表のなかで各章との関係性を示しています。

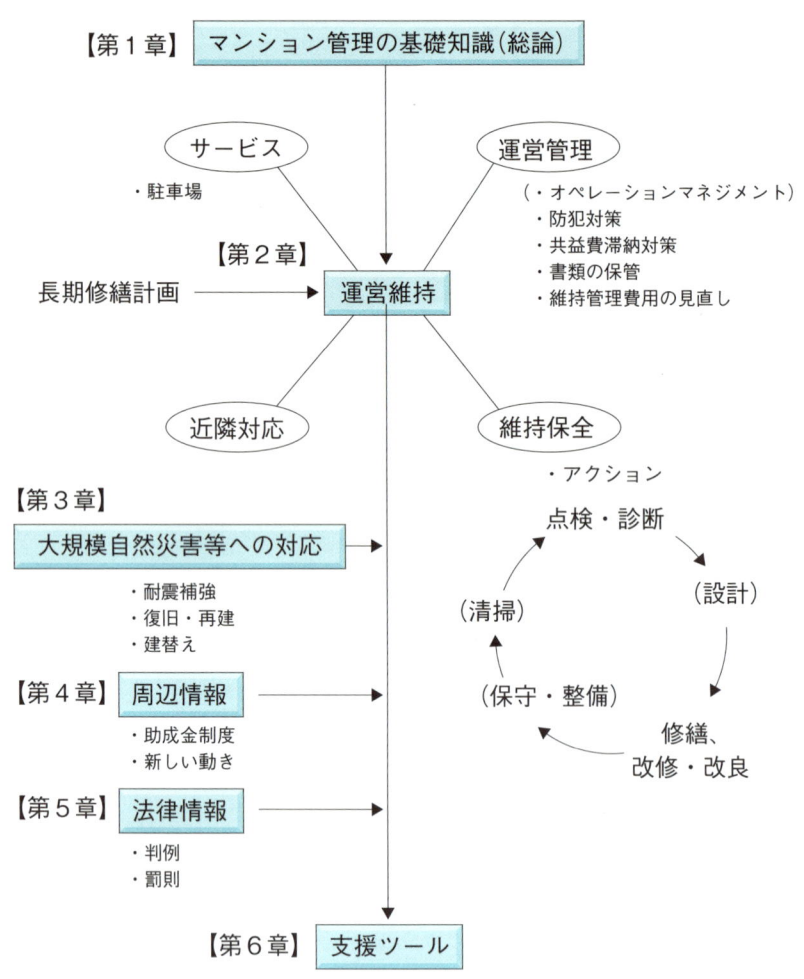

第1章

マンション管理の基礎知識（総論）

1-1　マンション管理

参照判例：No.17，18，19，20，21，22，23，24

マンション管理では、快適に長く住み続けるには欠かせない、通行人等第三者を含め「人命の安全の確保」が何よりも優先されます。また、資産価値を最大限保全し、向上させる場合にも欠かせません。

1-1-1　マンション管理とは、

●マンション管理の定義●

「マンションは管理が重要だ」、「マンションは管理を見てから買え」‥

これらは、昔からマンションについて言われてきた言葉です。ただし、ここでいわれるマンションの「管理」の内容については、必ずしも十分に認識されていません。

マンション管理の内容や役割について考えてみたいと思います。

1つには、日常的に清掃・点検等を行うとともに法令で定められた点検を実施し、必要に応じて不具合箇所等の修繕を行い、それとは別に定期的に大規模な修繕等を実施するというマンションのハード面（建物などの施設）があります。

2つには、多数の者がその専有部分（いわゆるマンションの居室部分）を所有し、建物の外壁や廊下等の共用部分を共有していることから、当該管理を実施するために要する費用を区分所有者から徴収し、マンションの管理をいかに行っていくべきかの意思決定を行い、管理が円滑に進むように日ごろからのコミュニケーションの形成を図るなどというソフト面（運営管理や入居者コミュニケーション）があります【P.5「マンション管理、改修の全体イメージ」参照】。

そして、以上2つの管理（マネジメント）が両輪となって円滑に対応がなされることが、マンションの管理を行ううえで大切になりま

す。前者は、専門的な知識やノウハウ等を要することから、実際の対応は、管理会社または当該管理会社を通じた専門業者等において行われることが通常です。それに対し、後者は、一般に管理組合活動といわれるものであって、区分所有者が自ら主体となって、管理組合と呼ばれる団体の一員となり、その団体の意思決定のもとに行うことになります。

マンションの所有者は、とくに後者の管理を自らが行うということを自覚することが、マンションライフを始める出発点です。

●マンション管理の目的●
マンションの敷地、建物、附属施設等を日常の点検や計画的な修繕などを通して、正常な状態を保つこと（機能維持）と安全で安心な環境をつくるとともに、省エネルギー、ライフサイクルコストの削減、設備の長寿命化などにも努めることで、マンションの資産価値の維持・向上にも貢献することになります。

●マンション管理の対象●
マンション管理の対象は、一般的には共用部分を指します。そして、その管理は居住者（正確には、マンションの区分所有者）が組織する管理組合が行いますが、管理組合の方針を検討・立案し、具体的な問題を処理・解決するうえで重要な役割を果たすのが、マンション管理組合メンバーから選出された理事で構成する理事会になります。

1-1-2　マンション改修とは、

マンション改修は、マンション管理のうち、ハード面の新築時の性能レベルを確保することと建築業界等では定義されていますが、一般的には新築時の性能レベルを満たさない場合も改修と称することもあります。

■マンション管理、改修の全体イメージ

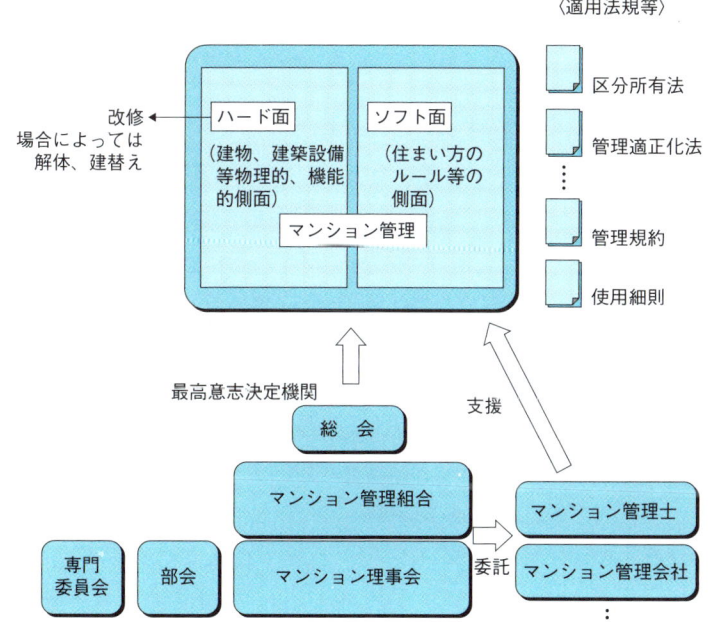

1-1-3 マンションの管理における個々の区分所有者や管理組合の役割

　国は、法令や、マンション管理標準指針などにおいて、マンションの管理に係る区分所有者やその団体である管理組合の役割について、次のように示しています。

【マンションの管理の適正化の推進に関する法律第4条】

> 　管理組合は、マンション管理適正化指針の定めるところに留意して、マンションを適正に管理するよう努めなければならない。
> 　マンションの区分所有者等は、マンションの管理に関し、管理組合の一員としての役割を適切に果たすよう努めなければならない。

【マンションの管理の適正化に関する指針】

二　マンションの管理の適正化の推進のために管理組合が留意すべき基本的事項

　1　管理組合の運営

　　　管理組合の自立的な運営は、マンションの区分所有者等の全員が参加し、その意見を反映することにより成り立つものである。そのため、管理組合の運営は、情報の開示、運営の透明化等、開かれた民主的なものとする必要がある。また、集会は、管理組合の最高意思決定機関である。したがって、管理組合の管理者等は、その意思決定にあたっては、事前に必要な資料を整備し、集会において適切な判断が行われるよう配慮する必要がある。

　　　管理組合の管理者等は、マンション管理の目的が達成できるように、法令等を遵守し、マンションの区分所有者等のため、誠実にその職務を執行する必要がある。

　2　管理規約

　　　管理規約は、マンション管理の最高自治規範であることから、その作成にあたっては、管理組合は、建物の区分所有者等に関する法律に則り、「中高層共同住宅標準管理規約」を参考として、当該マンションの実態及びマンションの区分所有者等の意向を踏まえ、適切なものを作成し、必要に応じ、その改正を行うことが重要である。さらに、快適な居住環境を目指し、マンションの区分所有者等間のトラブルを未然に防止するために、使用細則等マンションの実態に即した具体的な住まい方のルールを定めておくことが肝要である。

　　　管理規約又は使用細則等に違反する行為があった場合、管理組合の管理者等は　その是正のため、必要な勧告、指示等を行うとともに、法令等に則り、その是正又は排除を求める措置をとることが重要である。

　3　共用部分の範囲及び管理費用の明確化

　　　管理組合は、マンションの快適な居住環境を確保するため、あらかじめ、共用部分の範囲及び管理費用を明確にし、トラブルの未然防止を図ることが重要である。

特に、専有部分と共用部分の区分、専有部分と共用部分の管理及び駐車場の使用等に関してトラブルが生じることが多いことから、適正な利用と公平な負担が確保されるよう、各部分の範囲及びこれに対するマンションの区分所有者等の負担を明確に定めておくことが望ましい。

4　管理組合の経緯

　管理組合がその機能を発揮するためには、その経済的基盤が確立されていることが重要である。このため、管理費及び特別修繕費等について必要な費用を徴収するとともに、これらの費用を明確に区分して経理を行い、適正に管理する必要がある。

　また、管理組合の管理者等は、必要な帳票類を作成してこれを保管するとともに、マンションの区分所有者等の請求があった時は、これを速やかに開示することにより、経理の透明性を確保する必要がある。

5　長期修繕計画の策定及び見直し等

　マンションの快適な居住環境を確保し、資産価値の維持・向上を図るためには、適時適切な維持修繕を行うことが重要である。特に、経年による劣化に対応するため、あらかじめ長期修繕計画を策定し、必要な修繕積立金を積み立てておくことが必要である。

　長期修繕計画の策定及び見直しにあたっては、必要に応じ、マンション管理士等専門的な知識を有する者の意見を求め、また、あらかじめ建物診断等を行って、その計画を適切なものとするよう配慮する必要がある。

　長期修繕計画の実効性を確保するためには、修繕内容、資金計画を適正かつ明確に定め、それらをマンションの区分所有者等に十分周知させることが必要である。

　管理組合は、維持修繕を円滑かつ適切に実施するため、設計に関する図書等を保管することが重要である。また、この図書等について、マンションの区分所有者等の求めに応じ、適時閲覧できるように配慮することが望ましい。

　なお、建築後相当の年数を経たマンションにおいては、長期修

繕計画の検討を行う際には、必要に応じ、建替えについても視野に入れて検討することが望ましい。建替えの検討にあたっては、その過程をマンションの区分所有者等に周知させるなど透明性に配慮しつつ、各区分所有者等の意向を十分把握し、合意形成を図りながら進めることが必要である。

6 その他配慮すべき事項

マンションが団地を構成する場合には、各棟固有の事情を踏まえながら、全棟の連携をとって、全体としての適切な管理がなされるように配慮することが重要である。

また、複合用途型マンションにあっては、住宅部分と非住宅部分との利害の調整を図り、その管理、費用負担等について適切な配慮をすることが重要である。

三 マンションの管理の適正化の推進のためにマンションの区分所有者等が留意すべき基本的事項

マンションを購入しようとする者は、マンションの管理の重要性を十分に認識し、売買契約だけではなく、管理規約、使用細則、管理委任契約、長期修繕計画等管理に関する事項に十分に留意する必要がある。

また、マンションの区分所有者等は、マンションの居住形態が戸建てのものとは異なり、相隣関係等に配慮を要する住まい方であることを十分認識し、その上で、マンションの快適かつ適正な利用と資産価値の維持を図るため、管理組合の一員として、進んで、集会その他の管理組合の管理運営等に参加するとともに、定められた管理規約、集会の決議等を遵守する必要がある。そのためにも、マンションの区分所有者等は、マンションの管理に関する法律等に関する理解を深める必要がある。

専有部分の賃借人等の占有者は、建物又はその敷地若しくは付属施設の使用方法につき、マンションの区分所有者等が管理規約又は集会の決議に基づいて負う義務と同一の義務を負うことに十分に留意することが重要である。

1-2 マンション管理組合業務

区分所有法第3条により、区分所有者は全員で建物ならびにその敷地および附属施設の管理を行うための団体（管理組合）が設立されます。

1-2-1 マンション管理業務の目的

マンション管理組合の業務とは、すべての組合員の大切な共通財産であるマンションの適正な維持管理のために、それぞれの管理組合の管理規約に基づいて行われる業務であり、その適切な遂行により、快適なマンションライフを実現継続させ、マンション全体の価値の維持向上に寄与することを目的としています。

1-2-2 マンション管理業務の主な業務

マンション管理組合の主な業務は以下のとおりです（詳しくは国土交通省「マンション標準管理規約」を参照）。

1. 敷地および共用部分等の保安、保全、保守、清掃、消毒、ゴミ処理
2. 組合管理部分の修繕
3. 長期修繕計画の作成または変更に関する業務
4. 建物の建替えにかかわる合意形成に必要となる事項の調査に関する業務
5. （マンション管理適正化法に定める）宅地建物取引業者から交付を受けた設計図書の管理
6. 修繕等の履歴情報の整理および管理等
7. 共用部分にかかわる火災保険その他の損害保険に関する業務
8. 区分所有者が管理する専用部分について管理組合が行うことが適当であると認められる管理行為

9．敷地および共用部分等の変更、運営
 10．修繕積立金の運用

　なお、どのような管理を行うのか、どのような業務をどこのマンション管理会社に委託するのか、どんな修繕を行うかなどの決定は、原則としてすべての区分所有者による集会で決定されます【下図参照】。

■**管理組合の組織**

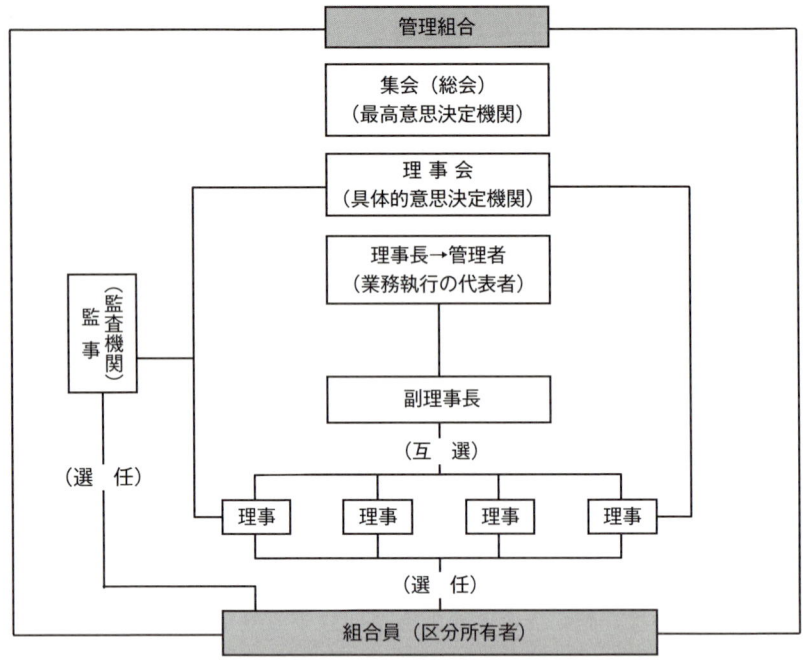

（注）監事は、理事会メンバーではありませんので、理事会の議決権は有していませんが、理事会へのオブザーバーとしての参加は認められています。

出典：「マンション管理の知識（平成26年度版）」569頁（(公財)マンション管理センター）に加筆

1-3　マンション管理組合における意思決定

参照判例：No.12，13

　各マンションごとに策定された「管理規約」のなかに管理組合の意思決定に関することは規定されています。最低でも年1回開催する区分所有者が全員参加する「総会」がマンション管理組合における最高意思決定機関になります。なお、総会でマンション管理などに関する決議（意思決定）内容によって決議に要する最低人数が異なります。

1-3-1　マンション管理組合における意思決定のためのポイント

1．日常的な維持管理業務について、「総会」をそのたびに開催して区分所有者の意思を集約することは大変な労力を要することから、一定の範囲の維持管理業務は「理事会」という業務執行機関に任せることになります。
2．管理組合員になれるのは、マンションの区分所有者だけであり、区分所有者の家族や区分所有者の賃借人（占有者）は組合員になることはできません。
3．棟数が複数存在する大型マンションなど、1棟ごとの「棟別管理組合」と全体を管理する「全体管理組合」が併存する場合があります。それぞれの管理組合は管理する対象が異なるだけで、管理組合間の上下関係は存在しません。
4．管理組合員でなくても、マンション居住者は総会での決定事項や管理規約を守らなければなりません。具体的には、区分所有者の家族等である「同居人」、区分所有者から賃貸している「占有者」などが対象になります。

　また、総会決議の後に管理組合員となった者も同様です。具体

的には、区分所有者の相続人である「包括承継人」、区分所有者からマンションを購入した「特定承継人」がこれにあたります。
5．意思決定の一般的なプロセスは、以下のとおりです。
 (1) 理事会が現状を的確に把握し分析して問題点を明確にして、区分所有者にその問題を提示する。
 (2) 理事会は問題に対して専門知識をもって（外部の専門家などの力も借りて）対応案を複数作成し、その後を予測してその効果や問題点を区分所有者に提示する。
 (3) 各々の区分所有者は総会等の場で自らの考えを表明し、理事会は区分所有者の意向を考慮しながら複数の対応策を評価してひとつの対応策に絞り込む。
 (4) その後総会等で決議して具体的な対応を決定する。そして議事録の配布や広報誌などを通じてその内容を全区分所有者に周知する。

1-4　総会運営

総会は管理組合の最高の意思決定機関です。マンション内で生じるさまざまな問題等を解決するためには、総会の円滑な運営が望まれます。事前の周到な準備と総会当日のスムーズな議事運営が欠かせません。

1-4-1　総会運営のポイント

総会は、管理組合員全員に前もって開催を通知し、委任状や議決権行使書を含めて議決権総数の半数以上が参加すれば成立します。

総会では、マンションにおける最高意思決定機関として、理事会が提案する管理組合のルール案（管理規約の変更、使用細則の変更などを含むマンション管理の重要事項のすべて）や課題への対応策を決議します。

総会には、定期総会と臨時総会があり、定期総会は区分所有法により年に1度、会計年度末から2か月以内に開催しなければなりません。臨時総会は、急を要する案件の討論、議決の場として不定期に開催されます。

定期総会の主な議題	前年度の決算報告と事業報告、新年度の予算と事業計画、新しい理事の選任など
臨時総会の主な議題	補欠理事の選任、緊急設備補修工事など急を要する問題の討論、大規模修繕工事の実施など急ぎ決議を要する案件、定期総会での議論が不十分な案件

1-5　理事会運営

　理事会は、管理組合の業務執行機関であり、総会決議等で付託された事項の意思決定機関です。マンション内で生じるさまざまな問題等を解決するためには、理事会の円滑な運営が望まれます。

1-5-1　理事会運営の留意点

　管理組合の運営において、理事会の活動は、具体的な業務執行方法等を決定し、理事長等の業務の適正化を図るなどの観点から重要です。理事会では、実際に管理組合としての管理方針案を作成したり、具体的な問題を処理・解決することが求められます。理事会に関しては区分所有法では特段の定めはありませんが、マンション標準管理規約では次のように決めています。

●理事会の招集●

　理事会は、通常、理事長が招集します。ただし、理事が一定数の理事の同意を得て理事会の招集を請求した場合は、理事長は速やかに理事会を招集しなければならないとされています（標準管理規約第52条第2項）。

　理事会には、可能な限り監事や管理会社の担当者の出席を要請します。スムーズなマンション管理を継続するため、理事会は月1回以上の開催が理想的といわれています。

●理事会の会議および議事●

　理事会の会議は、理事の半数以上が出席しなければ成立せず、議事は出席理事の過半数で決することとしています（標準管理規約第53条第1項）。

　理事会における書面または代理人による議決権の行使について

は、実情を勘案してこれらを認めるのであれば、管理規約に所定の規定を置くことが必要です。

　各会計年度のはじめての理事会では、各理事の役割・責任、前年度の理事長・理事会からの申し送り課題等、主だった年間計画などについても確認することになります。

●理事会の決議事項●

　理事会は、総会の決議事項を執行するほかに、管理規約、使用細則に定められた業務中、日常的なトラブルへの対応、年間の収支など管理組合の運営に必要なさまざまな事案を審議し業務を処理します。

　具体的には、理事会は、次の事項を決議するとされています（標準管理規約第54条）。

❶　収支決算案、事業報告案、収支予算案および事業計画案
❷　規約の変更および使用細則等の制定、変更または廃止に関する案
❸　長期修繕計画の作成または変更に関する案
❹　その他総会提出議案
❺　専有部分の修繕に対する承認または不承認
❻　管理規約に定める業務違反者に対する勧告または指示等
❼　その他総会から付託された事項

●議事録●

　理事会は、管理規約に基づき、会議の経過の要領および結果を記載した議事録を作成しなければなりません（標準管理規約第53条第2項）。

　管理規約で規定されている理事会の決議事項や総会から付託された事項などに対する理事会の決議の効力は、その決議の時点での区分所有者はもとより、特定承継人(※)にも及ぶことからも、議事録の作成は重要です。

　理事会の議事録は、会議の終了後速やかに作成します。また、

主な議事内容を記した広報誌を作成して組合員へ配付して、理事会における決議事項の内容や業務の執行状況の周知に努めることは、管理組合の円滑な運営につながります。

●理事の任期・改選●
　理事の任期は組合の事情に応じて1～2年で設定します。業務の継続性を重視して、役員は半数改選とすることも考えられますが、この場合には役員の任期は2年とします（標準管理規約第36条）。

※　特定承継人とは
　他人の権利義務を個別的に取得承継する人。ここでは主に売買等により区分所有権を取得した人が想定されます。

1-6　区分所有権

　区分所有権とは、マンションの区分所有者が保有する「専有部分」や共用部分、敷地の持分を所有する権利のことをいいます。自由に利用し、自由に売買できるとはいっても、管理規約によってある程度の制約を受けることから、その実質は制限的所有権という見方もあります。

1-6-1　区分所有権のポイント

●**戸建て物件の所有権**●

　戸建て物件も、分譲マンションも、物件を購入する者は、当該物件に係る所有権を取得します。しかしながら、戸建て物件では、完全な所有権として、自由な利用が想定され、修繕や改築、建替えなどの行為も自由に行うことができます。

●**マンションの区分所有権**●

　それに対してマンション（区分所有建物）の場合は、壁や天井・床等で隔てられた空間に多数の世帯が入居することから、その利用や修繕等の扱いは、戸建て物件とは異なる制約が予定されます。法令上も、マンション所有者の所有権は、建物の区分所有等に関する法律により、「区分所有権」と命名され、一定の制約があることが予定されています。

　すなわち、戸建て物件であれば、その住宅等をどのように利用するかは、都市計画法や建築基準法、地方公共団体の条例に定める用途制限にかかわらず、かつ、その利用が社会的正義に反するようなものではない限り、自由です。それに対しマンションでは、住宅以外に利用することができるか、住宅として使用するにしても、楽器演奏等の時間の制約や、ペット飼育の可否などについても、それぞれのマンションで定める管理規約にしたがって、制約がなされることが予定されて

いるところです。誤解をおそれずにいえば、制限的な所有権であるというイメージを持っていただくことが、マンションライフを開始する際の出発点としておくことが、後々の問題に対処する際には有益でしょう。

　さらにいえば、マンションは、構造上近隣関係が戸建て以上に密接であり、日常的な交流の有無は別にして、緊急時の対応などにおいては戸建て以上に良好な近隣関係が求められる場合があり、しばしばマンションを選択する際に言われる「ご近所づきあいの煩わしさがない」といった理由は、必ずしも実体にあっていないことにも注意が必要です。

■戸建て物件の所有権とマンションの区分所有権との違い

	戸建て物件（所有権）	マンション（区分所有権）
保存行為① （破損したフローリングの張替え）	所有者が単独でできる	原則として区分所有者の単独でできるが、管理規約等で一定の制限がある場合がある（例えば居室内のフローリングの張替えにつき、管理組合への届出等が必要とされる場合がある）
保存行為② （破損した窓ガラスの取替え）	所有者が単独でできる	窓ガラスは共用部分とされており、管理組合が行うか、管理組合の承諾を得て区分所有者が実施できる場合がある
管理行為	所有者が単独でできる	区分所有者の多数決による
処分行為 （売却）	所有者が単独でできる	区分所有者が単独でできる（管理組合の承諾等は不要）
利用の制約 （例　ペット飼育）	自由	管理規約で制約される場合がある

1-6-2　戸建ての管理とマンションの管理との相違
　　　　～区分所有法の世界

●マンションにおける民法と区分所有法●

　マンションをめぐる法律関係については、まず、あらゆる私法関係（個人間の権利義務関係等を決める法律関係）の基本法である民法が適用されます。

しかし、ひとつの建物に多くの所有者がいることが想定されるマンションについては、民法の規定では複雑な権利義務関係に対応することができず、マンションのような区分所有建物（建物の内部が構造上・利用上独立性を有する部分に区画され、複数の者がその建物の一部をそれぞれ区分して所有することが予定されている建物）については、民法の特別法として、建物の区分所有等に関する法律（通称「区分所有法」といわれます。本書においても「区分所有法」と表記します）が適用されることとなっています。

●マンション管理における意思決定●

区分所有法では、区分所有者（建物の一部を区分して所有する者）が2人以上となったとき、法律上当然に、マンションを管理する団体が成立するとされ、その団体における各区分所有者の意思決定する際の持分割合（いわば発言権の大きさ）や、団体の構成、マンションの管理の基本的枠組みなどが規定されています。そして、マンションの管理は、基本的にその団体としての意思決定に基づいて行われることとされるのです。多くのマンションでは、管理規約の作成等によってこの団体をより明確なものと位置づけ、「管理組合」として構成し、日常的に管理組合がマンション管理を行うという体制をとっています。

●マンションにおける制限●

戸建て住宅の所有者は、近隣住民等に迷惑をかけないという限定はありますが、その建物や敷地について、基本的にその所有者の意思のみによって自由に管理ができます。それに対し、マンションでは、管理組合を構成する他の区分所有者との間で協議等をし、多くの場合多数決による団体としての意思決定にしたがって、管理が実施されることになりますので、必ずしも区分所有者が自由に対応することはできないという相違があります。したがって、廊下・階段・エレベーター等の共用部分や敷地に限らず、各区分所有者が専有するそれぞれの住戸部分でも、隣接物件や共用部分に影響が生じるような工事等の実施

に際しては、管理組合内で自主的に定められる規範にしたがい、管理組合に対し事前に届出を要するなどの手続き的な制約があることにも注意が必要です。

● 「管理組合」という組織がないマンションの管理 ●

マンションによっては、自分のところは「管理組合」はないと言われるところもあるようです。しかし「管理組合」という名称ではなくても、あるいは通常は団体としての活動がないところでも、当然に区分所有法が適用されますので、それにしたがって管理を行う団体が存在することになります（この団体のことを、「区分所有法3条に定める団体」ということがあります）。マンションの管理にあたっては、この団体の決定（団体活動がない場合には、その都度区分所有者が集まった集会での決議をします）に基づいて行うことになります。

■区分所有法の内容

第1章　建物の区分所有等
第1節　総則
　　　　建物の区分所有、定義（1・2条）
　　　　区分所有者の団体（3条）
　　　　共用部分・規約による建物の敷地（4・5条）
　　　　区分所有者の権利義務等（6条）
　　　　管理のための費用に係る先取特権・特定承継人の責任（7・8条）
　　　　建物の設置又は保存の瑕疵に関する推定（9条）
　　　　区分所有権売渡請求権（10条）
第2節　共用部分等
　　　　共用部分の共有関係・使用・持分の割合・持分の処分・変更・管理負担及び利益収取（11〜19条）
　　　　管理所有者の権限（20条）
　　　　建物の敷地等に対する共用部分に関する規定の準用（21条）
第3節　敷地利用権

分離処分の禁止・分離処分の無効の主張の制限・民法255条
　　　　　の適用除外（22～24条）
　第4節　管理者
　　　　　選任及び解任・権限・管理所有・委任の規定の準用・区分所
　　　　　有者の責任等（25～29条）
　第5節　規約及び集会
　　　　　規約事項・規約の設定、変更及び廃止・公正証書による規約
　　　　　の設定・規約の保管及び閲覧（30～33条）
　　　　　集会の招集・招集の通知・招集手続の省略・決議事項の制
　　　　　限・議決権・議事・議決権行使者の指定・議長・議事録・事
　　　　　務の報告・占有者の意見陳述権・書面又は電磁的方法による
　　　　　決議（34～45条）
　　　　　規約及び集会の決議の効力（46条）
　第6節　管理組合法人
　　　　　成立等・名称・財産目録及び区分所有者名簿・理事・理事の
　　　　　代理権・理事の代理行為の委任・仮理事・監事・監事の代表
　　　　　権・事務の執行・区分所有者の責任・特定承継人の責任・解
　　　　　散・清算・残余財産の帰属（47～56条）
　第7節　義務違反者に対する措置
　　　　　共同の利益に反する行為の停止等の請求（57条）
　　　　　使用禁止の請求（58条）
　　　　　区分所有権の競売の請求（59条）
　　　　　占有者に対する引渡し請求（60条）
　第8節　復旧及び建替え
　　　　　建物の一部が滅失した場合の復旧等（61条）
　　　　　建替え決議・区分所有権等の売渡し請求等・建替えに関する
　　　　　合意（62～64条）
第2章　団地
　　　　　団地建物所有者の団体・建物の区分所有に関する規定の準
　　　　　用・団地共用部分・規約の設定の特例・団地内の建物の建替
　　　　　え承認決議・団地内の建物の一括建替え決議（65～70条）
第3章　罰則（71・72条）

1-6-3　商業ビルの管理とマンションの管理との相違
〜マンション管理の難しさ（意思決定などの困難さ）

●**マンション管理規約**●

　管理組合が行う管理の内容や方法、そのあり方を決める意思決定の方法、組織などについては、区分所有法ではその大枠を定めるだけで、具体的なものは基本的に、それぞれの管理組合が定める「管理規約」と呼ばれる内部規範によって規律されます。

●**マンション標準管理規約**●

　区分所有法には、管理規約を定める手続きや重要な意思決定手続きのあり方の規定はありますが、その内容までは触れていませんので、本来はマンションの数だけ異なる管理規約の内容があるはずです。しかし、区分所有者の権利義務関係や管理組合運営の基本部分は多くのマンションで共通する部分も多いはずであり、それぞれのマンションで管理規約を定める際の参考となるものがあったほうが、マンションのより適正な管理が図られることになります。そこで、国土交通省では、「マンション標準管理規約」を作成・公表し、この標準管理規約を参考に、個々のマンション特性に応じて適宜修正して使うことを推奨しています。

　この標準管理規約によれば、マンションの管理のあり方などについての意思決定手続きは、基本的に区分所有者全員で構成される総会の決議にしたがうことになります。決議は通常は次の2つのいずれかです（なお、建替決議等の特別な場合の決議についてはさらに要件が重くなります）。

| ❶ | 特別多数決議 | 区分所有者の頭数と議決権割合のそれぞれで4分の3以上の賛成により決議されるもの |
| ❷ | 普通決議 | 有効に成立した総会（会議成立のための定足数は区分所有者数の2分の1以上とされています）において、出席者の頭数の過半数の賛成により決議されるもの |

　❶の場合はもちろん、❷の場合でも、マンションの管理に係る諸問題については、まずは総会で審議され、さらに出席者の過半数の賛同を得なければ実施ができないということで、その意思決定や管理の実施にたどりつくまでには大きな困難が生じることがあります。

●議決権●

　議決権とは、会議に参加し、議決に加わる権利を意味します。代理人による議決権行使も可能ですが、委任状の提出を条件としているのが一般的です。総会の議決権の原則は、共用部分の共有持ち分の割合となり、専有部分の床面積の広さによって、その部屋を所有する組合員の一票の権利が決まります。各専有部分の床面積がほぼ同程度であれば、専有部分1戸につき各1個の議決権としていることが多いようですが、議決権は各マンションの管理規約によって定められていますのでご確認ください。

●マンションにおける意思決定●

　単独オーナーが所有する商業ビルの場合、さまざまなテナントが入りますが、各テナントは賃借人であり、その利用や管理のあり方は、貸主であるオーナーと各テナントとの間の賃貸借契約に基づくものであり、建物全体の管理のあり方は、テナントの営業との関係で調整が必要であるとしても、最終的にはオーナーが単独で決定することになります。それに対し、マンションの場合には、区分所有者間の協議と合意（最終的には多数決）によって、管理のあり方等が決定され、その意思決定過程は非常に大変であるといった相違点があります。

1-7　マンション管理に関する法令

現在、マンション管理をめぐる諸法令は、4つの法令（区分所有法、マンション管理適正化法、マンション建替え円滑化法、被災マンション再建特別措置法）がありますが、これらが総合的にマンションの管理のあり方について規定しています。

1-7-1　主な法令

●建物の区分所有等に関する法律●

区分所有建物に係る権利関係（専有部分、共用部分、敷地利用権）、区分所有建物の管理、建物の復旧・建替えの意思形成等について定めたもので、管理組合の運営の基礎となるものです。

●マンション管理適正化法●

❶　マンション管理士制度
❷　マンション管理業者の登録および行政の指導等
❸　国、地方公共団体、マンション管理適正化推進センターによる支援等を規定し、管理組合が主体となるマンション管理について、いわばその周辺環境の整備を図っているものです。

●マンション建替え円滑化法●

マンションの建替えの意思形成がなされた後の（意思形成までは区分所有法・被災マンション再建特別措置法が適用されます。ただし、耐震不足のための建替え決議についてはこの法律が適用されます）、建替え事業の円滑化を図るための権利関係の調整や、事業施行主体の整備等について定めたものです。

●被災マンション再建特別措置法●

災害等で建物が全部滅失した場合の建替え決議について定めたものです。

1-8 総会決議

建物の区分所有等に関する法律（以下、区分所有法）第39条において、総会の議事は区分所有法では、総会決議を要する事項とそれぞれの決議要件が定められています。区分所有法やマンション管理規約に別段の決まりがない限り、区分所有者および議決権の各過半数で決すると規定されています。

1-8-1 総会決議基準の主なポイント

一般には、過半数で決する決議を普通決議、別段の決まりにより決する決議を特別決議といいます。区分所有法では、次の表のように決議を要する事項とそれぞれの決議要件を定めています。

■総会決議基準（区分所有法上）

分類	議決事項	決議数（組合員数および議決権総数の）	該当条項	備考
普通決議	管理組合規約に基づく細則の設定、変更または廃止	過半数	第39条	
	管理対象物の変更または処分（多額の費用を要するものを除く）	過半数	〃	
	役員の選任または解任	過半数	〃	
	役員の報酬の決定または変更	過半数	〃	
	管理費等の金額の決定または変更	過半数	〃	
	組合の収支予算の決定または変更	過半数	〃	
	組合の収支決算報告	過半数	〃	
	組合の運営または業務執行にかかる重要な方針の決定または変更	過半数	〃	

	組合業務の委託等の決定または変更	過半数	〃	
	その他組合員の共同の利益にかかる重要事項	過半数	〃	
特別決議	建替え決議	5分の4以上	第62条	
	団地内の建物の一括建替え決議	5分の4以上	第70条	
	団地内の建物の建替え承認決議	4分の3以上	第69条	
	規約の設定・変更・廃止	4分の3以上	第47条（標準管理規約）	
	規約の設定の特例	4分の3以上	第68条	
	管理組合の法人化	4分の3以上	第47条	
	使用禁止の請求	4分の3以上	第58条	専有部分が対象
	区分所有権の競売の請求	4分の3以上	第59条	専有部分が対象
	復旧決議	4分の3以上	第61条	滅失した共用部分が対象
	占有者に対する引渡し請求	4分の3以上	第60条	賃借人等の「共同利益相反行為」による障害を除去する方法がない場合
	共用部分の変更または処分（その形状または効用の著しい変更をともなわないものを除く）	4分の3以上（ただし、この組合員の定数は規約でその過半数まで減じられる）	第17条	

※普通決議には議長は加わらない　　　※特別決議には議長も参加する

　なお、マンション標準管理規約第48条にも総会における議決事項が規定されています。区分所有法にはない、修繕積立金、長期修繕計画などに関する事項も総会の決議を経ることが記載されています。

総会運営にあたっての留意点

建物管理も含めマンションの管理を行うには、基本的に、個別の事業実施の決議や事業計画等の総会での意思決定が要求されることから、管理を適切に実施するにあたっては総会を円滑に運営することが大変重要となります。

管理組合の総会の運営に際しては、区分所有法、標準管理規約および標準管理指針などに照らし、次の点に留意する必要があります。

●総会開催の準備●

❶ 事前準備

総会の開催に先立って、報告事項と決議事項の整理、決議事項の検討、議案書の作成、会場の手配、総会出欠の事前確認、委任状、議決権行使書面の作成などの準備を行います。

❷ 報告事項

報告事項は、理事長(管理者)がその事務の執行について報告し、組合員(区分所有者)からの質問に答え、組合員が管理者の職務を監督できる内容のものとします。

❸ 決議事項

決議事項は、普通決議事項と特別決議事項の内容を整理して区分します。また、決議事項において、

> (ア) 共用部分の変更または規約の設定、変更もしくは廃止が一部の組合員の権利に特別の影響を及ぼすべきときの当該組合員の承諾(区分所有法第17条2項、第31条)
>
> (イ) 占有者が会議の目的たる事項につき利害関係を有する場合の意見陳述権の確保(区分所有法第44条)

の必要性などについて十分に検討します。議案書の作成の際には、総会の議事の進行を勘案した議題の順序、組合員が議題について十分な判断ができる資料の添付につき十分に配慮することも大切です。

❹ 会場の手配

　会場の手配は、組合員が出席しやすい日時や場所に配慮し、出席予定者の見込み数などを勘案します。出欠票、組合員が自ら出席できない場合の委任状、議決権行使書面を準備します。

❺ 総会招集の通知（区分所有法第35条）

　総会招集の通知は、管理規約に定める期間は勘案して各区分所有者に発します。通知のあて先は、標準管理規約では、区分所有者が通知を受ける場所を管理者あてに届出がなされているときはその場所に、そうでない場合はその区分所有者の所有する専有部分にすることとされています（標準管理規約第43条第2項）。

❻ 総会の議長（区分所有法第41条）

　総会における議長は、規約に別段の定めがある場合および別段の決議をした場合を除いて、管理者である理事長が議長となります。一部の区分所有者が集会を招集した場合には、招集した区分所有者の1人が議長となります。

●総会の進め方および運営方法●

　総会の進め方および運営方法は、一般的には、次のような順序で行われます。

❶ 開催の宣言　管理規約に基づく総会を開催する旨を宣します。

❷ 議長の選出　管理規約に定める選出規定に基づき、議長の選出を行います。

❸ 定足数の確認

　総会の成立に必要な定足数および出席組合員（議決権行使書面の提出および代理人を含みます）の議決権数等を確認し、出席者に報告します。また、議案ごとに必要な議決権数等を確認します。代理人については、標準管理規約では同居人、賃貸人および他の区分所有者等に制限しているので、その資格の確認を行います。

❹　議事録署名人の指名

　管理規約の規定に基づいて、出席組合員から議事録署名人2名の指名を行います。

❺　各議題の説明、質疑応答

　議題ごとに説明し、それに対する質疑応答を行います。議題の内容について、組合員の賛否の判断が得られたと思われる段階で採決に移ります。

❻　議案の採決

　議案の採決をスムーズに行うためには、採決時までに、議決権行使書面による出席者数と議決件数を各議案の賛否ごとに数を集計します。採決の結果は、議案ごとに組合員の意思表示の態様別（本人の出席、代理人による出席、議決権行使書面の提出）に確認してその報告をします。

❼　閉会宣言　すべての議案の審議が終了した段階で、閉会の宣言を行います。

❽　議事録の作成（区分所有法第42条）

　議事録は議長が作成する。議長が議事録を作成せず、議事録に記載すべき事項を記載せず、あるいは虚偽の記載をしたときは、過料に処せられるとされています。

　議事録には、議事録の正確性を確保するため、議長と出席組合員2名が署名押印します。議事録には、議事の経過の要領およびその結果を記載しなければなりません。議事の経過とは、議題、議案、討議の内容および採決方法等を指し、それらの要領の記載で足りるとされています。

1-9　マンション管理のためのルール

　マンションの管理のために定められるルールとしては、一般的に管理規約と使用細則があります。
　管理規約は、管理組合員が快適かつ安全に生活するためにお互いに守ることを約束したルールです。一方、使用細則は、管理規約に基づいて決められる共同生活を送るうえで守るべきことを規定した細かなルールです。管理規約と使用細則とでは、その制定・改廃等の際の総会での決議要件も異なります。

　「管理規約」は、管理組合の組合員が快適にかつ安全に生活するため、入居者同士がお互いに守ることを約束した管理組合の憲法のようなものです。一般には、国土交通省が公表している「マンション標準管理規約」をベースにして、それぞれのマンションの事情等に応じて個別に作成し改正することが多いようです。規約の具体的な内容は「区分所有法」を核にして、マンションの管理や運営を行うために守らなければならない基本的な事項を定めています。
　一方、「使用細則」は管理規約に基づいて決められるもので、マンションという共同生活を送るうえで、日頃注意すべき、守るべきことを各マンション事情を加味して細かく規定したものです。
　どちらのルールも区分所有者ばかりでなく、同居人や賃借人もその対象としており、これらの基本ルールを守る義務を負っています【P.31参照】。

■管理規約と使用細則の特徴

	管理規約	使用細則
目的	マンション管理の基本的なルール	日常生活における注意事項や共用部分、専有部分の使い方のより詳しいルール
具体的な内容	管理規約の目的、専有部分の範囲、敷地・共用部分の範囲、管理方法、費用の負担、管理組合の業務、役員の決め方や職務、総会の開き方、管理組合の会計　など	駐車場・駐輪場のルール、ペットの飼育のルール、ゴミ分別のルール、騒音などのルール、リフォームの届出、集会所使用のルール、管理費などの滞納の督促のルール、専門委員会の設立と運営
制定・改廃のルール	特別決議として、区分所有者の4分の3以上と議決権の4分の3以上の同意を得る（マンション区分所有法第31条第1項）	普通決議として、規約に別段の定めがない限り、区分所有者と議決権の各過半数の同意を得る

■管理規約で定める事項と区分所有法との関係

区分所有法と異なる定めができない事項	・管理規約の設定、変更・廃止 ・共用部分の変更、建替え　など
管理規約で区分所有法で異なる定めができる事項	・費用の負担の割合、共用部分の持分割合 ・普通議決権の要求、総会の議長　など
区分所有法に定めがない事項 （任意で定めることができる事項）	・管理組合の名称、事務所の場所 ・理事、会計担当理事、監事の選任方法、人数、任期、職務権限 ・会計年度の開始・終結日時 ・管理費用の徴収方法　など

マンション管理の基礎知識（総論）

> ## 1-10　マンションの経年劣化
>
> 　マンションも他の建物同様、竣工直後から骨組みである鉄骨やコンクリートが、錆、海塩、酸性土壌などの外的劣化要因と、コンクリートのひび割れ、コンクリート内の鉄筋のかぶり厚不足などの内的劣化要因によって、コンクリートの中性化、鉄筋腐食、コンクリート強度の低下、漏水などの劣化が徐々に進行し「老朽化」へと至ります。

●建築本体の経年劣化●

　具体的な現象としては、外部鉄部の錆、外壁のタイルや塗装が10～15年経過すると浮きや剥がれなどがあります。場合によっては、雨漏りが生じることも考えられます。

●建築設備の経年劣化●

　また、設備関係では、各種配管が配管内を通過する汚水等により内面の腐食が進行し、汚れの付着による配管断面の縮小・閉塞（錆こぶ）が発生します。

　電線ケーブルは、絶縁材料である高分子材料が吸湿、電線の発熱、外力による傷・圧迫などのほか、風雨、紫外線、寒暖の繰り返しなどの自然環境の影響を受けて劣化が進行し漏電の発生も考えられます。

　具体的な現象としては、電気の配管や配線、給排水管が、設置後10～15年で絶縁不良や赤水の発生、配管の詰まりなどの不具合が考えられます。

　これらの経年劣化は、マンションの専用部分ばかりでなく、共用部分にも発生します。

〈バルコニー雨樋（中継ドレイン）発錆状況〉

〈屋外階段踏み板発錆状況〉

〈外壁タイル剝落状況〉

〈「配管内部」錆こぶ状況〉

ёё
第2章

マンション運営維持

2-1　主なマンション管理業務の体系と関連法規チェック項目

　主なマンション管理業務を体系的にまとめ、関連する法規も各業務ごとに掲載しましたので、マンション管理業務のチェックシートとしてご利用ください。

主なマンション管理業務の体系と関連法規チェック項目

No.	建設関連法規チェック項目	関連法規 名称	規程された管理項目	該当質問

マンション管理業務区分
大区分―小区分―業務内容

建物・設備保全業務 / 点検設備業務

建築構造部の点検整備

1	建築構造部・設備部の点検報告等	建築基準法 第12条第1項	定期調査・報告	Q.4

建築設備の点検整備

2	建築設備の点検報告等	建築基準法 第12条第3項	定期検査・報告	Q.4

・非常用設備（照明、蓄電池、自家用発電装置）
・給水設備
・排水設備

現場衛生管理業務 / 清掃管理業務

建築物内外部清掃（内部は主に専有部、外部は主に共用部）

3	排水管清掃			Q.16

・雑排水管、汚水管、雑排水合流管
（専有部の対象は、台所、浴室、洗面器、洗濯機パン）

貯水槽清掃

4	受水槽清掃	水道法 第34条の2第1項 水道法施行規則 第55条第1項 第56条		Q.4

設備管理業務 / 運転保守業務

5	消防用設備の点検	消防法 第17条の3の3 消防法施行規則 第31条の6	消防用設備の点検・報告	Q.4

・消火設備、警報設備、避難設備

6	昇降機設備の点検報告	建築基準法 第8条第1項 第31条の6	定期点検・報告	Q.4

7	機械式駐車設備の点検			Q.18

保安警備業務 / 防火防災業務

8	防火管理	消防法 第8条	防火管理者の選任、点検等	―

共用設備等の点検業務

共用設備の点検

9	給水設備、排水設備、電気設備の点検 （共用設備の部品等劣化、作動状況の把握）	建築基準法 第12条第1項	定期調査・報告	Q.4

・給水設備（ポンプ設備、受水槽、揚水管、給水管）
・排水設備（排水槽、排水ポンプ、排水管）
・電気設備（警報装置、遠隔管理通報装置、動力盤、電灯コンセント分電盤、照明設備、換気設備）

10	植栽の維持管理	ー	ー	ー

・剪定、薬剤散布、施肥、芝刈り

その他管理業務

改修マネジメント業務

11	身体障がい者・高齢者対応	バリアフリー法	技術基準への適応努力	Q.27
12	耐震措置	耐震改修促進法	耐震診断・耐震改修等	Q.38
13	セキュリティ対応	防犯に配慮した共同住宅に係る設計指針	セキュリティ強化	Q.31
14	エレベーターの竪穴区画対応	建築基準法施行令 第112条第9項	遮煙性能の向上	Q.15
15	省エネルギーの推進	省エネルギー法 第75条 第75条の2	省エネ措置の届出、定期報告	Q.26
16	アスベスト対応	大気汚染防止法 建築基準法施行令 第137条の4の3	工事中におけるアスベスト粉じんの飛散防止 アスベスト含有建材の使用禁止、アスベスト除去の義務づけ	Q.19
17	広告物等屋外工作物の管理	景観法 屋外広告物法	広告物の表示等の制限、設計許可申請、工作物設置の届出	Q.21
18	改修工事等の届出	建設リサイクル法	解体、改修、増改築等の届出	Q.22

管理サービス業務

19	事務管理	ー	ー	ー

・基幹事務（管理組合の会計の収入および支出の調定、出納）
・基幹事務以外の事務管理業務〈管理組合運営支援〉
　理事会支援業務、総会支援業務
　各種点検検査等に基づく助言等、各種検査等の報告、届出の補助
　図書等の保管、修繕工事実施時の修繕資金借入先の紹介
・管理員業務（受付業務、点検業務、立会い業務、報告連絡業務、検討業務、清掃業務

マンション運営維持

2-2　マンション維持・保全Q&A

　ここから以降、第4章までは、Q&A形式でマンション運営維持、大規模自然災害等への対応、マンション管理等に関する周辺情報を説明します。行動フロー（案）、解説などにグループ分けして理解を深められるよう構成しています。

2-2-1　長期修繕計画

　Question 1　修繕　　　42
　Question 2　長期修繕計画の策定～修繕実施時期　　45
　Question 3　長期修繕計画の見直し　　50

2-2-1　長期修繕計画

Question 1

修繕

新たに管理組合の理事長になりましたが、築年数が経過していることから、大規模な修繕を順次進めていくことにしたいのですが、新たな費用負担が生じ区分所有者から反発も予想されます。区分所有者に対し、修繕の必要性や費用を区分所有者が負担する根拠などをどのように説明し理解を求めていけばよいのでしょうか。

Answer 1

月々の積立金の値上げ、一時金として一括追加徴収、外部からの借入れなど工事費用捻出については、長期修繕計画にもとづく、各区分所有者の負担額を例示するなどして総会等で充分議論して理解を求めることが必要になります。

建物は人体にたとえますと、

> 骨格は、鉄骨や鉄筋
> 筋肉は、鉄筋と一体となったコンクリート
> 循環器系は、給水設備
> 消化器系は、排水設備
> 神経系は、電気設備

などと言われます。

年齢とともに機能の低下がみられるのと同様、マンションも致命的な欠陥が発生せず健全な状態が続くよう、計画的な手当て（修繕・改修）が必要になります。

基本的には毎月の修繕積立金をもとに大規模修繕工事を

進めることになります。しかし、工事量の高騰や新築当初は想定されていなかった耐震補強など新たに求められる工事が増えることにより、長期修繕計画は見直すものの、修繕積立金の増額等が避けられなくなる場合があります。

また、賃貸の場合には、貸主側で基本的に対応してもらいますが、マンションは、一戸建ての持ち家と同じで、区分所有者が管理組合を通して自ら修繕等を行う立場にあり、その費用は当然に区分所有者が負担することになります。

この点を、総会の場や広報誌の活用など、さまざまな機会をとらえて、ていねいに説明していくことになります。

【解説】

修繕工事の必要性等につき区分所有者の理解を得るためには、修繕の定義、修繕の目的を明確にする必要があります。

●修繕の定義●

日常修繕は、通常、照明器具のランプ交換や割れたガラスの交換、給水ポンプ等の不具合対応をいいます。

計画修繕は、ある程度修繕周期が予測できるものとして計画的に行っていくもので、鉄部塗装工事等を単独で行う修繕、空調・給排水・衛生・電気・消防・昇降機等の建築設備の修繕や更新等をいいます。

■マンションの修繕業務の区分

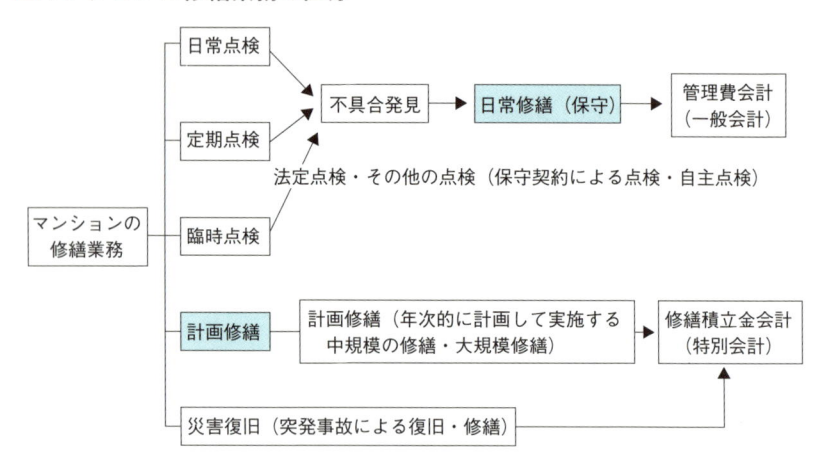

```
                  ┌─ 日常点検 ─┐
                  │           ├→ 不具合発見 →[日常修繕（保守）]→ 管理費会計
                  ├─ 定期点検 ─┤                                   （一般会計）
マンションの      │    法定点検・その他の点検（保守契約による点検・自主点検）
修繕業務  ────────┤
                  ├─ 臨時点検 ─┘
                  │
                  ├─[計画修繕]── 計画修繕（年次的に計画して実施する ──→ 修繕積立金会計
                  │              中規模の修繕・大規模修繕）              （特別会計）
                  │                                                        ↑
                  └─ 災害復旧（突発事故による復旧・修繕）──────────────────┘
```

● 修繕の目的 ●

修繕の目的としては、次のような点が挙げられます。

> ❶ 事故防止／コンクリート片・タイルの剥落、手すり腐食落下など
> ❷ 不具合の解消および予防／雨漏り、赤水、排水不良、漏水など
> ❸ 耐久性延伸／躯体、鉄部など
> ❹ 美観・快適性向上／塗装など
> ❺ 居住性・機能性向上／耐震性・断熱性の向上、バリアフリー対応、幹線容量アップなど
> ❻ 資産価値向上／居住価値・使用価値向上、エントランスの改修など

Question 2 長期修繕計画の策定〜修繕実施時期

いままでマンションには長期修繕計画がありませんでした。今回新たに長期修繕計画を作ることになったのですが、具体的に計画にはどのような内容を盛り込むことになるのでしょうか。

Answer 2

長期修繕計画には、修繕工事の項目とその工事の実施時期等を記載します。工事の実施時期については、建物などの材料の性能、施工精度、施工時期、取付場所、取付方法などによって劣化の程度が異なりますが、「長期修繕計画作成ガイドライン」の修繕周期を参考に各修繕工事の項目別に表現します【P.49参照】。

以下の行動フロー（案）を参考にして、具体的な行動に着手しましょう。

ポイント

行動フロー（案）

1. これまでの修繕履歴、調査診断結果などと改修周期の目安を参考にして、長期修繕計画のベースとなる標準的な修繕周期を設定する。
2. 仕上げなど目視だけでは判断できない部分で劣化が進行しているケースもあり、建築の専門家による調査・診断等の支援も検討する。
3. 居住者がどのような生活環境を望むのかを検討し、そのために必要な建物および設備の性能・機能等に関する改修内容、改修グレードを設定する。必要に応じて、耐震改修、省エネ改修等の安全性や居住性等の向上を図る改修工事の実施も長期修繕計画に盛り込み、修繕積立金の積立方

> 式を決定し、修繕積立金を算定する。
> 4．なお、長期修繕計画の内容については、定期的な（おおむね5年程度ごとに）見直しをする。

【解説】

　マンションは、さまざまな部位や部品により構成されていて、材料等の耐用年数にバラツキがありますが、経験的に改修周期の目安が確立されています。大まかな改修周期は、解説中の表をご参照ください。

　なお、外壁改修、屋上防水改修、鉄部塗装替えなどは同時に実施する事例が多い一方で、設備関連工事は、劣化状況が異なることから設備ごとに実施する傾向にあります。

●長期修繕計画●

　長期修繕計画とは、マンションの修繕工事の内容、修繕周期、概算費用をまとめ、一覧できる書類を指します。

　実際の計画には、計画作成期間の不足、推定修繕工事項目の漏れ、劣化状況等の調査・診断の甘さ、修繕等工事履歴の不正確さなどによる不適切な内容のものが見受けられます。不適切な修繕計画となっているマンションでは具体的な計画修繕工事に際して、修繕積立金の運用のまずさ、物価・消費税の予想外の変動などから修繕積立金が不足することにより、修繕工事項目の見直しや修繕積立一時金の徴収、外部から資金借入れなどの問題が生じることになります。

　そのため、平成20年6月に国土交通省が長期修繕計画ガイドラインを策定しています。これは、長期修繕計画をチェックするためのもので、長期修繕計画標準様式（以下「標準様式」という）と長期修繕計画の基本的な考え方、標準様式を使用するための留意点を示しています。

　長期修繕計画の実効性を確保するためには、上記ガイドラインを

参考に、修繕内容、資金計画を適正かつ明確に定め、それらをマンション区分所有者等に十分周知しましょう。

●長期修繕計画の作成のポイント●

❶　マンションの快適な居住環境を確保し、資産価値を維持するためには、適切な時期に適切な修繕工事を行うことが必要になります。そのため、長期修繕計画を作成し、これに基づいて修繕積立金の額を設定します。

❷　作成に際しては、以下の事項を作成の前提条件とします。
　ア　推定修繕工事は、建物および設備の性能・機能を新築時の同等レベルに維持し、回復させる修繕工事を基本とする。
　イ　区分所有者の要望など、必要に応じて建物および設備の性能を向上させる改修工事を設定する。
　ウ　計画期間において、法定点検等の点検および経常的（≒定期的）な補修工事を適切に実施する。
　エ　計画修繕工事の実施の要否、修繕工事内容は事前に調査・診断を行い、その結果に基づいて判断する。

❸　長期修繕計画立案のメリット
　ア　修繕工事の漏れを防ぎ、マンションの資産価値を下げない。
　イ　修繕時期が明確になり、予防保全も可能にする。
　ウ　修繕費用が明確になり、資金計画が立てやすい。
　　修繕積立金も妥当性確認、借入金の有無の判断、住民の理解と合意を得やすい。

●道連れ工事の問題●

　それぞれの部位（床、壁、天井など）、床や部品が複雑に組み合わされているため、改修の際に他の部位・部品もいっしょの「道連

れ工事」（本来であれば、改修しなくてもよい部位・部品でも他の部位・部品と接続されていたり、近接していることでやむを得ず実施する工事をいう）が発生することもあり、実際の改修周期と目安に大きな隔たりが生じることもあります。たとえば、設備配管を交換するために内装などを撤去しなければならないケース、耐震補強工事にともない発生する内装仕上げの撤去・復旧や設備配線・配管を移設しなければならないケースが「道連れ工事」に該当します。

■推定修繕工事項目と修繕周期の例

	推定修繕工事項目	工事区分	修繕周期
I 仮設	1　仮設工事		
	①共通仮設	仮設	12年
	②直接仮設	仮設	12年
II 建物	2　屋根防水		
	①屋上防水（保護）	補修	12年
		修繕	24年
	②屋上防水（露出）	修繕	12年
		撤去・新設	24年
	③傾斜屋根	補修	12年
		撤去・葺替	24年
	④庇・笠木等防水	修繕	12年
	3　床防水		
	①バルコニー床防水	修繕	12年
	②開放廊下・階段等床防水	修繕	12年
	4　外壁塗装等		
	①コンクリート補修	補修	12年
	②外壁塗装	塗替	12年
		除去・塗装	36年
	③軒天塗装	塗替	12年
		除去・塗装	36年
	④タイル張補修	補修	12年
	⑤シーリング	打替	12年
	5　鉄部塗装等		
	①鉄部塗装（雨掛かり部分）	塗替	4年
	②鉄部塗装（非雨掛かり部分）	塗替	6年
	③非鉄部塗装	清掃・塗替	12年
	6　建具・金物等		
	①建具関係	点検・調整	12年
		取替	36年
	②手すり	取替	36年
	③屋外鉄骨階段	補修	12年
		取替	36年
	④金物類（集合郵便受等）	取替	24年
	⑤金物類（メーターボックス扉等）	取替	36年
	7　共用内部		
	①共用内部	張替・塗替	12年

	推定修繕工事項目	工事区分	修繕周期
III 設備	8　給水設備		
	①給水管	更生	15年
		取替	30年
	②貯水槽	取替	25年
	③給水ポンプ	補修	8年
		取替	16年
	9　排水設備		
	①排水管	更生	15年
		取替	30年
	②排水ポンプ	補修	8年
		取替	16年
	10　ガス設備		
	①ガス管	取替	30年
	11　空調・換気設備		
	①空調設備	取替	15年
	②換気設備	取替	15年
	12　電灯設備等		
	①電灯設備	取替	15年
	②配電盤類	取替	30年
	③幹線設備	取替	30年
	④避雷針設備	取替	40年
	⑤自家発電設備	取替	30年
	13　情報・通信設備		
	①電話設備	取替	30年
	②テレビ共聴設備	取替	15年
	③インターネット設備	取替	15年
	④インターホン設備等	取替	15年
	14　消防用設備		
	①屋内消火栓設備	取替	25年
	②自動火災報知設備	取替	20年
	③連結送水管設備	取替	25年
	15　昇降機設備		
	①昇降機	補修	15年
		取替	30年
	16　立体駐車場設備		
	①自走式駐車場	補修	10年
		建替	30年
	②機械式駐車場	補修	5年
		取替	20年
	17　外構・附属施設		
	①外構	補修、取替	24年
	②附属施設	取替、整備	24年
	18　調査・診断・設計、工事監理等費用		
	①調査・診断、設計等		12年
	②工事監理		12年
	19　長期修繕計画作成費用		
	①見直し		5年

出典：「長期修繕計画作成ガイドラインコメント」国土交通省

Question 3

長期修繕計画の見直し

管理組合には長期修繕計画がありますが、作成してから相当の時間が経過し、作成当時と経済状況が大きく変わっていることから、見直しをすべきとの意見が強くなっています。長期修繕計画は変更することができますか。変更できるとした場合には、どのような段取りで進めていけばよいでしょうか。

Answer 3

　長期修繕計画は一度作成したらそれでおしまいというものではありません。変更はいつでも可能です。建物の状況や設備等の利用状況、防災等の観点からの対応、前回の大規模修繕工事における課題など、さまざまな要因によりますが、修繕が増えてくる5年ごと（目安）に適宜見直しを行いましょう。

　修繕計画を変更する場合の管理組合内での手続きは、それぞれの管理組合における管理規約の定めにしたがってください。もし、定めがなければ行動フロー（案）を参考にして管理規約を改定し、変更にともなう手続きを明文化します。

　ただし、長期修繕計画の変更は、建物や設備の現況把握、今後いかなる工事が必要かなどの専門知識が要求されるため、一般的には管理会社などに調査点検の実施や、修繕計画の変更の原案の作成を依頼することが多いようです。修繕周期を延伸できるかも検討します。

　なお、修繕計画の見直しによって修繕積立金の値上げをしなければならない場合には、総会決議を必要とします。

ポイント

> **行動フロー（案）**
> 1. 外部の専門家（マンション管理会社や建築設計事務所など）に委託する。
> 2. 長期修繕計画のポイントは、修繕工事の対象箇所、時期、施工方法、費用。
> 3. 修繕積立金で賄えるかどうかで、積立金の改定も検討する。
> 4. 5年ごとに、社会情勢の変化、建物劣化進行具合などを参考に計画の見直しをする。

【解説】

長期修繕計画の見直しのポイント

(1) 長期修繕計画は、以下のような不確定な事項を含んでいますので、5年程度ごとに調査・診断を行い、その結果に基づいて見直しを行い、あわせて修繕積立金の額も見直します。
❶ 建物および設備の劣化の状況
❷ 社会的環境および生活様式の変化
❸ 新たな材料、工法等の開発およびそれにともなう修繕期間、単価等の変動
❹ 修繕積立金の運用益、借入金の金利、物価、消費税率等の変動
(2) 長期修繕の計画期間は、新築マンションの場合、建物完成時点で30年以上、既存マンションの場合、見直し時点から25年以上とします。

マンション管理組合、マンション管理士、マンション管理会社向

けに国土交通省が提示した長期修繕計画ガイドラインに準拠した標準様式に対応した長期修繕計画表作成ソフトも市販されていますので、そのようなツールを活用することも検討します。

2-2-2 修繕

(1) 点検・診断
　　Question 4　点検　　54
　　Question 5　劣化診断　　63

(2) 工事の実施
　　Question 6　補修工事の進め方　　75
　　Question 7　工事の優先順位　　77
　　Question 8　改修工事の進め方　　80
　　Question 9　大規模修繕工事の進め方　　83
　　Question 10　工事に係る管理組合側の体制　　88
　　Question 11　大規模修繕工事の発注　　90
　　Question 12　第三者監理方式　　96

(3) 各改修等工事のポイント
　　Question 13　外壁補修　　98
　　●コラム　結露とは、　　106
　　Question 14　屋上漏水　　107
　　Question 15　エレベーター　　111
　　Question 16　排水管設備　　116
　　Question 17　給水設備の改修　　118
　　Question 18　機械式駐車場施設　　123
　　Question 19　アスベスト対策　　126
　　Question 20　シックハウス対策　　135
　　Question 21　屋外広告物の掲載　　138
　　Question 22　改修工事にともなう届出　　139
　　Question 23　専有部分と共用部分にまたがる工事　　140
　　Question 24　専有部分の修繕・リフォーム　　143
　　Question 25　改修　　146
　　Question 26　省エネ対策　　148
　　●コラム　HEMS、LED照明、節水　　154
　　Question 27　バリアフリー化　　156
　　Question 28　電気容量の変更等　　162
　　Question 29　既存不適格建築物　　166

(4) その他
　　Question 30　相談体制　　169

2-2-2　修繕

(1) 点検・診断

Question 4

点検

参照判例：No.17～28

次の理事会で、今年度、建物や附属施設の維持管理のためにどのような点検を行うかが議題となります。あらかじめ資料として整理しておきたいのですが、マンションの点検項目にはどのようなものがあるのでしょうか。

Answer 4

建物の資産価値や安全な居住環境などを維持するため、マンションなどの建築物の所有者または管理者は、「維持・保全計画」を作成し、所要の点検・検査を行う必要があります。

点検は、大きくは以下のように分類されます。

```
点検 ─┬─ 日常点検……日々の管理のなかで目視等により確認する
      └─ 定期点検……一定の期間ごとに定期的に実施する
           ├─ 定期保守点検……設備業者などに委託して実施する
           └─ 法定点検…………法令でその実施が義務づけられている
```

一定期間ごとに行う定期点検には、法律でその実施が義務づけられているものがあり、これを法定点検といっています。主な点項目については、P.57にありますのでご参照ください。

なお、この法定点検には、建築基準法で規定された「定期調査・検査報告」があり、これを「定期報告」といいます。主に、特殊建築物等、建築設備、昇降機等について行います。

　これらの点検を、管理組合としてしっかりと行っていくことになります。

　法的根拠：建築基準法第8条（維持・保全計画）
　　　　　　建築基準法第12条第1項、同第3項（報告、検査等）
　　　　　　建築基準法第12条の規定に基づく建築物等の指定について（建設省住指発第125号昭和59年4月2日）
　　　　　　消防法第17条の3の3、水道法第3条第6項、同第7項、第34条の2、浄化槽法第7条、第10条、第11条、電気事業法第39条、第42条

ポイント

行動フロー（案）

1．一般的には、マンション管理組合と契約しているマンション管理会社が対応する。
2．具体的な点検作業は、有資格者が行うことになり、管理会社から専門業者に委託する場合もある。
3．建物規模、所在地、条例等によっても点検項目、点検内容、点検方法、報告様式、報告内容、報告窓口などが異なる場合があり、管理会社などを通じて各自治体等に照会をかける必要がある。
4．点検費用については、事前に管理会社から見積書を提出してもらい、疑問点について管理会社から回答を得たうえで内訳をチェックする。
5．管理組合の収支予算の変更に該当せず、規約や総会で理事会決議事項として付託されていれば、修繕前に理事会の

議決を得る（一般的な理事会運営細則では出席理事の過半数で決することが多い）。
6．管理組合の収支予算の変更に該当する場合には、総会において過半数をもって点検の決議を行う。

総会決議後の行動フロー（案）
1．複数社から見積書を徴収して、そのなかから見積額や点検実績などを考慮して点検会社を決定する。
2．具体的な点検作業に着手する。

【解説】

点検

●日常点検●

管理員などが日常的に敷地内の施設や建物の外壁、手すり、外壁、屋上、共用廊下、電気設備、給排水設備などに異常がないかどうか、主に目視により点検するものです。

●定期点検●

定期点検には、設備などが順調に作動しているかどうか、設備業者などに委託して行う「定期（保守）点検」と、建築基準法や消防法、水道法、電気事業法などの法律によって有資格者がマンション設備を定期的に点検し、所轄の行政庁へ報告が求められる「法定点検」があります。

●主な法定点検●

名称	内容	点検周期	点検資格者	該当法規
特殊建物等定期調査	マンションの敷地、構造、建築設備の調査	3年に1回	特殊建築物等調査資格者、1・2級建築士	建築基準法第12条第1項
建築設備定期検査	換気設備、排煙設備、非常用照明装置、給排水設備などの検査	1年に1回	建築設備検査資格者、1・2級建築士	建築基準法第12条第3項
昇降機定期検査	エレベーターの検査	1年に1回以上	昇降機検査資格者、1・2級建築士	建築基準法第12条第3項
消防用設備等点検	消防用設備の配置や状態を外観や簡単な操作から点検／配線の総合点検	6か月に1回	消防設備士、消防設備点検資格者	報告は、3年に1回（複合用途の場合は、1年に1	消防法第17条の3の3

	消防用設備を作動させたり使用したりして総合的に点検	1年に1回		回)	
簡易専用水道管理状況検査(※1)	設備の外観、水質の検査、水槽の清掃、ポンプなどの検査	1年以内ごとに1回	地方公共団体または厚生労働大臣の登録を受けた者	水道法第3条第7項、第34条の2
専用水道定期水質検査(※2)	水の色やにごり、残留塩素の検査(※3)	1日に1回以上	厚生労働大臣の指定水質検査機関	水道法第3条第6項、第34条
	水質検査	1か月ごとに1回以上		
	水槽の清掃、ポンプなどの検査	1年以内ごとに1回		
浄化槽の保守点検、清掃、定期検査	保守点検	浄化槽の種類により、1週間～6か月に1回	浄化槽技術管理者(浄化槽管理士)	浄化槽法第7条、第10条、第11条
	清掃	全ばっ気方式は6か月に1回、その他は1年に1回		
	水質検査	1年に1回	環境大臣または都道府県知事が指定する検査機関	
自家用電気工作物定期点検	高圧受電装置(600Vを超える)の月次点検	1か月に1回	電気主任技術者(電気保安協会などに委託)	電気事業法第39条、第42条
	高圧受電装置(600Vを超える)の年次点検	1年に1回		

(注) ※1：水槽の容量が10㎥を超える施設
　　※2：以下の①～④のいずれかに当てはまる設備
　　　①水槽の容量が100㎥を超える
　　　②口径25mm以上の導管の全長が1500mを超える
　　　③100人を超える人に水を供給
　　　④1日に20㎥を超える給水能力を持つ
　　※3：実際の検査は水道業者が行えばよい

●定期調査・検査報告●

　特殊建築物等は敷地、構造、建築設備が適正に維持管理されているかを確認するため、マンションの所有者、管理者は、特定行政庁が定めた報告時期（6か月〜3年）ごとに専門技術を有する資格者に調査・検査させ、その結果を特定行政庁に報告しなければなりません。定期報告の対象となる建築物の規模・階数、建築設備については、各自治体によって異なりますので確認が必要になります。

　なお、2006年、2007年に建築物やエレベーターなどの事故が多発したことから、建築物や昇降機などの安全性の確保にとって重要な定期報告を適切に行うため、2008年、定期報告の調査・検査項目、方法、判定基準が大幅に改正されました。

調査・検査の結果の判定基準	
要是正	修理や部品の交換等により是正することが必要な状態であり、所有者等に対して是正を促すものであり、報告を受けた特定行政庁は、所有者等が速やかに是正する意志がない等の必要に応じて是正状況の報告聴取や是正命令を行うことになる。
要重点点検	次回の調査・検査までに「要是正」にいたるおそれが高い状態であり、所有者等に対して日常の保守点検において重点的に点検するとともに、要是正の状態にいたった場合は速やかに対応することを促すものである。
指摘なし	要重点点検および要是正に該当しないものである。 ※なお、要是正および要重点点検に該当しない場合にあっても、特記事項として注意を促すこともある。

※　詳しくは、国土交通省発行の「定期報告制度がかわります」パンフレットをご参照ください（Webで検索できます）。
　　http://www.mlit.go.jp/jutakukentiku/build/teikihoukoku.html

●調査・検査等のポイント●
❶ 特殊建築物等

付帯条件はありますが、行政によっては赤外線調査も認められる場合があります。

これまで	平成20年4月1日以降
●外装タイル等の劣化・損傷 手の届く範囲を打診、その他を目視で調査し、異常があれば「精密調査を要する」として建築物の所有者等に注意喚起	手の届く範囲を打診、その他を目視で調査し、異常があれば全面打診等により調査し、加えて竣工、外壁改修等から10年を経てから最初の調査の際に全面打診等により調査
●吹付けアスベスト等 施工の有無、飛散防止対策の有無・劣化損傷状況を調査	左に加え、吹付けアスベストが施工され、かつ飛散防止対策がされていない場合は、当該アスベストの劣化損傷状況を調査
●建築設備・防火設備 設備の有無および定期的な点検の実施の有無を調査	左に加え、定期的な点検が実施されていない場合は、作動状況を調査
	調査結果の報告の際に、配置図および各階平面図を添付

❷ 昇降機

これまで

- **ブレーキパッドの摩耗**
  目視により検査（不適合の判断基準は摩耗がはなはだしく制動力の維持が困難な場合）

- **主索の損傷**
  目視によりJISの基準を満たしていることを検査（満たしていなければ不適合）

平成20年4月1日以降

摩耗の程度を測定し検査結果表に測定値を明記（測定値により結果の判定を行う場合）するとともに、結果の判定基準を明確化

目視により一定の基準（おおむねJISの基準を告示に規定することにより判定基準の法令上の位置づけを明確化）を満たしていることを検査

検査結果の報告の際に、主索（最も摩耗したもの）、ブレーキパッドの状況が分かる写真を添付

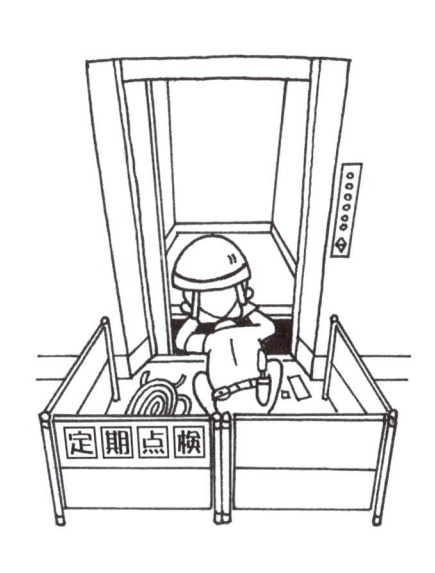

マンション運営維持

Q4

❸ 遊戯施設

これまで

- 車輪軸等のき裂
  1年に1回、探傷試験により検査

平成20年4月1日以降

目視で調査するとともに、探傷試験を次のとおり実施
- 定常走行速度が40km/h未満のものは3年に1回
- それ以外は1年に1回
- その他目視により検査して異常があった場合

調査結果の報告の際に、車輪軸等の探傷試験の結果を添付

❹ 建築設備等

これまで

重要項目以外は抽出検査（数回で検査対象全数を一巡するよう留意）

平成20年4月1日以降

原則として全数検査とし、国土交通大臣が定める項目（換気量測定、排煙風量測定など）は実質的に1/3抽出も可

検査結果の報告の際に、次のものを添付
- 換気設備→換気状況評価表と換気風量測定表
- 排煙設備→排煙風量測定記録票
- 非常用の照明装置→照度測定表

Question 5

劣化診断

以前実施した点検作業報告書を再確認したところ外壁タイルが浮き、外部の階段手すりの塗料が剥げたりといった問題があったことが判明しました。これらの傷みが実際にどの程度進んでいるのかや、目に見えないところの傷み具合などが気になるところです。長期修繕計画では、工事実施時期はまだ3年先となっています。計画上の実施時期まではそのままにしておいてよいでしょうか。

Answer 5

　長期修繕計画で計画的に大規模修繕等の実施時期を定めていたとしても、実際の建物の状況が、計画で想定していた劣化状況と異なることは大いにあります。劣化が進んでいれば、次回工事で実施する予定だった内容の前倒しが検討されますし、反対に計画で実施時期となっていても劣化がそれほど進んでいないものについては先送りも検討されます。

　したがって、長期修繕計画における工事の実施時期が近づいたら、建物・設備の劣化状況を総合的に調査する劣化診断を行うことが大切であり、劣化診断の結果を踏まえて、実際の工事内容や実施時期等を精査していきます。

　設問のように、日常的な点検や定期的な点検のなかで問題が生じてきているのであれば、専門の業者に建物全体の劣化診断を依頼し、その結果に基づいて緊急性があるのかどうかを判断してもらう場合もありますが、管理組合員にとって当面の切実な問題とはなにかという議論が工事の実施や実施時期を決定する大きな鍵を握っています。

　法的根拠：建築基準法第12条第1項（報告、検査等）、同規約第32条（業務）、耐震促進化法第6～8条（特定建築物の所有者の努力）（指導および助言ならびに指示等）（計画の認定）

ポイント

行動フロー（案）

1. 耐震診断をはじめ、調査・診断については、各地方公共団体や専門家団体による相談窓口に問い合わせる。
2. 調査・診断に関する国や地方公共団体による助成制度の有無を確認する。
3. 理事会にて調査・診断の必要性について議論し、必要と決議された場合には総会における審議の準備を行う。
4. 調査・診断は、マンション組合員の共同の利益に係る重要事項に該当するので、総会にて過半数により決議する。管理費・修繕積立金のどちらから拠出するかを議案として明確にする。ただし、修繕積立金から拠出する議案としたいが管理規約にその旨の記載がない場合には、管理規約の変更を必要とすることから、3／4以上の多数決要件を満たす必要のある特別決議に該当する。

総会決議後の行動フロー（案）

1. 調査・診断会社向けの調査・診断外注要項を作成する。
2. 外注要項を渡し、提出期限を指定し、同じ条件で複数社から調査・診断の見積りを徴収する。
3. 見積額や施工実績などを考慮して総合的な観点から調査・診断会社を決定する。場合によっては、マンション管理士などの第三者に評価を依頼して、調査・診断会社を絞り込む。
4. 具体的な調査・診断を実施する。
5. 調査・診断報告書の内容を確認する。疑問点があれば調査・診断会社に質問する。
6. 調査・診断結果によっては、長期修繕計画の見直しや大規模修繕工事等を検討する。

【解説】

調査・診断

●調査・診断の目的●

調査・診断とは、建物各部の劣化や損耗の状態および機器類の劣化や作動状況を調査・測定し、その問題点に対して将来の影響を予測し、必要な基本的対策方法を明らかにすることです。

修繕計画の作成や大規模修繕の時期および内容の決定のためには欠かせないものです。

●調査・診断のレベル●

調査・診断のレベルは、一般的には以下のように分類されます。

- 予備調査・診断…1次調査・診断の前の机上等で最低限の情報を把握する
- 1次調査・診断（簡易調査）…目視等により建物・設備等の劣化度を大づかみする
- 2次調査・診断（詳細調査）…測定機器等を用いて、劣化の要因を特定し、修繕や改修の要否等の判断を行う→建物、設備の劣化、破損が目立つ場合に実施
- 3次調査・診断（詳細調査）…2次以上に詳細な調査を行い、より具体的な劣化の要因に迫り、修繕や改修の方法確定に役立てる→建物、設備の劣化、破損が著しい場合や大規模修繕計画を予定していた時期に近づいている場合に実施

●調査・診断時期●

(1) 竣工後2年（施工会社によるアフターケア期限前）

不具合を確認して、入居者に起因するものか、建設に起因する欠陥（厳密には施工者に起因する施工瑕疵か、設計者に起因する設計瑕疵の判別も必要）かを診断して、その責任の所在を明確にするとともに、具体的な修繕計画を立案するために実施します。

(2) 竣工後 4 ～ 5 年

定期診断として実施し、鉄部塗装替え等の時期を判定します。

(3) 竣工後 7 ～ 8 年

外壁等の大規模修繕工事時期の予測、長期修繕計画の見直しのために実施します。

(4) 竣工後10年

一般的に経年劣化が進行していると重大な瑕疵（雨漏りやコンクリート構造体の大きなひび割れなど）が発生する可能性がある時期です。定期診断や大規模修繕工事前の詳細診断を兼ねる場合もあります。

(5) 竣工後10～15年

大規模修繕に必要な工事仕様書作成のため、各部の劣化損傷具合や残存耐用年数を推定する調査・診断と位置づけられます。

(6) 竣工後15年目以降 3 ～ 4 年ごと

とくに劣化が著しく進行すると推定される建築設備を中心に、詳細な調査診断を定期的に実施し、第 2 回目以降の長期修繕計画を見直すことになります。竣工後30年以上が経過すると、建替えも視野に入れた構造診断・耐震診断も検討することになります。

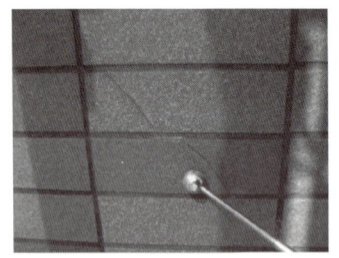

〈タイルひび割れ〉
（コンクリート壁までひびが入っているかどうかタイルを剥がしての確認が必要）

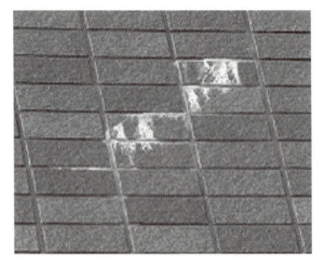

〈タイル白華現象(はなたれ)〉
（クエン酸を主成分とする洗剤で落とすことが可能）

●調査・診断のフロー●

詳細な調査、診断のフローは以下を参考とします。

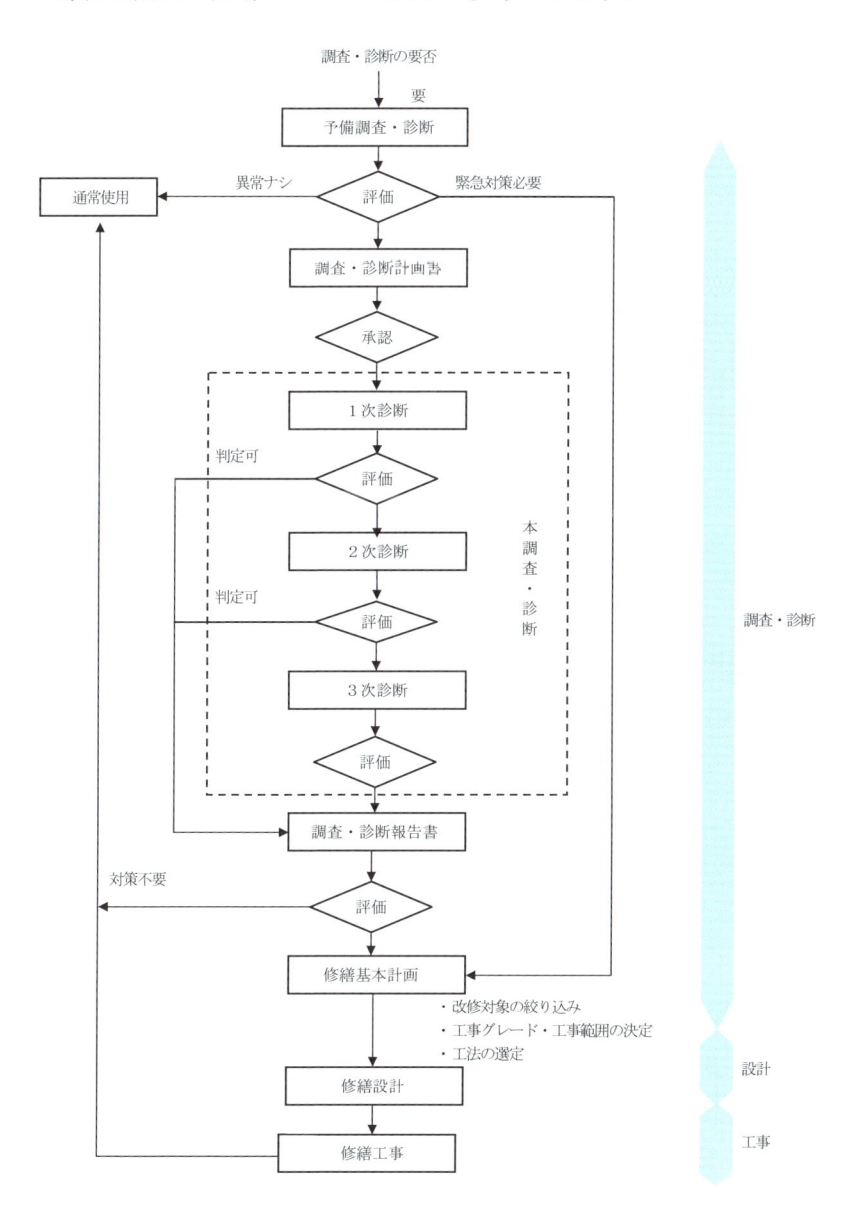

```
                        調査・診断の要否
                              │
                              ▼ 要
                        ┌──────────┐
                        │予備調査・診断│
                        └──────────┘
                              │
        異常ナシ           ◇ 評価 ◇           緊急対策必要
   ┌──────────┐  ◀────                ────▶
   │ 通常使用 │
   └──────────┘              ▼
                        ┌──────────┐
                        │調査・診断計画書│
                        └──────────┘
                              │
                           ◇ 承認 ◇
                              │
              ┌ ─ ─ ─ ─ ─ ─ ─ ─ ─ ─ ─ ─ ┐
                        ┌──────────┐
              │         │  1次診断  │         │
                        └──────────┘
              │               │               │
                           ◇ 評価 ◇
              │   判定可      │               │
                              ▼
              │         ┌──────────┐         │
                        │  2次診断  │
              │         └──────────┘         │
                              │
              │            ◇ 評価 ◇            │
                  判定可      │
              │               ▼               │
                        ┌──────────┐
              │         │  3次診断  │         │
                        └──────────┘
              │               │               │
                           ◇ 評価 ◇
              │               │               │
              └ ─ ─ ─ ─ ─ ─ ─ ─ ─ ─ ─ ─ ┘
                              ▼
                        ┌──────────┐
                        │調査・診断報告書│
                        └──────────┘
                              │
        対策不要         ◇ 評価 ◇
     ◀────
                              ▼
                        ┌──────────┐
                        │ 修繕基本計画 │
                        └──────────┘
                              ・改修対象の絞り込み
                              ・工事グレード・工事範囲の決定
                              ・工法の選定
                              ▼
                        ┌──────────┐
                        │  修繕設計 │
                        └──────────┘
                              ▼
                        ┌──────────┐
                        │  修繕工事 │
                        └──────────┘
```

本調査・診断 / 調査・診断 / 設計 / 工事

出典:「マンション管理の知識（平成26年度版）」822頁（(公財)マンション管理センター）に加筆

●調査の一環としての試験方法●

(1) 破壊試験

調査対象の部位・部材等に外力を加え、破断や亀裂の発生・成長を観察・計測し、対象が有している物理的強度を含む能力、性質等を調べます。主な試験方法は次のとおりです。

> コア抜き試験…直接鉄筋コンクリートの壁や床の一部を抜き取り、コンクリートの圧縮強度や中性化（空気中の炭酸ガスなどにより、コンクリートがアルカリ性を失っていく現象で、コンクリート内部の鉄筋の錆などの腐食を助長する）の進捗深さを測定する  
>
> コンクリートコア
>
> 針入度試験……アスファルト防水層の一部をサンプリングしたうえで、アスファルト防水層に針を一定の力で貫入させた際の深さを測定して、防水層の劣化状況を推定する

(2) 非破壊試験

被検査対象物を物理的に破壊することなく、材料内部の腐食や亀裂などの欠陥や材料表面の微小なキズ（割れや空隙）等を調べます。主な試験方法は次のとおりです。

> リバウンドハンマー試験…コンクリートに打撃を与え、返ってきた衝撃によりコンクリート圧縮強度を推定する
>
> 赤外線試験……外壁における温度差を測定することで、コンクリートとモルタルとの浮き、モルタルとタイルとの浮き等の有無を確認する（打診調査に比べ、正確性に劣る）

●目視等による調査対象●

　目視等による調査対象、不具合事例等はP.70の表によります。目視調査は、劣化具合をいち早く判断するためには欠くことのできない調査です。

　また、機器を使用した本格的な調査のための下見的要素（概括的な劣化レベル、試験箇所（サンプリング）の設定など）も含まれるため、重要な取組みです。その際、簡易な機器を使用することで診断精度の向上を図ることも可能となります。

■主な目視調査と目視調査サポート機器

調査部位	主な劣化事象	目視調査サポート機器（例）	
屋上	剥がれ、ふくれ、切断	点検ミラー	カメラ、メジャー、懐中電灯、マーキング用チョーク
外壁	浮き	テストハンマー	
	ひび割れ	クラックスケール、双眼鏡、拡大鏡（ルーペ）	

■主な破壊試験と非破壊試験

対象部位	試験の目的	破壊試験		非破壊試験	
		試験名	調査機器(例)	試験名	調査機器(例)
鉄筋コンクリート	強度診断	コア抜き試験	コアドリル	リバウンドハンマー試験	シュミットハンマー
	中性化深さ診断	コア（小径）抜き試験	コアドリル（フェノールフタレイン溶液）		
	鉄筋の位置			電磁波レーダ法	レーダ探査機 X線装置
外壁 タイル張り、モルタル塗り	浮き診断	引張試験	引張試験機	赤外線試験 打診調査	赤外線カメラ テストハンマー 打診調査ロボット
外壁 塗仕上げ材	塗膜付着強度診断	引張試験 クロスカット試験	引張試験機 カッター、ルーペ、セロハンテープ	目視調査 指触調査	
アスファルト防水	物性劣化度診断	引張試験 折り曲げ試験 針入度試験	引張試験機 針入度測定装置	目視調査 指触調査	膜厚計 赤外線カメラ ガス検知器
シーリング材	物性劣化度診断	（ひも状）引張試験 伸び試験	ダンベル試験機	目視調査 指触調査	
給排水管	劣化度診断	抜管試験	電動カッター	内視鏡試験 超音波調査 X線調査	内視鏡 超音波厚さ計 X線装置
電気設備	劣化度診断			目視調査 絶縁抵抗測定 接地抵抗測定	絶縁抵抗計（メガー） テスター アーステスター

出典：「マンション管理の知識（平成26年度版）」821頁（(公財)マンション管理センター）に加筆

■調査対象部位

調査部位	主な調査対象	目視による不具合事例
躯体（構造体）	床、壁、柱、梁	ひび割れ、汚損、剥落、たわみ、変形、鉄筋腐食
外観	塗装、タイル、石張り、シーリング	ひび割れ、汚損、破損、塗膜・下地の劣化、剥離、目地部の劣化、変退色、取付け下地の腐食、ふくれ
屋根、バルコニー	防水層、排水ドレーン、パラペット（屋上外周部立上り）	防水層・防水保護層の劣化、変退色、漏水、排水勾配不足による水溜まり、ひび割れ、ふくれ
内装、建具	床、壁、間仕切り、天井、建具	摩耗、剥離、ひび割れ、傾斜、変形、ガタツキ、きしみ、軟化、腐朽、へこみ、硬化
金物	手摺、鉄骨階段、エキスパンション・ジョイント、天井下地金物	変形、固定部ゆるみ、汚損、腐食、変退色、脱落、剥れ、ひび割れ、ふくれ
設備	配線、配管、天井埋め込み設備機器	赤水、錆、漏水、ピンホール、作動停止、亀裂、破断、性能低下

■ **主な目視調査サポート機器**

（伸縮）テストハンマー 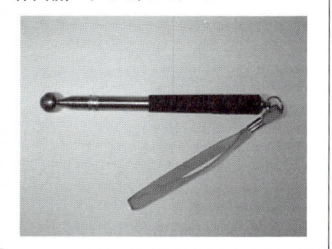	外壁モルタルやタイル等の浮き状態を把握するために使用します。 このハンマーで壁面や床面を軽く打撃し、その音の差異を耳で聞き分け、健全部か剥離部かの判断をします。
クラックスケール 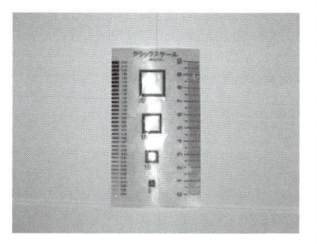	壁面のひび割れを測定するのには、このクラックスケールを用います。0.05ミリ単位で、ひび割れの幅を測定することができます。
デジタル膜厚計 	ウレタン防水などの膜厚検査器械。先端から針が出て、測定数値をデジタル表示します。 測定誤差　±0.1mm　1㎡あたり16か所のデータを取りその平均値で膜厚を判断します。
点検ミラー 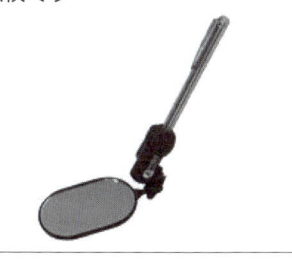	対象物の裏側など見にくいところを見るのに適しています。 照明が内臓されたタイプのものもあり、暗いところでもよく観察することができます。

マンション運営維持

●ひびわれ発生のメカニズム●

　ひびわれは、モルタルやタイルなどの外壁仕上げ面に発生するものと、コンクリートの構造体（骨組み）に発生するものとがあります。
　ひびわれ発生の原因としては、主に２つのことが考えられます。

> １．モルタル・タイルやコンクリート構造体が、新築工事中の温湿度変化や施工不良等により、収縮して発生する
> ２．コンクリート構造体が地震などの大きな力に耐えられずに発生する

　１．の「収縮ひびわれ（クラック）」は、仕上げ材であるモルタルやタイルの補修を行うことで大きな問題にならないことがほとんどです（モルタルやタイルの浮きなどの現象が同時に見られる場合は別問題となります）。
　２．の「構造ひびわれ（クラック）」は、最悪の場合、これから発生する地震によって建物が崩壊するおそれもありますので、建築の専門家の調査・診断を受けたうえで耐震補強を行うことが必要になります。
　外壁のひびわれ補修方法は、おおむね以下のフローにより選定されます。建築協力会社等の見積書をチェックする際には、以下の情報を参考にしてください。

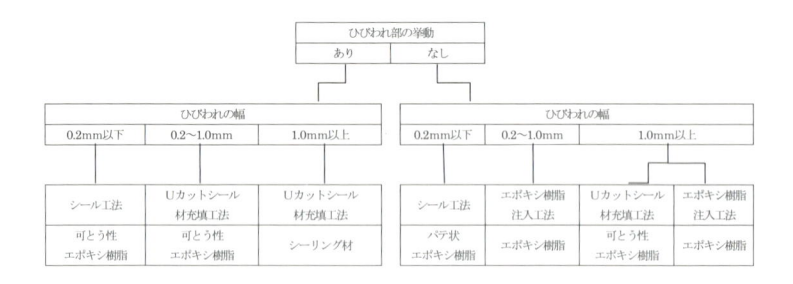

```
                    ひびわれ部の挙動
                    ┌─────┬─────┐
                    あり        なし
            ┌────────┴────────┐    ┌────────┴────────┐
              ひびわれの幅                ひびわれの幅
      ┌───────┬───────┬───────┐  ┌───────┬───────┬───────┐
    0.2mm以下  0.2〜1.0mm  1.0mm以上  0.2mm以下  0.2〜1.0mm  1.0mm以上
      │        │        │         │        │     ┌──┴──┐
    シール工法 Uカットシール Uカットシール  シール工法 エポキシ樹脂 Uカットシール エポキシ樹脂
            材充填工法  材充填工法           注入工法  材充填工法  注入工法
    可とう性  可とう性  シーリング材  パテ状    可とう性  可とう性
    エポキシ樹脂 エポキシ樹脂         エポキシ樹脂 エポキシ樹脂 エポキシ樹脂
```

マンション竣工後2～3年以上経過している場合には、乾燥収縮ひびわれなど、伸展拡大するおそれの少ないひびわれ幅が1.0㎜未満のひびわれに対しては、パテ状エポキシ樹脂によるシール工法やエポキシ樹脂注入工法が適しています。

　ただし、マンション竣工後2～3年以上経過していても大地震にともなう液状化現象や不同沈下が発生して、ひびわれが拡大する場合もありますので、補修後の点検を怠らないようにしましょう。

❶　シール工法

　シール工法は、コンクリート等の表面のひびわれ幅が0.2㎜未満の小さなひびわれ部の表面にシール材を充填します。シール材は、ひびわれが挙動しない場合はパテ状エポキシ樹脂を、ひびわれが挙動する場合は可とう性エポキシ樹脂を使用します。補修する際には、ひびわれを中心に幅50㎜程度をワイヤブラシ等で表面をきれいにして、パテベラ等でひびわれのなかにエポキシ樹脂を充填します。可とう性樹脂を使用する場合にはシール充填の前にプライマー（下地との接着力を増す塗布剤）を塗布します。

❷　エポキシ樹脂注入工法

　エポキシ樹脂注入工法では、コンクリート等の表面のひびわれ幅が0.2㎜以上のひびわれに対してエポキシ樹脂を注入します。注入するエポキシ樹脂は、ひびわれが挙動しない場合はエポキシ樹脂を、ひびわれが挙動する場合には軟質系エポキシ樹脂を注入します。注入方式には、手動式、機械式および自動低圧注入式があり、方式によって注入用パイプの設置間隔が異なります。

❸　Uカットシール材充填工法

　Uカットシール材充填工法は、コンクリート等の表面のひびわれ幅が1.0㎜以上のひびわれに使用します。ひびわれを幅10㎜、深さ15㎜程度のU字形にカットして、シール材を充填するものです。

■外壁ひび割れ等写真

〈乾燥収縮によるひび割れ〉 　　〈鉄筋かぶり不足による爆裂〉

〈不同沈下によるひび割れ〉 　　〈コールドジョイント（施工ミス）によるひび割れ〉

〈コールドジョイント（施工ミス）によるひび割れ〉 　　〈地震等外力による窓まわりのひび割れ〉

〈地震等外力によるガラリまわりのひび割れ〉 　　〈同左　アップ〉

(2) 工事の実施

Question 6

補修工事の進め方

劣化診断の結果、外壁や屋上防水などの劣化や損耗が進んでいることが判明しました。そこで、今後速やかに修繕工事をすることになったのですが、具体的にどのように進めていけばよいでしょうか。

Answer 6

現状における不具合等について、外部の専門家に望ましい修繕提案を募り、総会等で決議のうえ、工事を実施します。

また、具体的な工事の実施にあたっては、工事業者の選定・契約、具体的な工事費用の確定と管理組合財産からの拠出、工事内容によっては各区分所有者の専有部分への立入り許諾や、工事による騒音等や安全面での対応など、管理組合として、区分所有者の合意形成を図りながら進めていきます。

具体的には、P.76の行動フロー（案）をご参照ください。

法的根拠：区分所有法第15条（共用部分の持分の管理）、
　　　　　同法第16条（一部供用部分の管理）
　　　　　同法第17条（共用部分の変更）
　　　　　同法第18条（共用部分の管理）
　　　　　マンション標準管理規約第32条（業務）
　　　　　同規約第47条（総会の会議および議事）

ポイント

行動フロー（案）

1. 不具合の状況を現地で確認する。
2. 計画修繕など修繕までの時間が許される場合や災害の応急措置で仮復旧させることが可能であれば、設備の老朽化による修繕などの場合、システムの見直しも検討する（更改時のイニシャルコスト、更改後のランニングコストなどライフサイクルコストによる経済比較や利便性なども検討項目に加える）。
3. 上記の検討は、専門のメーカー、工事会社などから提案書と見積書を取り寄せる。
4. 管理組合の収支予算の変更に該当せず、規約や総会で、理事会決議事項として付託されていれば、修繕前に理事会の議決を得る（一般的な理事会運営細則では出席理事の過半数で決することが多い）。ただし、管理規約、使用細則等または総会もしくは理事会の決議により、理事長の職務として定められた事項に該当する場合には、理事長の判断をあおぐ。
5. 大掛かりな修繕などで区分所有法上の総会決議基準の管理組合の収支予算の変更に該当する場合や管理組合員の共同の利益にかかる重要事項に該当すると判断される場合には、総会にて過半数による決議を得る。

総会決議後の行動フロー（案）

1. 複数社から見積書を徴収して、そのなかから見積額や施工実績などを考慮して施工会社を決定する。
2. 大規模な修繕工事の場合には、区分所有者への説明会を開催する。
3. 具体的な修繕工事に着手する。

Question 7 工事の優先順位

マンションの改修に取り組むことになりましたが、予算の制約もあり、段階を踏んで改修工事を行っていくことになります。どのような優先順位で工事を計画していけばよいでしょうか。

Answer 7

マンションは、区分所有者やその家族、関係者などの住まいであり、その安心・安全な居住環境確保が求められます。

したがって、以下のポイントにあるように、まずは人身・人命にかかわる部位・部材の改修を優先します。次にシェルターとして最低限維持する必要のあるもの、機能回復をめざすもの、という順に優先順位を考えてください。

ポイント

改修工事の優先順位づけ

1. 改修工事の優先順位づけは、原則として以下の❶～❽の若い順（緊急度）となる。
2. ここに記載のない各種の工事メニューは、緊急度に応じてこの大項目にあわせて区分し、その後に改修費用総額・維持管理費・ライフサイクルコスト等の削減を意識しながら、工事仕様・グレードの大括りな設定と同時に優先順位づけ、取捨選択をする。ただし、劣化度によっては大規模改修工事の対象とせず、毎年の修繕計画のなかで対処することも検討する。

❶ 人身、人命に関わる部位・部材
　　地震や火災等による死傷事故を避ける

(ｱ)　耐震、液状化対策
　(ｲ)　耐火（不燃化）
　(ｳ)　アスベスト除去
　　　転落や落下による死傷者事故を避ける
　(ｴ)　外壁改修
　(ｵ)　手摺の改修

❷　シェルターとして最低限維持しなければならないこと
　(ｱ)　漏れ
　(ｲ)　結露
　(ｳ)　防犯
　(ｴ)　設備配管、配線の錆、破断

❸　機能回復（老朽化）
　(ｱ)　ガタツキ
　(ｲ)　傾斜
　(ｳ)　ゆるみ
　(ｴ)　絶縁不良
　(ｵ)　磨耗
　(ｶ)　硬化
　(ｷ)　脱落

❹　バリアフリー
　(ｱ)　段差解消（スロープ化）
　(ｲ)　廊下の拡幅

❺　省エネルギー

❻　新技術の導入

❼　美観
　(ｱ)　ひび割れ

- (イ) 汚れ
- (ウ) 塗装のはがれ
- (エ) 変形
- (オ) 変色

❽ 法律等である努力義務としての基準等の見直しへの対応
　　たとえば、地方自治体の条例で規定したマンション附置義務駐車場の算定基準の見直しによる設置台数の低減
　　→　防災用備蓄倉庫や駐輪場などへの転用

Question 8 改修工事の進め方

劣化診断の結果、長期修繕計画どおりに修繕工事を実施することが望ましいということになりました。これから大規模修繕工事を進めていくためにはどのような手続きを踏めばよいでしょうか。

Answer 8

　修繕箇所の傷み具合、マンション全体のライフサイクルプラン（生涯運営計画）、長期修繕計画などを考えあわせ、大規模改修工事を実施することが妥当であると判断されれば、具体的な実施準備に移ります。

　具体的な工事の実施にあたっては、工事業者の選定・契約、具体的な工事費用の確定と管理組合財産からの拠出、工事内容によっては、各区分所有者の専有部分への立入り許諾や、工事による騒音等や安全面での対応など、管理組合として、区分所有者の合意形成を図りながら進めていきます。

　劣化診断等を踏まえ、管理会社や専門家の助言等をもとに、工事の具体的な内容等を理事会などでまとめたら、改めて総会で工事の実施の決議を得ます。長期修繕計画の策定につき総会決議があるからといって、実際の工事につき区分所有者の意思決定である総会決議がなくてもよいということではありません。

　したがって、事前に工事内容等に関し区分所有者へ十分な説明の機会を設けたうえで、総会において工事内容や費用等について了承を得るといった手続きの流れが考えられます。また、工事の実施中は工事業者と連携を密にし、区分所有者の協力を得ながら工事が円滑かつ適切に進むよう管理組合も支援しましょう。

なお、経常修繕といわれる軽微な修繕（雨漏りの部分修繕、照明器具、各種機器の部品交換など）の場合には、各マンションの管理規約で規定したり、事業計画にあらかじめ予算化して総会で了解を得るなどしたりして、ある一定額までの修繕は理事会決議で工事が実施できるとしていることが多いようです。

ポイント

行動フロー（案）
1．大規模修繕工事の場合、全体の進め方や体制について管理組合にて協議する。
2．他のマンションの工事見学会などに参加する。
3．大規模修繕工事などの場合、長期修繕計画書にある修繕予定時期の2～3年前に、マンション大規模修繕委員会などと称する専門組織であるワーキングチームを立ち上げる。
4．上記委員会では、メンバーごとに総務、法規、技術、資金、広報などの分担を決めて効率的に活動する。
5．上記委員会には決裁権限はないが、工事に至るまでの下準備、見積合わせ、施工会社選定決議までのお膳立てをする。
6．建物各部の傷み具合を調査診断のうえ報告書にて確認する。
7．合意形成に向け、管理組合のなかでの進め方は、組合員に対してガラス張りにする（掲示板、広報誌などで情報共有）。費用負担を明確にする。
8．外部の専門家にもコンサルタントの立場で参加してもらい、技術的支援をお願いし基本計画を作成する。
9．資金計画を立案する。ランニングコストも試算する。資金を調達する

　　　　（修繕積立金／一時金徴収／借入金）。
　10. 外部の専門家に依頼して、設計図を作成する。
　11. 施工会社を選定する。
　12. 工事監理を依頼する。

【解説】

　マンション管理標準指針では、長期修繕計画に定めた時期を目安として、調査・診断の結果に基づいて立案された修繕計画の妥当性（工事時期、工事費、工事内容など）を検討したうえで、工事を実施することが望ましいとしています。

　全体の工程は、工事着工前、工事中、工事完了時期に分類することができ、工事発注者である管理組合、工事受注者である施工会社、必要な工事チェックを行う工事監理者および工事協力を要請される居住者の四者が、相互にそれぞれの役割を果たすことが求められます。

　また、今後考えられる補修工事のため、参考資料として、管理組合として「施工図」「工事写真」「作業日報」「使用材料メーカーリスト・出荷証明」「苦情処理記録」「設計変更・追加工事記録」などの工事記録の保管に努めてください。

　さらに、工事完成にともなう引渡しの際には、現場代理人（建設業法に規定された工事現場責任者のこと。工事現場に常駐し、その運営、取締り等を主な業務とする）やメーカー等の説明をよく聞き、場合によっては取扱い説明書をよく読んで、トラブルを未然に防ぎましょう。

Question 9

大規模修繕工事の進め方

マンション竣工後10数年がたち、外壁や屋上防水に傷みが確認されました。総合的な劣化診断を実施したことがなく修繕計画はありません。大規模修繕工事を行いたいですが、どのように進めたらよいでしょうか。

Answer 9

　個々の修繕箇所の傷み具合、一般的なマンション全体のライフサイクルプラン、長期修繕計画（修繕周期の妥当性など）、修繕積立金、金融機関からの借入れなどを総合的に考えあわせ、建物全体の総合的な改修である大規模改修工事を実施することが妥当かどうかの判断をします。理事会だけでは判断できない場合には、管理会社などの支援を得ながら進めましょう。ただし、どこまで任せるのかを事前に力量を推しはかりながら整理します。

法的根拠：標準管理規約第32条第3号（長期修繕計画の作成または変更に関する業務）

ポイント

行動フロー（案）

1. 大規模修繕工事のため、理事会の諮問機関として専門委員会を設置する（総会決議を得る）。
2. 居住者へのアンケートを実施し、専門委員による現場調査などから、現状を把握する。
3. 外部専門家に委託して、建物・設備の劣化診断を実施することの総会決議を得る。
4. 複数社から見積書を徴収して、そのなかから見積額や施工実績などを考慮して劣化診断調査会社を決定する。

5．具体的な劣化診断調査に着手する。
　　6．調査結果をもとに大規模修繕工事の計画案をまとめる。
　　7．総会にて修繕計画案の承認を決議する。
　　　　　　　　　　※　大規模修繕工事の基本的な進め方はP.86をご参照ください。

【解説】

大規模修繕工事

●大規模修繕の定義●

　長期修繕計画を踏まえて計画的に実施する「計画修繕」のうち、マンション全体または複数の部位について行うものをいいます（厳密な意味でのマンションにおける大規模修繕の建築基準法以外の法律による定義は存在しません）。主に、足場やシートで囲って行う工事とイメージされています。

　区分所有法第17条第1項とマンション標準管理規約第47条第3項により、形状や効用の著しい変更をともなう場合には、区分所有者および議決権の各4分の3の同意を必要とします。例として、耐震補強のための壁の増設、現行建築基準法に適合する避難階段の増設などがあります。

　上記条件に該当しない場合には、区分所有法第18条第1項とマンション標準管理規約第47条第2項により、各過半数の同意で実施することができます。例としては、劣化損傷した屋上・外壁等の改修、階段手すりの錆発生にともなう鉄部の塗装替え、給排水管の更新（取替え）などがあります。

　区分所有法にあわせて、各マンションで定めている管理規約の取扱いを確認することが必要です（区分所有法第18条第2項、第1項の規定は、規約で別段の定めをすることを妨げない、としている）。

●大規模修繕の目的●

❶ 事故防止
❷ 不具合の解消および予防
❸ 耐久性延伸
❹ 美観・快適性の向上
❺ 居住性・機能性の向上
❻ 資産価値向上

　修繕計画を立案する際には、上記の目的を逸脱しないことを意識することが大切です。
　なお、建築基準法第2条（用語の定義）にある大規模修繕は、建築物の主要構造部の一種以上について行う過半の修繕のことで、工事を行うには事前に建築確認申請手続きを必要とするものを指し、一般にマンションの大規模修繕とは意味合いが異なります。

●大規模修繕の目的●

マンションにおける大規模修繕とは、
　形状や効用の著しい変更を伴うもの
　　（区分所有者および議決権の各4分の3の同意を必要とする）
　　　（例）・耐震補強のための壁の増設
　　　　　　・現行建築基準法に適合する避難階段の増設　など
上記に該当しないもの
　（区分所有者および議決権の各過半数の同意を必要とする）
　　　（例）・劣化損傷した屋上・外壁等の改修
　　　　　　・階段手すりの錆発生に伴う鉄部の塗装替え
　　　　　　・給排水管の更新（取替え）　など

↕ 意味合いが異なる

建築基準法第2条における大規模修繕とは、
　建築物の主要構造部の一種以上について行う過半の修繕で、工事を行う前に建築確認申請手続きを必要とするもの

■ 大規模修繕工事の基本的な進め方（例）

1. 管理組合の発意
2. 専門委員会の設置・検討
3. 建築士事務所の候補の選定
4. 委託費見積依頼・ヒアリング・内定
5. 総会の開催・決議
6. 業務委託契約（調査・診断、修繕設計、工事監理）
7. 調査・診断
8. 修繕基本計画
9. 組合員への説明会等の開催
10. 工事資金計画
11. 修繕設計
12. 施工会社の候補の選定
13. 工事費見積依頼・現場説明・ヒアリング・内定
14. 総会の開催・決議
15. 工事請負契約
16. 大規模修繕工事の施工
17. 竣工（完成検査、工事費精算）
18. 設計図書・完成書類等の引渡し
19. 修繕等の履歴情報の整理・保管

出典：「マンション管理の知識（平成26年度版）」860頁（(公財)マンション管理センター）

＜参考図書＞

・長期修繕計画標準様式、長期修繕計画作成ガイドライン・同コメント　2008.6　国土交通省　策定

Question 10

工事に係る管理組合側の体制

大規模修繕の実施にあたり、管理組合としてどのような体制で臨めばよいでしょうか。

Answer 10

　大規模修繕・計画修繕の実施については、十分な準備期間等を確保して、ある程度の期間、継続的に取り組んでいく必要がありますし、建築等に関する専門知識等も必要となってきます。

　一連の手続きにおいて中心となって対応するのはその時々の理事長や理事会ということになりますが、管理組合では理事会が1年ごとに構成が変わるのが一般的であり、たまたま建築等に係る専門知識を有する者が役員であるケースなどを除けば理事会メンバーが専門知識をもって対応することはなかなか困難です。

　そこで、大規模修繕については、理事会のもとに大規模修繕工事に係る専門委員会を立ち上げ、理事の交代があっても継続的に対応できる体制を作るとともに、マンション管理士などの専門家に支援を得ることも検討します。ただし、それぞれの役割分担、責任範囲を明確にして、漏れや重複の作業や検討が生じないよう事前に整理しましょう。

　なお、マンション管理士などの専門家に求められる能力は以下のとおりです。

❶　長期修繕計画が作成できること
❷　長期修繕計画案に基づく修繕積立金の算出ができること
❸　建物等の劣化状況などを把握するための調査・診断が実施できること
❹　大規模修繕のための設計（工事仕様書、図面の作成）ができること

❺　施工会社の選定にあたり、客観的な判断に基づき、適切な助言および協力ができること
❻　必要に応じ、専有部分と共用部分との区分の明確化、場合によっては管理規約改正等の検討および提案ができること
❼　資金計画、借入金に関する助言ができること
❽　区分所有法、建築基準法その他の必要な法律的な手続きも助言ができること

Question 11 大規模修繕工事の発注

大規模修繕工事について、品質が高く、安く、早く完成してもらうようにするためには、どのように施工業者を選択し、発注すればよいでしょうか。

Answer 11

複数の業者から見積りを徴収し、面談をして工事実績、技術力、施工会社の財務状況、提案力、工事金額、コミュニケーション力、アフターフォロー、発注方式などを確認し、比較検討したうえで、施工業者を選定することになります。大規模修繕工事をした事例を見学して、入居者にもヒアリングするなど技術力をはじめ、対応力等を推しはかることも検討してください。

なお、見積書を確認する前に、大規模修繕費用の構成要素を理解してください。

■大規模修繕工事費用の構成要素（公共建築工事積算基準を参考に再構成）

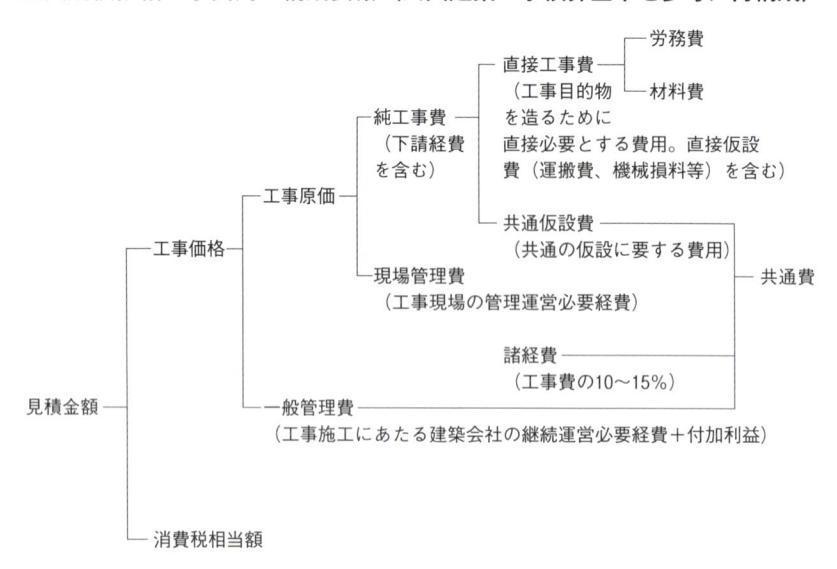

```
                                              ┌─ 労務費
                            ┌─ 直接工事費 ─┤
                            │  （工事目的物  └─ 材料費
                            │   を造るために
              ┌─ 純工事費 ─┤   直接必要とする費用。直接仮設
              │ （下請経費 │   費（運搬費、機械損料等）を含む）
              │  を含む）  │
   ┌─ 工事原価 ─┤            └─ 共通仮設費
   │          │              （共通の仮設に要する費用）     ┐
   │          │                                              ├─ 共通費
工事価格 ─┤          └─ 現場管理費                               │
   │            （工事現場の管理運営必要経費）                │
   │                                                          │
   │                      ┌─ 諸経費                          │
   │                      │  （工事費の10～15%）              ┘
見積金額 ─┤
   │          └─ 一般管理費
   │            （工事施工にあたる建築会社の継続運営必要経費＋付加利益）
   │
   └─ 消費税相当額
```

90

●見積書の主なチェックポイント●

❶ 同じ部屋の床と天井の面積が同一かどうか
❷ 工事費一式として、内訳の記載がないかどうか
❸ 工事内容に漏れがないかどうか
❹ 使用材料の表現が曖昧かどうか（材料名、メーカー名、品番等）
❺ 品質保証のない材料を使用しているかどうか
❻ 廃材処分費やアスベスト処理費が未計上かどうか
❼ 明確な仮設計画書に基づいた仮設養生費を計上しているかどうか
❽ 一般刊行物に記載の単価を大きく逸脱していないかどうか
❾ 一般刊行物に記載のない作業でも常識的な作業人日数から乖離していないかどうか
❿ 添付された図面と見積書の内容（仕様、寸法、数量など）をサンプリングして突き合わせる
⓫ 部屋単位、部位単位に見積書が構成されているかどうか
⓬ 別途工事記載内容を確認する
⓭ 追加工事をある程度見込んだ金額におさまっているかどうか
⓮ 消費税を含んでいるかどうか
⓯ 見積り有効期限を確認する
⓰ 見積り条件の記載内容を確認する
⓱ 正式な社判が押印されているかどうか

ポイント

行動フロー（案）

（専門委員会）

1. 大規模修繕工事のどの部分を、どこに委託するかを検討する。
2. 工事費用が修繕積立金でまかなえるかどうか検討し、不足した場合の資金調達方法も検討する。

3．外部の専門家に委託して、具体的な工事の計画案を作成する。
　　4．具体的な工事計画案を居住者に総会前に説明し、感触をつかんだうえで工事計画の合意のための意見調整を行う。
　　5．複数社から工事見積りを徴収して、工事内容、工事概算額、技術力、財務信用力などから施工会社候補を絞り込む。
（総会）
　　1．工事の発注形式に関する承認を得る。
　　2．大規模修繕工事計画の承認を得る。
　　3．施工会社の承認を得る。

総会決議後の行動フロー（案）
　　1．工事契約後、区分所有者に対して着工説明会を開催する。
　　2．具体的な大規模修繕工事に着手する。
　　3．工事着工後は、工事監理を委託した会社からの報告などに基づき、問題点を理事会で検討する。

【解説】

大規模修繕工事の発注方式

　大規模修繕工事は大きく分けて、以下のような発注方式があります。

　　1．設計・施工一括発注方式（責任施工方式）
　　2．設計・施工分離発注方式（設計監理方式）

　「設計・施工一括発注方式」は、工事計画の設計から施工、監理のすべてを1社に委託するものです。
　「設計・施工分離発注方式」は、工事計画の設計・監理業務を設計事務所などに委託し、施工は建設会社に委託するものです。

いずれの場合にも、業務を委託したからといって委託者にまかせきりとせず、管理組合に定期的な報告や相談をさせる事が大切です。

上記の２方式については次ページの比較表をご覧ください。基本的には工事内容、工事コストがガラス張りになる「設計・施工分離発注方式」が望ましいと思われますが、過去の実績・技術力等を検討して「設計・施工一括発注方式」を選択することも皆無ではありません。ただし、その場合でも複数の会社から見積りを徴収し、面談を経て委託会社を選定することをお薦めします。

最近では、オープンブック方式といって、工事費、経費をガラス張りにする選定方式も採用されはじめていますので、検討するのも一案です。

■マンション大規模修繕工事における主な発注方式の比較

発注方式	概要	メリット	デメリット
設計・施工一括発注方式（責任施工方式）	工事の設計、施工、監理をすべて１社に委託する。	設計管理者を選定する手間が省ける。全体として費用が割安になることがある。	第三者によるチェックがないため、工事内容や工事費用が施工会社の言い値になる可能性がある（最近は、価格開示（オープンブック）方式といって、施工者が施主にすべてのコストに関する情報を開示（ガラス張り）し、施主または第三者が監査を行う方式もあり、透明性が高まる方向にある）。
設計・施工分離発注方式（設計監理方式）	工事の設計監理と施工をそれぞれ別会社や専門家に委託する。	工事内容や工事費用を第三者として判断できる。	工事費用とは別に設計監理費用が必要。

単一工事と複合工事

単一工事とは、専門工事ともいわれ、内装のタタミ、壁紙、鍵の交

換など他の工事を含まない単一の工事を示し、専門業者に直接依頼することで工事費を安価に抑えることができます。ただし、複数の異なる工事がある場合、単一工事として多くの専門業者とそれぞれ契約しますと、全体の総合管理を別の会社に依頼する必要に迫られる可能性が高く、工事費は一概には安価に抑えられるとはいえません。

複合工事とは、大規模修繕工事のように多くの異なる部位・部材を対象とした工事内容を包含した工事で一般的には元請施工会社が全体を総合管理する形で契約することになります。多くの工事が重なり合うことになることから、綿密な工事工程表を作成する必要があります。

ただし、仮設材などは共通して使用できることから、工事費が抑制できるメリットもあります。

選定方式

マンション改修のための施工会社を選定するには、大きくは以下のような方式があります。

```
１．競争入札方式
２．合い見積り方式
```

ほかに特命一社契約方式がありますが、競争原理が働かないことから工事費用が高止まりするおそれがあるうえ、マンション組合員に対して妥当性のある説明が果たせない可能性があります。

「競争入札方式」は、工事の内容をあらかじめ理事会やコンサル会社が作成した共通仕様書をもとに複数会社による入札を行い、原則として最低見積額を提示した施工会社と契約することになります。ただし、ダンピングによる施工品質の低下（≒手抜き工事）を招くおそれがありますので、極端に安価な工事金額を提示している場合には、工事内容等の精査を必要とします。

「合い見積り方式」は、複数の会社から見積り・提案書を取り寄せて、工事内容、工事金額、会社の規模・実績等を総合的に検討し、最

適と思われる施工会社を選定し契約する方式です。

　上記の2方式とも、書類（とくに見積り等）審査だけでは不十分ですので、施工会社と面談を行い、説明を求めることも欠かせません。

　1社選定の判断基準としては、工事実績、技術力、施工会社の財務状況、提案力、工事金額、コミュニケーション力、アフターフォローなどがあります。

　いずれにしましても、マンションの事情等にあわせて、最適な発注方式を選定することが大切になります。

　最後に、施工会社が絞り込まれたら総会にて決議します（大まかな施工会社選定の進め方は、以下をご参照ください）。

■施工会社選定の進め方

競争入札方式	合い見積り方式
共通仕様書作成	―
↓	
見積り依頼施工会社の選定	見積り依頼施工会社の選定
↓	↓
現地調査・説明会の開催	現地調査・説明会の開催
↓	↓
質疑応答	質疑応答
↓	↓
	見積り・課題提出
	↓
書類審査	書類審査
↓	↓
入札	
↓	
面談	面談
↓	↓
総会決議	総会決議

Question 12

第三者監理方式

マンションの大規模修繕は、工事の規模も大きく、工事が適切に行われないと資産価値の維持にも支障が生じるため、工事監理をしっかりと行いたいところです。しかし、管理組合の役員では専門知識もなく、十分な監理ができないので、何かよい方法がないでしょうか。

Answer 12

建築主になり代わって、専門的知識を持つ第三者に工事監理を委託し、その者が建築施工会社の工事の監理をすることによって、設計・施工・監理の相互チェックを機能させ施工品質の確保を目指す「第三者監理」という方式があります。この場合の第三者は、設計、施工を依頼した会社等と利害関係のない専門知識を持つものであることが大切であり、専門の建築事務所等に依頼することが考えられます。

マンションの大規模修繕工事は、規模も大きく、工事の品質確保が将来の資産価値の維持に大きく影響を及ぼすことから、第三者監理方式の採用を検討することが望ましいでしょう。ただし、過去に実施例の少ない特殊な技術・工法を用いる場合、小規模で極めて短期間で施工する場合、マンション入居者自身が監理する場合は、検討の対象外としてください。

ポイント

マンション新築、改修等の設計と施工は別会社等に依頼するか、同一の会社等に依頼するか、それぞれ事情によって異なりますが、「工事を設計図書と照合し、それが設計図書のとおりに実施されているかどうかの確認」（建築士法第2条第7項）

をするのが工事監理です。

　第三者監理によって、現場内に緊張感が生まれ、不良な工事（欠陥や手抜きなど）の防止など、施工会社等への抑止力となり、質の高いマンションを手に入れることにつながります。

　また、工事内容を精査することで、仕様の変更、無駄な工事の削減などで工事費用の削減にも貢献し、管理組合の立場に立った透明性の高い監理が期待できます。

　さらに、管理組合としては、工事中の疑問や不安に対して相談ができ、設計、施工会社等との建築トラブルを回避することもでき、大きな安心感を得られるという副次的効果も期待できます。

■第三者監理の流れ

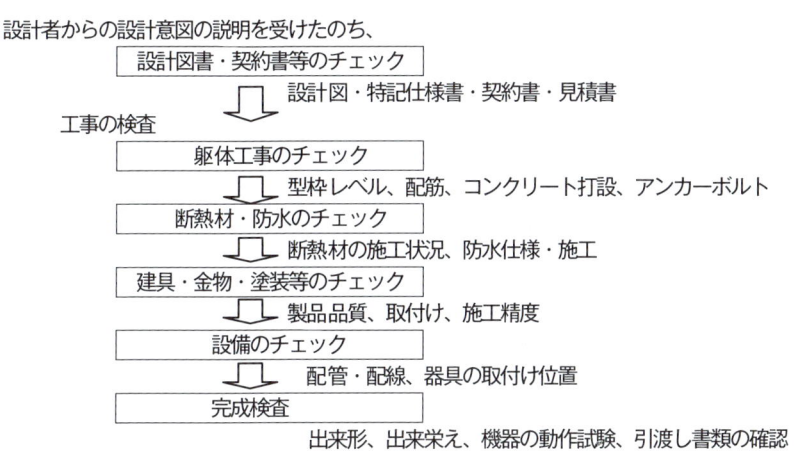

設計者からの設計意図の説明を受けたのち、

　　　　　　　　設計図書・契約書等のチェック
　　　　　　　　　⇩　設計図・特記仕様書・契約書・見積書
工事の検査
　　　　　　　　躯体工事のチェック
　　　　　　　　　⇩　型枠レベル、配筋、コンクリート打設、アンカーボルト
　　　　　　　　断熱材・防水のチェック
　　　　　　　　　⇩　断熱材の施工状況、防水仕様・施工
　　　　　　　　建具・金物・塗装等のチェック
　　　　　　　　　⇩　製品品質、取付け、施工精度
　　　　　　　　設備のチェック
　　　　　　　　　⇩　配管・配線、器具の取付け位置
　　　　　　　　完成検査
　　　　　　　　　　　出来形、出来栄え、機器の動作試験、引渡し書類の確認

＜参考図書＞

・「建築改修工事監理指針〈平成25年版〉」　上・下巻
　　　　　　　　　　　　　2013.12　建築保全センター　発行

(3) 各改修等工事のポイント

Question 13

外壁補修

劣化診断の結果、外壁のモルタルの浮きやひび割れが多数確認されました。また、幸いけが人はいませんでしたが、外壁のタイルが落下し、マンション敷地内通路上に破片が散乱しているのが発見されたところです。理事会で速やかに外壁の修繕・改修を行うこととしましたが、外壁の補修方法にはどのようなものがあるでしょうか。

Answer 13

もし、外壁のタイルの落下などがあれば、人身、人命にかかわることになり、民法上の工作物責任（第717条）を問われます。詳細な外壁部分の現状把握（調査・診断）をし、早急な原因究明と対策立案が求められます。

また、外壁はマンション全体の美観を形成する大きな要素となっています。さらに、外壁の防水機能等が悪くなれば、建物全体への影響も大きくなります。そこで、外壁についてはそれぞれの傷み具合に応じて、具体的な工事を実施してください。具体的な改修工事についてはP.100以下をご参照ください。

なお、外壁改修にあわせて、サッシ交換、外部鉄部の塗装替、結露防止のための外断熱工事等も検討することが必要になります。

法的根拠：民法第717条（土地の工作物等の占有者および所有者の責任）

ポイント

行動フロー（案）

1. 外壁改修は、修繕積立金を必要とする場合が大半であり、管理組合はおおむね5年ごとに見直す長期修繕計画に基づいて、外壁改修時期をあらかじめ設定する。
2. 改修時期を前にして、入居者や点検者などからアンケート調査やヒアリングを行い、過去の定期総会等で出された組合員の意見を確認し、外壁改修時期の妥当性を探る。
3. 外壁の一部落下などの不具合が認められた場合には、管理組合自身が不具合をできるだけ近い距離から目視確認を行い、外壁の調査診断のためのコンサル調査を外部の専門家に委託する。
4. コンクリート壁へのアンカー（ボルトの打込み）、スリーブ（設備用開口新設）に関する管理規約等での制限記述の有無を確認する。
5. 一般的には、大規模修繕の一環として、外壁改修を実施するが、同時期に屋上防水改修、金物改修、設備改修等も実施するかどうかを検討する。ただし、多面的に検討すると、過大出費になるおそれがあり、工事の優先順位をつけて、できるだけ修繕項目を絞り込む。
6. 外断熱とタイル剥落を兼ねた工法などを採用し、一定の省エネ効果が期待できる場合には、国土交通省等の補助金制度が利用できるか事前確認する。
7. 理事会は、外壁改修決議のための総会を準備する。
8. 大掛かりな修繕などで区分所有法上の総会決議基準の管理組合の収支予算の変更に該当する場合や管理組合員の共同の利益にかかる重要事項に該当すると判断される場合（外壁補修はおおむねこれに該当する）には、過半数による決議が必要。

総会決議後の行動フロー（案）

1．複数社から見積書を徴収して、そのなかから見積額や施工実績などを考慮して施工会社を決定する。
2．大規模な改修工事の場合には、区分所有者への説明会を開催する。
3．具体的な外壁改修工事に着手する。

【解説】

外壁改修（ピンニング、ピンネット工法）

　外壁の劣化は、外壁の仕上げ、施工精度、竣工からの経年、周辺環境、これまでに遭遇した地震の回数などによって、劣化の内容（汚れ、漏水、ひび割れ、鉄筋の曝露・腐食、仕上げ材の浮き、剥がれ、フクレなど）や程度が異なります。また、外壁の仕上げ以外にコンクリート構造体の中性化（大気中の二酸化炭素の侵入によりアルカリ性のコンクリートが中性化してコンクリート内部の鉄筋が徐々に腐食する現象）・浸透水による鉄筋の発錆など、劣化の程度によってはマンション全体の耐久性の低下も懸念されます。

　そこで、現地の調査診断を行って、現状を把握し劣化の原因を究明し、具体的な改修案を立案します。

　外壁改修は、劣化にあわせるばかりでなく、改修計画費用やLCC（ライフサイクルコスト）なども考慮したうえで改修の仕様や施工方法を検討することになります。以下に、代表的な外壁改修工法をご紹介します。

　なお、結露防止や室内環境向上のため、外壁改修の際に外断熱化工事を行い、外壁の断熱性能向上を図ることも居住性や省エネルギーの観点から、最近、注目されています。

●タイル・モルタルの浮き、落下に対して●
（1）汚染防止タイル・塗装・左官

最近、注目されているものとしては、外壁の汚れを抑制する光触媒を利用したタイル、塗装材、左官塗材などがあります。
(2) ピンニング
　　タイルやモルタルの浮きを抑えるため、5本／㎡程度のステンレス製ピンをコンクリート躯体に打ち込みます。その際、エポキシ等樹脂を注入して、よりタイルやモルタルの浮きを抑える方策を講じる場合もあります。
(3) ピンネット工法
　　タイルやモルタルの浮きを樹脂製のネットで蔽い、ステンレスピンを打ち込んで固定します。その上から、薄塗りのモルタルを塗り塗装で仕上げるのが標準的な施工方法です（メーカーにより、多少工程等が異なります）。最近では、外断熱と組み合わせたタイプの工法もあります。
(4) その他
　　タイル仕上げの場合にはピンニングしたうえで、タイル表面に透明の樹脂を塗る工法などもあります。

●ひび割れや爆裂に対して●

　ひび割れは、ひびの幅・挙動の有無などによって、ひび割れの要所要所からエポキシ樹脂を注入したり、ひび割れに沿って外壁表面をUカットしてエポキシ樹脂を注入を行ったり、Uカット後にシーリング材を充填するなどの工法が存在します。ひび割れの幅によっては、セメントスラリーを注入する場合もあります。

●汚れに対して●

　高圧洗浄やタイル薬品洗浄などがありますが、汚れ、浮き、錆などの程度により洗浄の際の水圧の調整とともに、洗浄後の汚水の処理について行政庁の指導もあり、直接下水に流さないような洗浄装置の採用や排水計画が求められる場合があります。また、洗浄液の飛散により、マンション周辺に駐車している車両のガラス等が腐食するおそれもあることから、十分な養生計画が必要になります。

〈窓上部のタイルの落下状況〉 〈壁のひびわれ〉

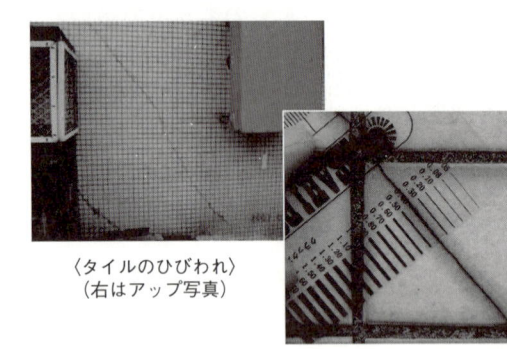

〈タイルのひびわれ〉
（右はアップ写真）

従来の浮き改修工法

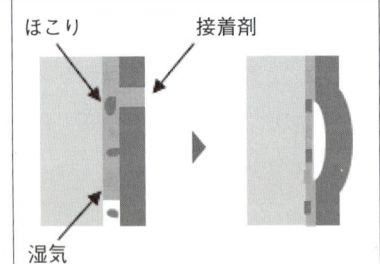

ほこり　接着剤
湿気

　従来の工法では、外壁のタイルやモルタルの浮き部分を接着させるという対処法ですが、浮いた隙間にほこりや湿気があると、接着効果が薄くなり、再び浮きが発生することがあります。

ピンネット工法

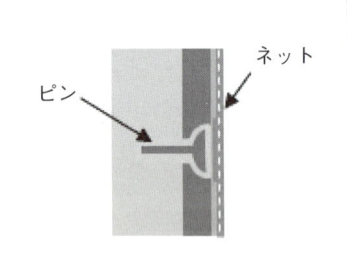

ピン　ネット

　ピンネット工法は、外壁は太陽熱などによって動くという視点から、浮き部分を接着させるのではなく、部分的にタイルやモルタルをステンレス製ピンでコンクリートに固定して、さらにネットで補強して外壁仕上げの材の剥落を防止します。

出典：全日本外壁ピンネット工事業協同組合ＨＰ

外壁改修（乾式外壁）

　タイルやモルタルが剥れても、乾式外壁内部にタイルやモルタルが落下するように計画されたもので、30年程前から広く使用されています。

　金属系パネル、セメント系パネル、乾式タイル（アルミ下地などに引っ掛けるタイプのタイル）などがありますが、ピンニングやピンネット工法に比較して、イニシャルコストが高いことがデメリットとして挙げられます。

　パネル同士やパネルと建具などの間の目地はシーリング詰めにすることもありますが、経年劣化して、10数年後に詰替えが必要になるシーリングを採用しないで、雨水をコート壁内に浸入させないオープンジョイントという方法もあります。

　ただし、マンションの足元まわりや窓まわりなどに大きな隙間があると、暴風がパネルの裏面に吹き込むことで、パネルが飛散することもありますので、綿密な設計を必要とします。

　なお、外壁改修の際に、枠組足場などを組立て、外壁改修後に足場を解体することになりますが、足場が倒壊しないようにするため建物と足場とを緊結していた「壁つなぎ金物」を撤去したあとの穴補修を確実に行わないと、雨漏りの原因となるばかりか、美観上も見苦しいものになります。工事を管理する建築施工会社や現場責任者には、この点に注意した工事管理を求めるようにします。

■乾式外壁実施例(1)

＜改修前＞

＜改修後＞

〈湿式タイル（現場張り）が経年劣化でひび割れや浮きが目立ってきた〉

〈既設の湿式タイルの上にアルミ下地を取り付け、乾式タイルを引っ掛け固定する〉

■タイル張り外壁の二重壁化

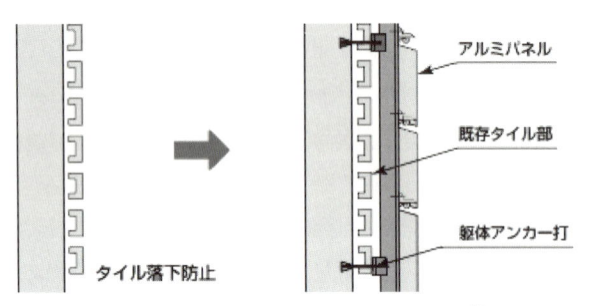

タイル落下防止

アルミパネル
既存タイル部
躯体アンカー打

既存の壁のタイルに落下防止処理をした後、コンクリート部分に躯体アンカーを打ち込みアルミパネルで覆います。

■乾式外壁実施例(2)

〈乾式タイルと固定のための下地の詳細（例)〉

●コラム

結露とは、

　室内の外壁や浴室に接した壁や窓などの表面に空気中の水蒸気が凝縮して水玉状に付着する現象です。グラスに冷えた飲み物を注ぐと水滴が付着するのと原理は同じです。

　気密性が高く、断熱材が壁に吹付けられていなかったり張りつけられていない建物に多く見かけられるものですが、カビやダニの発生による健康被害、壁や天井の木製下地の腐り、壁の塗装やクロスの剥がれなどが懸念されます。

　最近は、エアコンの普及により、夏場でも見かけられます。

■結露対策

	対策の種別	部位	対策の内容	対策の問題点
1	ハード	ガラス	複層ガラスへの取替え	既設サッシにとりつけられない場合がある
2		サッシ	断熱サッシへの取替え	既設枠の改修が困難な場合が多く、既設サッシの外側に新たに取り付けるか、外壁をふかす分のサッシ枠を新たに設ける必要がある
3		外壁	室内側への断熱材張りつけなどは各室内での工事となり面倒なうえ、室内有効面積が狭くなることから、室外側に外壁仕上げ材といっしょに断熱材を張りつけるなどの外壁改修にあわせた対策	バルコニー、開口部（玄関ドア、サッシや換気口など）、屋上コンクリート立上り上部の笠木などとの取合い部分の工事費用を要する
4	ソフト		換気や除湿を十分行い、壁と家具などとの間に隙間を設ける	1日24時間、通年でのオペレーションは手間と費用が嵩む

Question 14

屋上漏水

屋上からの雨漏りが発見されました。漏水量はそれほど多くはありませんが、天井や壁に漏水跡が残るうえ、今後の成り行きが心配です。どのように修繕、改修をしたらよいでしょうか。

Answer 14

全体的に防水層の劣化が進んでいると判断された場合や、屋上から漏水しているが漏水箇所が特定できない場合には、屋上全面防水改修を行いますが、全体的には防水層の劣化がみられず、屋上からの漏水箇所が特定できる場合には屋上防水部分改修とします。

ただし、2000年に施行された住宅の品質確保の促進等に関する法律（品確法）により、2000年以降に新築されたマンションの場合、屋上防水は10年間の瑕疵担保責任の対象となりますので、原因の如何によっては、改修費用が発生しない場合があります（施工者等の瑕疵担保責任が認められると区分所有者は改修費用を負担する必要がありません）。外壁改修の場合も、雨水の浸入が確認できれば、屋上漏水と同じ考えが適用されます。

具体的な工事については、防水層の劣化状況を把握したうえで、防水層の仕様によって、なじみやすい材料であり、居ながら（転居せず住み続けながら）工事をしても直下階等の入居者に対して騒音・振動・臭気などの影響の少ない工法を選定します【P.110参照】。

ポイント

行動フロー（案）
1．屋上防水改修は、修繕積立金を必要とする場合が大半であり、管理組合は大体5年ごとに見直す長期修繕計画に基づいて、屋上防水改修時期をあらかじめ設定する。
2．改修時期を前にして、入居者や点検者などからアンケート調査やヒアリングを行い、過去の定期総会等で出された組合員の意見を確認し、屋上防水改修時期の妥当性を探る。
3．屋上からの漏水などの不具合が認められた場合には、管理組合自身が不具合をできるだけ近い距離から目視確認を行い、屋上防水の調査診断のためのコンサル調査を外部の専門家に委託する。
4．一般的には、大規模修繕の一環として、屋上防水改修を実施するが、同時期に外壁改修、金物改修、設備改修等も実施するかどうかを検討する。ただし、多面的に検討すると、過大出費になるおそれがあり、工事の優先順位をつけて、できるだけ修繕項目を絞り込む。
5．自治体等の補助金制度を調べる。
6．理事会は屋上防水改修決議のための総会を準備する。
7．大掛かりな修繕などで区分所有法上の総会決議基準の管理組合の収支予算の変更に該当する場合や管理組合員の共同の利益にかかる重要事項に該当すると判断される場合（屋上防水改修はおおむねこれにあたる）には、総会にて過半数による決議を得る。

総会決議後の行動フロー（案）
1．複数社から見積書を徴収して、そのなかから見積額や施工実績などを考慮して施工会社を決定する。
2．大規模な改修工事の場合には、工事の実施の際も区分所有者への説明会を開催する。
3．具体的な改修工事に着手する。

【解説】

屋上等防水改修

　防水層の改修は、屋上、バルコニー、浴室床下などが対象となります。太陽光の紫外線、外気や滞留した水の寒暖の繰り返し、汚染物質等による化学変化などにより、竣工後10〜15年で、防水性能が著しく低下し、漏水する可能性が高まります。

　防水層の劣化状況を把握したうえで、防水層の仕様によって、なじみやすい材料であり、居ながら工事をしても直下階等の入居者に対して騒音・振動・臭気などの影響の少ない工法を選定することになります。

　とくに、既存の防水層のうえに押えコンクリートがある場合、それを撤去するとなると、直下階を中心に騒音、振動が発生することになりますので、できれば押えコンクリートは残したまま、その上から新しい防水層を施工することが望まれます。

　また、防水改修範囲の笠木（屋上部外壁立上り部に取り付ける金物）、その他の金物の塗装替や更改などもあわせて検討します。

　なお、屋上防水改修にあわせて、ヒートアイランド現象を抑制し入居者にとって快適で潤いのある空間を提供する屋上緑化も検討することをケースも増えています。

　ただし、追加できる屋上床荷重には制限がありますので、あらかじめ、建築専門家により、建物の構造図や構造計算書を確認する必要があります。

■主な屋上防水改修工法の比較

防水種別	熱アスファルト防水 保護アスファルト	熱アスファルト防水 露出アスファルト	改質アスファルト防水	シート防水	塗膜防水	FRP防水
概要	現場でアスファルトを加熱・溶融し、溶けたアスファルトを下地に流しながらルーフィング類を張り付ける工法 通常この工程を2～4回程度繰り返す		ポリマー類で改質されたアスファルト系シートを下地に張り付ける工法 張り付け方には、シートをトーチで炙る方法やシートの粘着性を利用して張り付ける方法等がある	加硫ゴムシートや塩化ビニル系シートを下地に張り付ける工法 張り付け方には、接着剤を使用する方法、機械的に下地に固定する方法等がある	ウレタン等の液状の樹脂を下地に塗布し、硬化させて防水層とする工法 通常、不織布などを補強材として併用する	液状軟質ポリエステル樹脂に硬化剤と促進剤を添加混練し、ガラス繊維を組み合わせた工法
長所	積層型なので接合部の信頼性がある。材料は大量生産されており、安価である。防水性能の信頼性が高い。		施工時の煙・臭気などの発生が少ない アスファルトの持つ欠点が改良されている	工場で生産されるため、品質は一定である 合成高分子系シートは強度・伸びが大きい	全面シームレスな層になるので、接合部の不安がない 複雑な部位での信頼性が高い	軽量でかつ強靱、耐候性に優れている
短所	施工時に煙や臭気等の近隣公害が発生する。高温および低温時の性能がやや劣る。手間がかかる。火気を使用し、煙と臭気を発する。	施工時に煙や臭気等の近隣公害が発生する。高温および低温時の性能がやや劣る。耐用年数と耐衝撃性が保護ありに比しやや劣る。	単層仕様が多く、防水の信頼性は施工者の技能に依存するところが大きい 下地には軟接着であるため、ふくれが発生しやすい	単層仕様が多く、防水の信頼性はシート接合部の処理に依存する 薄手のシートでは耐衝撃性などがやや劣る	下地の影響を受けやすく、場所により塗膜の厚さのムラが出やすい 耐候性がやや劣る	柔軟性にやや難があり、パネル下地には適さない 紫外線に弱い
最適な用途	新築物件で、押えコンクリート等の保護層が設けられる仕様の場合		改修物件で、既存露出アスファルト防水にかぶせて改修する場合	塩ビシートでは機械的固定工法で既存防水にかぶせて改修する場合	役物等が多く、複雑な形状、狭い場所や設備基礎まわりなどを施工する場合	屋上駐車場やベランダ
注意点	施工現場にアスファルト溶融釜を設置するので、煙・臭気・汚れ等への対策が必要である		信頼できる施工業者を選定する必要がある	強風地域での風対策、鳥害対策等を考慮する必要がある	施工時の溶剤の揮散・臭気の発生等への対策が必要である	トルエン、キシレン等の化学物質が含まれているので、注意が必要である リサイクルや廃棄処分がむずかしい
標準耐用年数（参考）	17年	13年	10～15年	10～15年	10～15年	10～15年
概算工事費※	18,000～24,000円／㎡	5,000～18,000円／㎡	9,000～23,000円／㎡	4,000～7,500円／㎡	5,000～18,000円／㎡	11,000～18,000円／㎡

※排水口回り改修、下地処理、撤去シーリング、仮設足場等は含まれない。

出典：建設産業調査会「建築防水システムハンドブック」1991年4月発行

〈屋上シート防水破断状況〉

〈屋上シート防水のよれと鋼製笠木の発錆〉

Question 15 エレベーター

参照判例：No.11

エレベーターの昇降に使用するワイヤーが劣化し、地震時の安全装置がなく、既存不適格状態であるとの点検報告を受けました。エレベーターの更改には多額の費用がかかりますので、何とか部品等の交換で済ませたいところですが、更改はどの段階で判断すべきでしょうか。

Answer 15

　一般的にはエレベーターの改修・更改は25～30年がひとつの目安です。とくに更改を義務づける法律はありませんが、建築基準法第8条により、建築物の所有者または管理者は、その建築物の建築設備（「昇降機」含む）を常時適法な状態に維持するように努めなければならないとしています。エレベーターメーカーや管理会社に現状を確認してもらったうえで複数の改修提案書と見積書を提出してもらい、長期修繕計画、修繕費積立額、次期改修の時期・内容・コスト、部品保有期間なども横目でにらみながら、エレベーターのリニューアル内容・時期等を決定します。

　平成14（2002）年6月1日以降着工する建物については、エレベーターの昇降路に遮炎性能および遮煙性能を有する防火設備で区画することが義務づけられ、既存エレベーターの改修の際にも昇降路に新たな防火区画を構築しなければならなくなりました。

　そのほか、近年は建築基準法施行令の改正にともない、災害等も含めた運転時の安全確保への対応が法制度化されました。P.166にありますように、既存不適格建築物であっても、すぐに更改を求められるものではありませんが、メンテナンスコスト等を考慮して更改を検討します。

　エレベーターが1台しかないマンションでは改修のために運転を長期間停止することは困難な状況です。エレベーターの速度制御を行う「制御盤」やカゴを動かす「巻き上

げ機」などは更新する一方、エレベータードア、ガイドレール、カゴなどは再使用することにより、低費用で、かつ、3〜5日の工期で改修できるタイプのものもあります。

法的根拠：建築基準法第 8 条（維持保全）
　　　　　建築基準法第87条の 2（建築設備への準用）
　　　　　建築基準法施行令第112条第 9 項（エレベーターの竪穴区画対応）
　　　　　建築基準法施行令第129条の10（エレベーターの安全装置）

ポイント

行動フロー（案）
1．修繕履歴を調べておく。
2．エレベーター維持管理会社から調査のリポートを提出してもらう。部品の在庫の有無、在庫期間等を確認する。
3．エレベーター会社との契約書内容を把握しておく。有償／無償の範囲を把握する。
4．エレベーター会社から理事会に改修費用の見積書（部品の再使用も視野に入れる）を提出してもらう。
5．工事の作業時間帯に対する制約等を聞き込む。
6．エレベーター改修の補助金制度を調べる。
7．理事会にて提出された調査報告書および提案されたリニューアル対策（複数案並列）等について審議する。
8．理事会の審議を受け、総会にて更改工事を決議する。

総会決議後の行動フロー（案）
1．複数社から見積書を徴収して、そのなかから見積額や施工実績などを考慮して施工会社を決定する。
2．大規模な更改工事の場合には、区分所有者への説明会を開催する。
3．具体的な更改工事に着手する。

【解説】

エレベーター改修

●建築基準法施行令改正等にともなう動き●

　各種の重大事故を契機に、平成21（2009）年9月に建築基準法施行令が改正施行され、予備電源を備えた地震管制装置・より新しい安全装置（戸開走行保護装置）の設置、遮炎性能・遮煙性能の具備が求められるようになりましたので、エレベーター改修時にはそれらの装置を取り付けることになります。

　劣化や故障の度合い・箇所によって、改修の内容も変わりますが、改修の内容によっては、改修工事に先立って建築確認申請をしなければならないこともありますので注意を要します。

　エレベーターの改修や新増設を検討する場合、建築基準法が改正され（2014年7月1日から施行）、延べ床面積から各階のエレベーター部分（昇降路）を除外して算出する方式にあらたまりました。容積率オーバーの既存不適格建築物であっても、建築基準法施行令第137条の8に規定する範囲内であれば制限の緩和を受け、エレベーター機械室を有しないエレベーターの増築が可能になりました。ただし、エレベーター機械室は容積率不算入の対象とはなりません。また、床面積、建築面積および建ぺい率の算定からは除外されません（建築基準法第52条第6項）。

●エレベーターの安全対策●

　なお、2012年度から既設のエレベーターの安全対策（閉じ込め回避など）強化の一環として、国土交通省が改修工事に補助金を支給する制度もスタートしており、以下の防災対策改修が対象となります。

❶　ドアが開いたまま動くことを防ぐ装置
❷　地震発生初期の微振動（P波）を関知し、本震（S波）が到達する前に最寄りの階で停止する装置

❸　主要機器の耐震補強装置
　　（カゴ、釣合おもり枠のレールからの外れ防止対策やワイヤーの滑車からの外れ防止対策など）

　したがって、通常のエレベーター更新や全撤去、準撤去等のカゴまたはレールを交換する工事は補助の対象にはなりません。

●保守部品の枯渇にともなう見直し・更改●

　最近では、メーカーのエレベーターの製造中止からおおむね25年以上経過した機種（古いものでは1953年製造、新しいものでは1990年製造のものが対象）について「保守部品の供給を停止する」と相次いで発表しています。メンテナンス部品の供給を止めるとした期限は平成24（2012）年が多い状況です。

　したがって、エレベーターメンテナンス契約については、エレベーター設置年、これまでのメンテナンス履歴内容、メンテナンス契約残年数、契約金額などを総合的に勘案して、メンテナンス契約の見直しも検討することが必要になります【P.115参照】。

●エレベーターの更改●

　エレベーターの更改（取替え）を検討する場合には、同時に各エレベーターメンテナンス会社の見積りを比較してメンテナンス計画を見直すことも大切です。

　エレベーターの更改（取替え）検討に際しては、昇降システムの見直し（巻き上げ式から油圧式やマシンレス式などに変更）、制御装置のみの改修、セキュリティの観点からカード等による着床階の指定、バリアフリー化（扉の拡幅や手すり設置など）、エレベーターシャフト（昇降路）の吹付けアスベストの除去なども検討する必要があります。なお、更改（取替え）工事に際してエレベーターが複数台ある場合には、入居者の負担をできるだけ軽減するため、1台ずつ更改するのが一般的です【P.115参照】。

　また、最近の機種では太陽光発電、商用電源と連携して、災害時などに停電しても、通常のように使用できる蓄電池を備えたエレベー

ターもあります。場合によっては、エレベーターへの電力供給から共用部の照明、給水ポンプ、機械式駐車場などへ手動切替えができ、非常時の給水、非常照明以外の照明の点灯などもできるものです。

■エレベーターメンテナンス契約の種別

```
エレベーターメンテナンス契約
├─ フルメンテナンス契約
│    エレベーターの運転機能を常に安全・良好に維持する責
│    任をメンテナンス会社が負う契約。
│    ほとんどの場合、故障が発生しても一切の修理費用が定
│    額管理費の中で賄われるので、別途費用が発生しない。
└─ POG契約
     基本的な点検だけを委託する契約。
     点検の結果、補修が必要となった場合には別途費用が発
     生する。
```

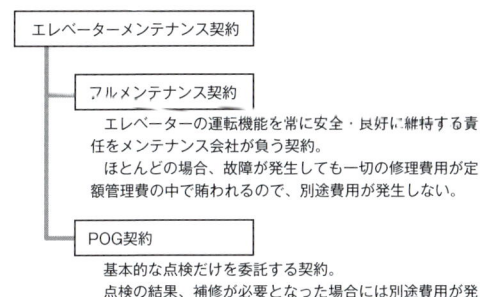

※ POG契約：パーツ・オイル・グリース契約の略称。

■エレベーターの更改種別

更改方法には大きく3つの方法があります　【凡例】□ 新規品に取り替える箇所　▨ 既設再利用の箇所

A-1方式 全撤去リニューアル(機械室あり方式)
- 既存エレベーター方式と同じ
- 現行法への対応が全て可能
- 既設エレベーターと同じかご内寸法となる可能性が高い
- 既存メーカー以外でも対応可能の可能性あり

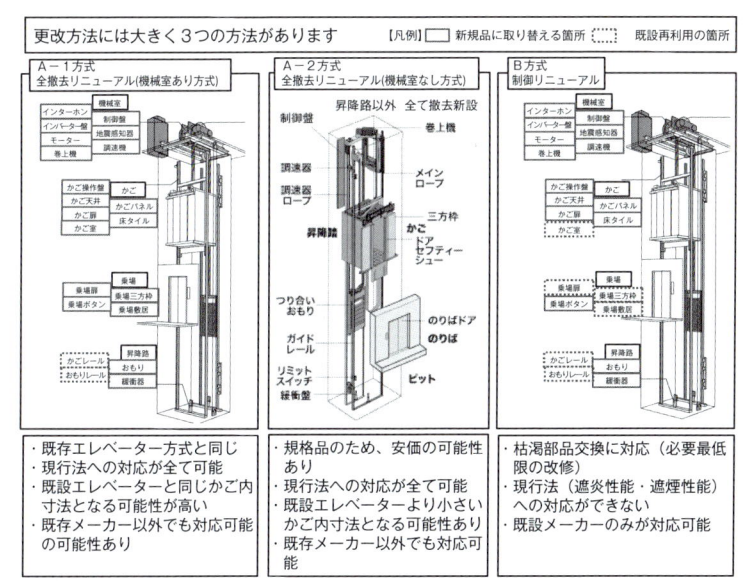

A-2方式 全撤去リニューアル(機械室なし方式)
昇降路以外 全て撤去新設
- 規格品のため、安価の可能性あり
- 現行法への対応が全て可能
- 既設エレベーターより小さいかご内寸法となる可能性あり
- 既存メーカー以外でも対応可能

B方式 制御リニューアル
- 枯渇部品交換に対応(必要最低限の改修)
- 現行法(遮炎性能・遮煙性能)への対応ができない
- 既設メーカーのみが対応可能

Q15 マンション運営維持

Question 16

排水管設備

参照判例：No.4

住民の多数から、蛇口を目いっぱい開いても、水がチョロチョロしかでず、時には赤さびた水がでるようになったとの苦情が管理組合に寄せられています。排水管に問題があると思われますが、対応方法にはどのようなものがあるのでしょうか。

Answer 16

　給排水がスムーズにできず、赤水などの現象が見られる原因は、水中の塩素イオン、高温の給排水などにより、配管内部の腐食が進行することがわかっています。

　このような赤水が発生した場合には、調査会社に委託して配管の劣化診断調査（配管の一部切断による断面目視確認のほか、最近では工業用内視鏡による配管内ビデオ撮影等も実施している）を行ったうえで、補修や配管取替え工事を実施します【P.117参照】。

　予算と劣化具合を考えて、排水管の改修方法を絞り込みましょう。単なる配管内清掃やライニングといって排水管の内部をコーティングする改修（更生）方法もあります。

　配管の更改は、配管の材質の変更とともに、継手（ジョイント）部分をねじ式から、より耐久性の高い機械式に変更するケースが大半を占めています。

　なお、このような配管の更改は大規模な工事をともなうものとなりますので、区分所有者の理解と協力のもと、総会において実施決議をし、予算措置を講じ、工事を円滑に進められるようにします。

■設備排水管の劣化状況と適用技術

	軽度	中度	重度
劣化状況	排水管内部にスケール等の汚れの付着や表層のみの錆が発生している。	排水管内部のねじ等の接続部に錆が発生している。放置するとスケール等の堆積により閉塞が発生し、排水の流れが阻害され漏水の可能性がある。	排水管内部に部分的に大きく発達した錆が認められ、配管の外部や周辺には漏水の跡が確認できる。
補修範囲	一式洗浄	一式更生	全面的に更新・交換

出典：国土交通省　持続可能社会における既存共同住宅ストックの再生に向けた勉強会資料より作成

ポイント

行動フロー（案）

1. 入居者に設備配管に関するアンケート調査を行う。
2. 共用部分の過去の月別光熱水料を調べておく。
3. 設備配管等の修繕履歴を調べておく。
4. 設備配管の劣化診断調査を行う。
5. 理事会にて提出された診断調査結果・複数の対策案・工事による制約などについて審議する。
6. 理事会から提出された対策案（更改工事など）につき、総会にて普通決議する。

総会決議後の行動フロー（案）

1. 複数社から見積書を徴収して、そのなかから見積り額や施工実績などを考慮して施工会社を決定する。
2. 大規模な更改工事の場合には、区分所有者への説明会を開催する。
3. 具体的な更改工事に着手する。

Question 17

給水設備の改修

竣工から20年ほど経過し、管理会社から受水槽や揚水ポンプの老朽化が進み、水質や給水機能に問題ありとの、点検報告が提示されました。

部品の交換や受水槽の交換にも相当の費用が予想されるが、今後はどのように対処するのが望ましいのでしょうか。

Answer 17

多くの給水方式のなかから、最適なものを選定するため、管理会社や設備施工会社などから提案書と見積書を徴収します。長期修繕計画書をにらみながら、いつの時点で、どのような修繕をするのが現実的であるか、技術的な面とコスト面から見極めます【P.120～122参照】。

なお、3、4階建てまでのマンションで「水道直結方式」が採用できる場合には、ポンプや水槽が不要となり電気料金も削減できることから、自治体によっては「水道直結方式」への切替え工事費用の一部肩代わりする制度も設けています（切替え工事費は肩代わり費用を除いて100万円程度。4人家族が30世帯のマンション全体で電気料金は年間13万円削減できるので、8年程度で工事費用を回収できるという試算もあります）。

【解説】

受水槽等の改修

1970年頃まで主流であった建物の地下基礎部分を利用したコンクリート製のものは、建築基準法施行令第129条の2の2および昭和50年建設省告示第1597号に規定され、受水槽・高置水槽の6面（4面の壁と床面・天井面の合計）点検が義務づけられました。

受水槽設置スペースが確保できないということで、既存のコンク

リート製水槽の内面を塗装して運用するケースも見受けられますが、できるだけ飲料水が汚染されないFRP製（繊維強化プラスチック）、ステンレス製等の受水槽等への改修を行うことが望ましいでしょう。

また、大地震を想定した水槽の耐震補強の検討も必要になります。

なお、「水道直結方式」にする場合には受水槽は不要になりますので、改修は必要なくなります。

配管の改修

1975年頃まで給排水管には亜鉛めっき鋼管が使用されてきましたが、錆びやすく、赤水が多く発生する危険性を有しています。また、その後に開発された硬質塩化ビニルライニング鋼管は、耐食性・剛性に優れていますが、継手のねじ部分が錆びやすい弱点がありました。

最近では、架橋ポリエチレン管が耐薬品性・耐熱性が高いということで使用されています。

配管の更改は、配管の材質の変更とともに、継手（ジョイント）部分をねじ式から、より耐久性の高い機械式に変更したり、耐食性に優れたコア継手を用いることが大半を占めています。

なお、大掛かりな配管更改が予算や配管ルートなどの事情から困難で、かつ、錆こぶが比較的小さいなど劣化が比較的軽度の場合には、「パイプライニング」と称して、水アカなどの汚れを取り除いて配管内部の表面に樹脂をコーティングして被膜を形成して赤水を防ぎ配管の延命化を図る工法もあります。

配管の状況によっては、配管内の洗浄だけで済ませられることもありますので、事前調査をもとに専門家の判断を求めることも検討すべきでしょう。

●高置水槽方式●

<特徴・メリット>
・水道本管の圧力では最上階までは給水できない場合に設置されてきた方式
・いったん水を受水槽へ貯めて、その後ポンプを使って屋上の高置水槽へ汲み上げ、自然流下により給水する方式
・停電時でも高置水槽に貯留された分の水の利用が可能
・給水時の使用電力量が抑えられる
・直結方式に比べ引込み管を小さくできる

<デメリット>
・定期的な受水槽・高置水槽・ポンプの清掃、水質検査が必要
・受水槽は法定点検が求められる
・貯留時間が長くなると、水質が悪化する恐れがある
・水槽周囲の6面点検スペースが必要
・新築や他方式からの変更の場合は高さ制限がある

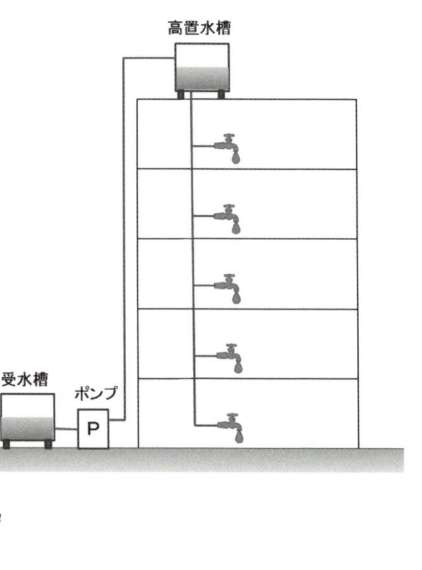

●直結増圧方式●

<特徴・メリット>
・水道本管から引き込まれた給水管に指定された増圧ポンプを直結し、給水管の水圧を高めて供給する方式
・水槽が不要のため、管理の手間が少なく、常時水質が維持できる
・他の給水方式から改修する場合、受水槽が不要になり、スペースの有効活用が可能となる

<デメリット>
・停電時やポンプ故障時には上層階が断水する
・配管の耐圧性が要求され、配管の更新が必要な場合がある
・増圧ポンプの定期的な保守点検が必要
・他の給水方式から改修する場合、上層階に比べ低層階は圧力が高くなるため、器具によっては減圧弁を設置しなければならないケースがある

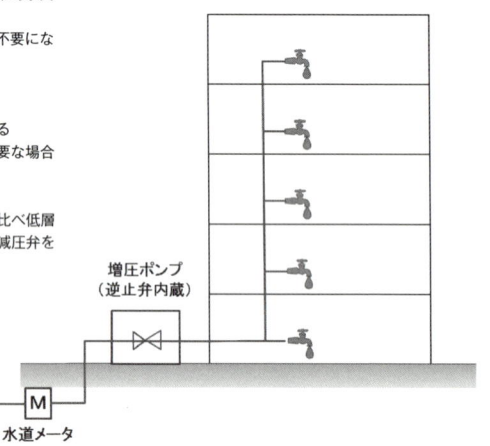

●ポンプ圧送方式●

<特徴・メリット>
・受水槽に貯留した水をポンプにより直接水栓などへ給水する方式
・最近では圧力制御によって大量同時使用になっても一定の水圧が確保できる（圧力タンクの内部圧力で給水する圧力タンク方式は一定の水圧が確保できたが、性能やコストの関係から次第に採用されなくなってきている）

<デメリット>
・停電時は断水となる。ポンプが故障しても断水する
・受水槽、ポンプの日常点検が欠かせない
・他の給水方式から改修する場合、上層階に比べ低層階は圧力が高くなるため、器具によっては減圧弁を設置しなければならないケースがある

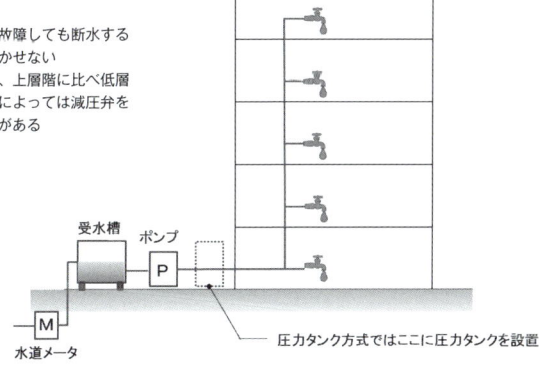

受水槽　ポンプ
水道メータ
圧力タンク方式ではここに圧力タンクを設置

●水道直結方式●

<特徴・メリット>
・5階程度までの建物へ水道本管の圧力で給水する方式
・停電時でも給水可能
・管理の手間が少ない
・他の給水方式から改修する場合、受水槽が不要になり、スペースの有効活用が可能となる

<デメリット>
・フラッシュバルブ方式の器具を採用した場合は、引込み管サイズが大きくなることがある（負担金が高い）
・他の給水方式から改修する場合、フラッシュバルブ方式の便器を使用していて圧力が高すぎる低層階では、減圧弁を新設しなければならないケースがある

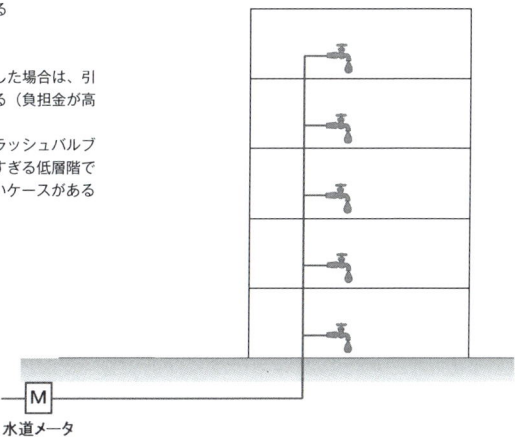

水道メータ

マンション運営維持

Q17

●ゾーニング方式●

<特徴・メリット>
・直結直圧方式と直結増圧方式を組み合わせた給水方式
・水槽が不要のため、管理の手間が少なく、常時水質が維持できる
・他の給水方式から改修する場合、受水槽が不要になり、スペースの有効活用が可能となる

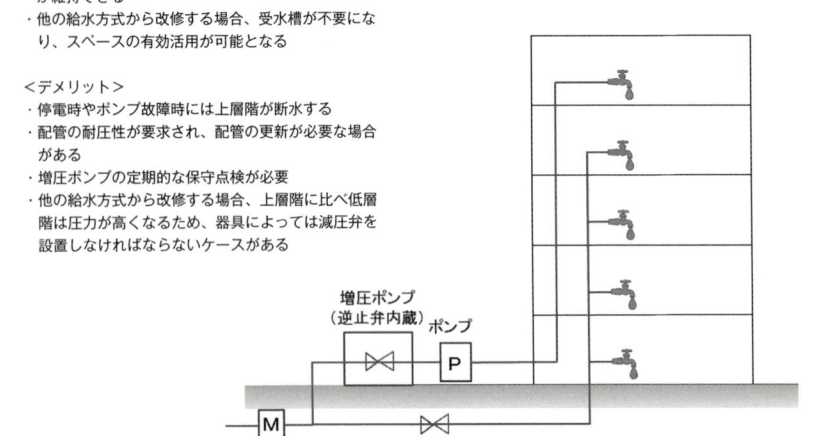

<デメリット>
・停電時やポンプ故障時には上層階が断水する
・配管の耐圧性が要求され、配管の更新が必要な場合がある
・増圧ポンプの定期的な保守点検が必要
・他の給水方式から改修する場合、上層階に比べ低層階は圧力が高くなるため、器具によっては減圧弁を設置しなければならないケースがある

Question 18 機械式駐車場施設

参照判例：No.1，3，4，5，8

築20年程度を経過したマンションですが、屋外に鉄骨むき出しとした機械式駐車場施設があります。しかし鉄部の錆や機械の故障が頻繁に発生し、交換するべき部品が枯渇状況にありますが、どうすべきでしょうか。

Answer 18

将来のマンションのあるべき姿を区分所有者で共有しながら、機械式駐車場のメンテナンス等のランニングコストの増大や入居者の高齢化にともなう空車率アップなどを考慮して更改や安価な改修等を検討する必要があります。まずは理事会として、管理会社や駐車場メーカーなどから、提案書や見積書を徴収してみましょう。

20年前にはなかった大型車両が登場することで、車輌重量が重くなり、車高も高くなる一方です。もし、入庫できる寸法だとしても、慎重を期すため車庫からの出入れには非常に時間を要することにもなります。

さらに、マンション入居者の高齢化による駐車場利用者の減少をはじめ、マンション周辺の平面駐車場の駐車料金がマンションの機械式駐車場とそれほど変わらなければ、マンション周辺に駐車場を借りるマンション入居者が増え、機械式駐車場の稼働率は一気に低下することも考えられます。

単に駐車場設備の更改だけを検討するのであれば、多くの機械式駐車場メーカーが大型車両に見合った商品を揃えています。

また、新たな機械式駐車場を建設するよりも既存の鉄骨の柱や梁などを利活用しながらの安価な改修も検討のひとつです。さらに、機械式駐車場の利用率が低い場合には、

維持管理費があまりかからない平面（平置）駐車場に改修する選択肢もあります。
　周辺に駐車場が少ないなど、駐車場ニーズが高いことが確認できれば、マンション入居者以外の方にも貸し出して収益をあげ、修繕積立金や管理費に組み入れることも考えられます。ただし、この場合の収益は課税対象になりますので、収支の検討が欠かせません。
　必要最低限の駐車スペースのみ設け、他の用途に変更することも考えられますが、建築確認申請上、○○台駐車と明記してあったり、駐車場条例などで○○台駐車が義務づけられている場合には、関係行政庁と折衝をしたうえで、駐車台数や駐車場設備・方式を変更することが必要となります。
　なお、機械式駐車場の改修に先がけ、重大事故の発生を抑止するため、機械式立体駐車場における安全対策を提示した「機械式立体駐車場の安全対策に関するガイドライン」平成26年3月（国土交通省作成）をご参照ください。

法的根拠：区分所有法第2条第3項・同第4項（定義）、
　　　　　標準管理規約第8条（共用部分の範囲）

ポイント

行動フロー（案）

1. 公益社団法人　立体駐車場工業会発行の「機械室駐車場技術基準・同解説　2013年版」に管理基準があり、これらに沿って、継続保守なのか、使用限界なのかを判断する。
2. 機械式駐車場の利用率、修繕等の維持管理費を含めた収支状況を確認する。
3. 周辺駐車場の駐車料金を調べる。
4. 長期修繕計画と修繕積立額を確認する。
5. 理事会にて複数社から提案書と見積書を徴収する。
6. 理事会にて駐車場設備を含めた将来のマンションのあるべき姿を議論する。
7. 上記の議論を踏まえて入居者へ駐車場設備に関するアンケートを行う。
8. 理事会にて、アンケートをもとに議論して駐車場設備の更改、修繕、その他の計画などのうちから、駐車場設備に関する方向性の決議を行う。
9. 総会を招集して、駐車場設備の更改等を決議する。
10. 理事会にて、再度、複数社から見積書を徴収して、そのなかから見積額、施工実績などを考慮して施工会社を1社に絞り込む（場合によっては、計画・設計と施工を分離して提案、見積りを徴収する）。
11. 総会を開催して、普通決議（過半数の決議数が必要）にて設計事務所、施工会社を正式に決定する。

総会決議後の行動フロー（案）

1. 大規模な修繕工事の場合には、工事の実施に際し、区分所有者への説明会を開催する。
2. 具体的な修繕工事に着手する。

Question 19 アスベスト対策

修繕工事の関係で、マンション共用部内壁パネルの一部を撤去しなければならなくなりましたが、アスベストが含有した建材かどうかわかりません。アスベストが入っているかを確認するにはどのようにすればよいですか。また、仮にアスベストが含まれている場合に、安全に撤去するにはどうすればよいでしょうか。

Answer 19

現場で採取した建材の破片を用いて、X線や顕微鏡による分析でアスベストの有無を判定することができます。

万一、アスベストを含有している建材が発見された場合には、除去にともなってアスベストが飛散しないよう法律等で定められた仮設・養生・撤去方法にしたがい、アスベストを撤去することになります。

アスベストを含有する廃棄物は熔融または無害化処理されたもの以外は特別管理産業廃棄物として最終処分場に埋立処分しなければなりません。施工業者は専門家として当然、そのような法令上の取扱いにしたがって対応するはずですが、管理組合は、アスベスト撤去工事発注者として施工方法、工期、費用等の面で配慮することが、大気汚染防止法等で求められています。

法的根拠：建築基準法第28条の2（石綿その他の物質の飛散又は発散に対する衛生上の措置）、建築基準法施行令第20条の4（著しく衛生上有害な物質）、労働安全衛生法第55条（製造等の禁止）、労働安全衛生法施行令第16条（製造等が禁止されている有害物等）、平成18年国土交通省告示第1172号（石綿等をあらかじめ添加した建築材

料で石綿等を飛散又は発散させるおそれがないものを定める件)、建築基準法施行令第137条の4の3（石綿関係）、平成18年国土交通省告示第1173号（封じ込め及び囲い込みの措置の基準を定める件)、廃棄物の処理及び清掃に関する法律施行令第6条の5第1項第3号ル（特別管理産業廃棄物の収集、運搬、処分等の基準）

ポイント

行動フロー（案）

1. 外部に委託して、アスベスト含有建材の有無を調べる。
2. 除去、囲い込み、封じ込めのいずれかの方法により対処するかを判断してもらう。
3. アスベスト含有建材の代替建材による復旧費用概算見積書を徴収する。
4. 変更するにあたってのメリット、デメリットを洗い出す。
5. マンション管理士などに相談し、第三者の意見聴取として透明性を高める。
6. 新しい複数の管理会社候補を選定する。
7. アスベストの分析調査や除去等の対策を行う際の自治体等の補助金制度を調べる。
8. 理事会にてアスベスト対処方法と概算費用について審議する。
9. 総会にて入居者への影響度を開示し、対処費用の妥当性を示したうえで、撤去工事の決議をする。

総会決議後の行動フロー（案）

1. 複数社から見積書を徴収して、そのなかから見積額や施工実績などを考慮して施工会社を決定する【以下の見積書参照】。

2．工事着手前には必ず区分所有者への説明会を開催する。
3．具体的な工事に着手する。

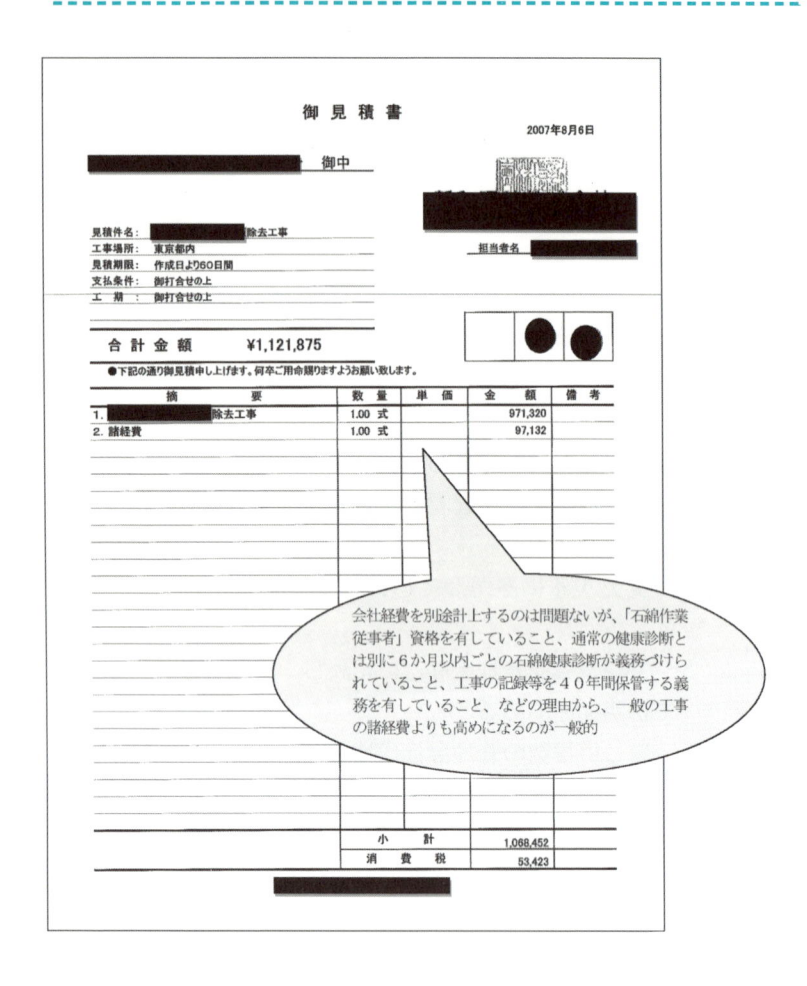

御見積書

2007年8月6日

御中

見積件名：	■■■■除去工事
工事場所：	東京都内
見積期限：	作成日より60日間
支払条件：	御打合せの上
工　期：	御打合せの上

担当者名

合計金額　¥1,121,875

●下記の通り御見積申し上げます。何卒ご用命賜りますようお願い致します。

摘要	数量	単価	金額	備考
1．■■■■除去工事	1.00 式		971,320	
2．諸経費	1.00 式		97,132	
	小　計		1,068,452	
	消費税		53,423	

> 会社経費を別途計上するのは問題ないが、「石綿作業従事者」資格を有していること、通常の健康診断とは別に6か月以内ごとの石綿健康診断が義務づけられていること、工事の記録等を40年間保管する義務を有していること、などの理由から、一般の工事の諸経費よりも高めになるのが一般的

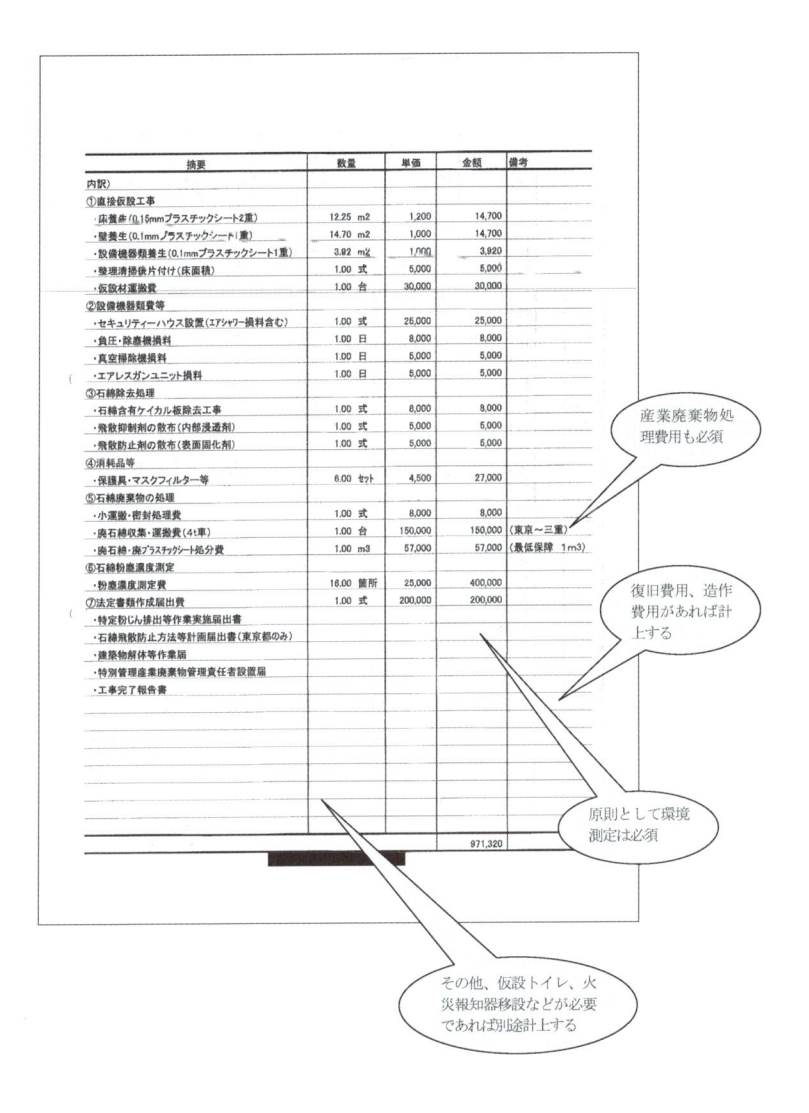

マンション運営維持 Q19

摘要	数量	単価	金額	備考
内訳				
①直接仮設工事				
・床養生（0.15mmプラスチックシート2重）	12.25 m2	1,200	14,700	
・壁養生（0.1mmプラスチックシート1重）	14.70 m2	1,000	14,700	
・設備機器類養生（0.1mmプラスチックシート1重）	3.92 m2	1,000	3,920	
・整理清掃後片付け（床面積）	1.00 式	5,000	5,000	
・仮設材運搬費	1.00 台	30,000	30,000	
②設備機器類養費				
・セキュリティーハウス設置（エアシャワー損料含む）	1.00 式	25,000	25,000	
・負圧・除塵機損料	1.00 日	8,000	8,000	
・真空掃除機損料	1.00 日	5,000	5,000	
・エアレスガンユニット損料	1.00 日	5,000	5,000	
③石綿除去処理				
・石綿含有ケイカル板除去工事	1.00 式	8,000	8,000	
・飛散抑制剤の散布（内部浸透剤）	1.00 式	5,000	5,000	
・飛散防止剤の散布（表面固化剤）	1.00 式	5,000	5,000	
④消耗品等				
・保護具・マスクフィルター等	6.00 セット	4,500	27,000	
⑤石綿廃棄物の処理				
・小運搬・密封処理費	1.00 式	8,000	8,000	
・廃石綿収集・運搬費（4t車）	1.00 台	150,000	150,000	（東京〜三重）
・廃石綿・廃プラスチックシート処分費	1.00 m3	57,000	57,000	（最低保障 1m3）
⑥石綿粉塵濃度測定				
・粉塵濃度測定費	16.00 箇所	25,000	400,000	
⑦法定書類作成届出費	1.00 式	200,000	200,000	
・特定粉じん排出等作業実施届出書				
・石綿飛散防止方法等計画届出書（東京都のみ）				
・建築物解体等作業届				
・特別管理産業廃棄物管理責任者設置届				
・工事完了報告書				
			971,320	

- 産業廃棄物処理費用も必須
- 復旧費用、造作費用があれば計上する
- 原則として環境測定は必須
- その他、仮設トイレ、火災報知器移設などが必要であれば別途計上する

見 積 条 件 書

1. 工事に必要な電気（100V50A）・水道・仮設照明は無償支給願います。
2. 作業員の休憩所・駐車場・飲料水・便所等は無償支給願います。
3. 運搬通路の養生が必要な場合は別途お打合せ願います。
4. 養生テープによるペンキの剥れがある場合がありますが、修復工事が必要な場合は別途見積といたします。
5. 足場材・養生資材等で、特殊資材が必要な場合は別途見積といたします。
6. 工事場所が遠方の場合、別途出張諸経費が発生いたします。

注意事項
（1）見積内訳の養生はアスベスト処理用の養生であるため他業種との兼用はできません。
（2）本見積は日本国の法律及び地方自治体の条例に準じたものです。
　　別途に特記仕様書により追加項目が発生した場合は再度修正見積を提出いたしますので協議願います。

【解説】

　アスベストは、耐熱性、絶縁性、保温性などに優れ、断熱材、絶縁材などとして古くから用いられてきました。石綿繊維が長い時間をかけて肺に蓄積された場合、肺がん、中皮腫などの疾病になる可能性があるとされていましたが、飛散性・非飛散性にかかわらず、昭和30年代から急激にアスベスト建材が供給されるようになり、マンションでも多くのアスベスト建材が使用されてきております。これまで、アスベスト建材の石綿含有率を下げようと国も取り組んできましたが、2005年にアスベスト含有製品を過去に生産していた工場の近隣住民の健康被害が明らかになったことから、大きな社会的問題に発展してきました。

●法律の動き●

　2006年には、アスベストを著しく衛生上有害な物質とし使用を禁止しています（建築基準法第28条の２、建築基準法施行令第20条の４、労働安全衛生法第55条、労働安全衛生法施行令第16条、平成18年国土交通省告示第1172号など）が、古いマンション等の改修や解体にともない、アスベストの飛散が問題視されてきており、アスベストの含有が確認された場合には、除去または封じ込め、囲い込み等の工法により対処しなければならなくなりました（建築基準法施行令第137条の４の３、平成18年国土交通省告示第1173号）。

●石綿の分類と建築物アスベストの点検●

　石綿は、大きくは飛散性と非飛散性に分かれますが、建材の種類によって作業レベルが３つに分かれます。

　石綿含有吹付け材はレベル１、石綿含有保温材・耐火被覆材・断熱材はレベル２、その他の石綿含有建材（成形板等）はレベル３、とそれぞれ区分されています。

　具体的なアスベスト含有建材については、「建築物アスベスト点検の手引」東京都（平成18年９月改訂）

http://www.kankyo.metro.tokyo.jp/air/attachement/tenkentebiki.pdfや石綿（アスベスト）含有データベース（平成22年3月版／経済産業省・国土交通省）http://www.asbestos-database.jp/などに掲載されています。

なお、自治体によっては、アスベスト含有調査、アスベスト除去工事に対する補助制度が存在しますので、直接自治体に問い合わせて確認しましょう。

●アスベストの調査・分析・撤去工事●

　マンション改修や解体の際には、発注者は事前に工事関係者に対してアスベスト含有建材の使用状況等を通知するよう努めなければならない（石綿障害予防規則第8条）とされています。そのため、アスベスト含有の有無については、専門の調査機関などに依頼して、事前に設計図書などによって調査を行い、確認できない場合には現地調査を行い、それでも確認できない場合には、現地にて採取したサンプルの分析調査を実施します。

　なお、改正大気汚染防止法の施行により、2014年6月1日以降のアスベスト含有建材の撤去作業の届出義務者が、工事の施工者から、工事の発注者または自主施工者に変更となりました。マンションの場合、一般的に理事長名で発注することになりますので、理事長の当該届出をします。

　また、撤去工事の受注者は、アスベスト使用の有無について事前に調査し、発注者へ調査結果を書面で説明するとともに、その結果等を撤去等工事の場所へ掲示することが義務づけられました。

　さらに、改正された「石綿障害予防規則」が2014年6月1日から施行され、吹き付け石綿の除去などの際の養生、集じん・排気に係る取扱いの規制が強化されました。

除去	吹付け石綿を全部除去して、他の非石綿建材に代替することになります。この方法は、吹付け石綿からの発塵防止方法として効果的です。ただし、仮設、養生に多大な費用を必要とします。
封じ込め	吹付け石綿の表面に固化剤を吹付けることにより塗膜を形成したり、吹付け石綿の内部に固化剤を浸透させて石綿繊維の結合力を強化することにより吹付け石綿からの発塵を防止します。
囲い込み	石綿が吹付けられている天井、壁等を非石綿建材で覆うことにより、石綿粉じんを室内等に発散させないようにします。

●アスベスト含有の有無の確認手順●

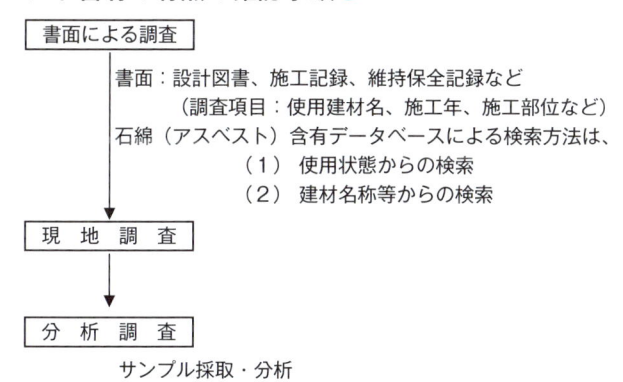

書面による調査
　　↓
書面：設計図書、施工記録、維持保全記録など
　　（調査項目：使用建材名、施工年、施工部位など）
石綿（アスベスト）含有データベースによる検索方法は、
　　（１）　使用状態からの検索
　　（２）　建材名称等からの検索

現地調査
　　↓
分析調査
サンプル採取・分析

なお、アスベスト含有建材の除去をともなう工事の際にはアスベストが飛散しないよう十分な仮設・養生を行い、アスベストを含有する廃棄物は熔融または無害化処理されたもの以外は特別管理産業廃棄物として最終処分場に埋立処分することが義務づけられています（廃棄物の処理及び清掃に関する法律施行令第６条の５第１項第３号ル）。

＜参考図書＞

・石綿障害予防規則の解説（第4版）　2011.3　中央労働災害防止協会　発行
・石綿作業主任者テキスト（第5版）　2011.3　中央労働災害防止協会　発行
・アスベスト適正処理に係るガイドライン　2009.9　環境新聞社

発行
・改訂ＪＩＳ法によるアスベスト含有建材の最新動向と測定法
　2008.9　日本規格協会　発行

Question 20

シックハウス対策

改修工事にともなって、住民からシックハウス症候群の危険性の指摘がありました。住民に安心して工事に協力してもらえるよう、改修工事に際して採るべきシックハウス対策にはどのようなものがありますか。

Answer 20

　既存マンションのリフォームなどでも、有機化合物によるめまい、吐き気、頭痛などの症状などのいわゆる「シックハウス症候群」が問題となりました。建築基準法、同施行令などでは、ホルムアルデヒドの発散などを抑制するため、建材仕上げの制限や換気設備の設置の義務づけなどが規定されています。

　しかし、シックハウス症候群よりも有機化合物に敏感な「化学物質過敏症」の方がいる場合には、F☆☆☆☆（エフ・フォースター）というランクの建材などを使用しても必ずしも安全ではないので、総会等で施工業者等からは工事設計前に事前説明してもらうようにします。

　区分所有者から特段の配慮を要請された場合などは、法令の規定を遵守することはもちろん、施工業者と相談して、現場に応じた仕様の変更など一層慎重な対応を検討しましょう。

　参考までにP.137の「建築材料の区分表」をご覧ください。

法的根拠：建築基準法第28条の2第3号、建築基準法施行令第20条の5～9
　　　　　（窓ガラス等の改良）標準管理規約第22条第2項（標準管理規約　コメント　第22条関係④参照）

ポイント

シックハウス対策

　新築やリフォームしたマンションに入居した人が、「目がチカチカする」「喉が痛い」「めまいや吐き気、頭痛がする」など「シックハウス症候群」が問題になっています。建材や家具、日用品などから発散するホルムアルデヒドやＶＯＣ（有機化合物）といわれるトルエン、キシレンなどが原因の一部と考えられています。

　完全には科学的な因果関係が解明されてはいませんが、化学物質の濃度の高い空間に長く滞在することは健康に有害な影響がでるおそれがあるとして、シックハウスの原因となる科学物質の発生量の抑制と換気の確保の両面から、2003年にシックハウス対策にかかる法令が以下の項目について改正・施行されました（建築基準法第28条の2第3号、建築基準法施行令第20条の5～9など）。

　　１．ホルムアルデヒドに関する建材、換気設備の規制
　　　　① 内装仕上げの制限
　　　　② 換気設備設置の義務づけ
　　　　③ 天井裏などの制限
　　２．クロルピリホスの使用禁止

　建築確認申請を必要としないマンションのリフォームの際にも、居住して継続的に使用する居室を中心に、F☆☆☆☆などホルムアルデヒドをほとんど発散しない建材を使用したり、24時間換気システムを導入するなど、シックハウス対策に努めることが求められます【P.137参照】。

【解説】

　F☆☆☆☆は、JIS工場で生産されるJIS製品に表示することが義務づけられ、シックハウス症候群の主な原因物質とされるホルムアルデヒドの等級規格を示すマークです。

■建築材料の区分表

建築材料の区分	ホルムアルデヒドの発散	ホルムアルデヒドの発散速度（μg/㎡h）	対応する規格 JIS、JASの新等級	対応する規格 JIS、JASの旧等級	内装の仕上げの制限
建築基準法の規制対象外	少ない ↕ 多い	5以下（0.005mg/㎡h以下）	F☆☆☆☆	—	制限無し
第3種ホルムアルデヒド発散建築材料		5超 20以下（0.005mg/㎡h超 0.02mg/㎡h以下）	F☆☆☆	Fc0・E0	使用面積を制限
第2種ホルムアルデヒド発散建築材料		20超 120以下（0.02mg/㎡h超 0.12mg/㎡h以下）	F☆☆	Fc1・E1	
第1種ホルムアルデヒド発散建築材料		120超（0.12mg/㎡h超）	—	Fc2・E2 無等級	使用禁止

＜参考図書＞

・建築物のシックハウス対策マニュアル（第2版第2刷）
　　　　　　　　　　　　　　2007.7.1　工学図書㈱　発行

Question 21 屋外広告物の掲載

雑収入を得るため、管理組合で屋上塔屋部分に広告看板を設置することを決定しました。設置するには行政に対して何か手続きが必要ですか。

Answer 21

屋外広告物とは、常時または一定期間継続して、屋外で、公衆に表示するものであって、建物その他の工作物等に掲出され、または表示されたものならびにこれらに類するものと定義されています（屋外広告物法第2条）。

これらに該当するものは、良好な景観の形成または風致の維持、公衆に対する危害の防止を目的（屋外広告物法第1条）に、確認申請提出前または工事等の着手前に、自治体の担当部署に対し屋外広告物許可申請書等を提出する必要があります（詳細については各自治体の屋外広告物条例を参照）。

なお、屋上広告物用看板は雑収入として課税対象となりますので、維持管理の支出もあわせて収支計算をしてください。

なお、広告看板の設置は、「敷地及び共用部分等の第三者の使用」にあたります。マンション標準管理規約（16条）では、「管理組合は、総会の決議を経て敷地及び共用部分等（駐車場及び専有部分を除く。）の一部について、第三者に使用させることができる」となっていることから、当該決定は総会決議事項にあたることにご留意ください。

Question 22

改修工事にともなう届出

大規模修繕工事を計画していますが、行政に対して工事着手前に届出が必要ですか。

Answer 22

　建築基準法第2条、第14号に規定された「建築物の主要構造部の1種以上について行う過半の修繕」に該当する場合には、建築確認の申請を必要とし、申請の受付から確認済証交付まで21日から35日以内（詳細な構造審査を要する場合は、最大70日）となっています。したがって、その期間を見込んで、申請を提出することになります。

　構造耐力上主要な部分の床面積の合計が80㎡以上を解体する工事、請負金額が1億円以上の建築設備単独工事（修繕、模様替え）、建築物以外の工作物で請負金額が500万円以上の工事の場合には建設リサイクル法に抵触するため、工事前に分別解体等の計画等の届出が義務づけられています（同法第10条第1項）。

　できる限り現場で分別解体等を実施し、これにより生じた特定建設資材廃棄物の再資源化等を実施し、廃棄物の減量を図り、生活環境の保全および国民経済の健全な発展に寄与することを目的に、建設工事に係る資材の再資源化等に関する法律（建設リサイクル法）が制定されたためです。

Question 23 専有部分と共用部分にまたがる工事

参照判例：No.1，3，4，5，8

定期点検の結果、ある部屋から本管に伸びている排水管の枝管と、本管との継ぎ目を含む一定範囲の部分に破損があることが判明し、早急に修繕工事を行うこととしましたが、この工事費用は誰が負担するのでしょうか。

Answer 23

一般的に、排水管の枝管は、専有部分、本管は共用部分にあたるとされ、専有部分の管理は区分所有者が、共用部分の管理は管理組合が、それぞれ行うことが原則であり、設問の工事費用の負担も、専有部分にあたるところはその区分所有者が、共用部分にあたるところは管理組合が、それぞれ担うのが基本です。

専有部分である設備であっても、規約で共用部分と定めれば、その管理は管理組合が一元的に行うことになり、排水管については規約で枝管も含め共用部分としているところも多いようです。管理規約を確認し、枝管部分がどう扱われているのかを確認してください。

ただし、質問のように専有部分と共用部分にまたがる排水管のジョイント部分だと特定された場合、たとえばユニットバスを取り外さなければならないようなケースでは、管理組合と当該専有部分の所有者との間で協議をして工事に要する負担金割合や金額等を決めることになります。

参考までに、P.142の「修繕工事の費用負担」をご覧ください。

なお、実際の工事においては、専有部分に立ち入り実施しなければならないケースが多くあります。当該工事の実施は建物全体や共用部分の維持管理に不可欠なものですの

で、区分所有者は工事の実施そのものを拒否することはできません（規約で定めていることがほとんどですが、規約に定めがなくても区分所有法または一般法律に基づき当該義務があると解されています）が、その区分所有者から速やかに了解を得られ、工事の円滑な遂行に支障が生じないように工事着工前に十分区分所有者に説明しましょう。

法的根拠：区分所有法第2条第3項・同第4項（定義）、
標準管理規約第8条（共用部分の範囲）

ポイント

行動フロー（案）
1．工事箇所によって修繕費用負担が異なることから、修繕箇所を確認する。
2．共用部分で修繕が必要な場合、専用使用権（特定の区分所有者が排他的に使用できる権利…標準管理規約第2条で定義）の有無を確認する。
3．工事の原因が特定の区分所有者の債務不履行ないし不法行為に基づくものかどうか確認する。
4．専有部分の修繕工事については、あらかじめ区分所有者が設計図、仕様書等を理事長へ提出する。
5．専有部分の修繕については、理事会の決議を経て、理事長が最終判断する。

総会決議後の行動フロー（案）
1．複数社から見積書を徴収して、そのなかから見積額や施工実績などを考慮して施工会社を決定する。
2．大規模な修繕工事の場合には、区分所有者への説明会を開催する。
3．具体的な修繕工事に着手する。

【解説】

専用部分と共用部分にまたがる工事

●共用部分と構造上一体となった専有部分の設備の工事●

　共用部分と一体となって管理を行う必要がある場合には管理組合が行うことができますが、管理組合の収支予算の変更に該当せず、総会から付託されていれば、修繕前に理事会の議決を得ます（一般的な理事会運営細則では出席理事の過半数で決することが多い）。ただし、管理規約、使用細則等または総会もしくは理事会の決議により、理事長の職務として定められた事項に該当する場合には、理事長の判断をあおぎます。ただし、大掛かりな修繕などで区分所有法上の総会決議基準の管理組合の収支予算の変更に該当する場合や管理組合員の共同の利益にかかる重要事項に該当すると判断される場合には、総会にて過半数による決議を得ます。

●修繕工事の費用負担●

　修繕工事の費用負担については、マンション標準管理規約で以下のように整理されています。

工事個所	管理主体・費用負担者	標準規約条文
専有部分内	各区分所有者・ただし理事長の承認が必要	17条
	共用部分と構造上一体となった専有部分の設備につき、共用部分と一体となって管理を行う必要がある場合には管理組合が行うことができる。ただし、総会決議が必要	21条2項・48条9号
共用部分（専用使用権あり）内	通常の使用にともなうものは専用使用権者	21条1項ただし書
	それ以外は管理組合	
共用部分（専用使用権なし）内	原則は管理組合	21条1項本文
	緊急性・必要性のある開口部の改良等で、計画修繕で速やかに対応することが困難でかつ細則に一定事項が定められている工事については各区分所有者が対応できる	

※　ただし、いずれのケースでも、工事の原因が特定の区分所有者の債務不履行ないし不法行為に基づく場合には、損害賠償の問題として当該区分所有者が費用負担者となる。

Question 24

専有部分の修繕・リフォーム

参照判例：No.2，6，7，9，10

ある区分所有者が、管理組合に何の連絡もなく、室内の床の防音工事を開始しています。管理組合として、何か関与しなくてよいでしょうか。

Answer 24

管理組合の管理規約の内容を確認し、もし専有部分の工事であっても管理組合や理事長に事前に工事の届出を提出し、管理組合の承認を得る旨を定めているのであれば、その区分所有者に規約に定められた手続きにしたがい対応するよう要請してください。

設問のような床の防音化等の工事を行うなどの場合には、工事の間、下の階の住戸の区分所有者の利用に影響が生じますし、躯体構造部分（床スラブ等）に何らかの影響が生じる可能性もあります。

また、専有部分である設備であっても、窓サッシのように、共用部分と一体となった部分もあることから、共用部分の管理と一体として行う必要があるときは、管理組合で行うこととしている場合があります。

法的根拠：リフォームできる範囲／区分所有法第2条第3項（定義）、同法　第1条（建物の区分所有）、リフォームできる理由／民法第206条（所有権の内容）

ポイント

専有部分のリフォーム
原則として、専有部分の管理・使用は専有部分の区分所有者

に委ねられています。しかし、専有部分のリフォームに際しては、事前にマンション管理規約や使用細則、リフォーム要項などを確認して、所定の手続きを踏んだうえで実施する必要があります。場合によっては、「専有部分リフォーム細則」なるものを新たに作成することでトラブルが回避できます。

工事の実施手順

1. あらかじめ区分所有者は理事長に申請書を提出する（設計図、仕様書、工程表を添付）
   - 理事会で工事の妥当性を判断するため、具体的な工事内容、工事範囲等を記載する
   - 工事着工後のトラブル防止のため、リフォームに対する注意事項、遵守事項を記載する
     1) フローリングによる騒音問題
     2) 躯体への穴あけ
     3) 玄関扉の取替え
     4) 工事騒音
     5) 工事による階段・廊下など共用部分の汚れ、キズ発生など
2. 理事長は、理事会の決議を経て工事の可否を区分所有者に伝える
3. 区分所有者は、承認の範囲内において専有部分の修繕等に係る共用部分の工事を行う
4. 理事長またはその指定を受けた者は、修繕等の箇所に立ち入り、必要な調査を行う

【解説】

専有部分と共用部分の区分

当該マンションの管理規約に目を通し、「専有部分」と「共用部分」の境界を確認します。一般的には、火災保険の「専有部分」は内法

（上塗り）基準を採用し、壁芯は用いないことが多く、「共用部分」はそれ以外の部分を対象に保険を掛けている場合が多いようです。

しかし、なかには、専有部分を壁芯基準として保険に加入してしまい、保険料を払い過ぎるケースも見受けられます。

工事に支障はきたさないが、火災保険の専有部分以外の共用部分にも保険料を払っていることになり、過払いになったり、壁の一部については保険対象外として、保険支払いの対象外となる場合もあります。保険の変更手続きによっては、一部返金になることもあるので、専有部分の所有者は保険契約書の内容を確認する必要があります。

標準管理規約では、専有部分と共有部分の区分を以下のように整理しています。

〈専有部分〉
- 躯体部分を除く、天井、床、壁
- 玄関扉のうち、錠、内部塗装部分

〈共用部分〉
- 玄関ホール、廊下、階段、エレベーターホール、エレベーター室、電気室、機械室、パイプスペース、メーターボックス（給湯器ボイラー等の設備を除く）、内外壁、界壁、床スラブ、基礎部分、バルコニー、ベランダ、屋上テラス、車庫等専有部分に属さない「建物の部分」
- エレベーター設備、電気設備、給排水衛生設備、ガス配管設備、火災警報設備、インターネット通信設備、ケーブルテレビ設備、オートロック設備、宅配ボックス、避雷設備、塔屋、集合郵便受箱、配線配管（給水管については、本管から各住戸メーターを含む部分、雑排水管および汚水管については、配管継手および立て管）等専有部分に属さない「建物の附属物」
- 管理事務室、管理用倉庫、集会室およびそれらの附属物
- 窓枠および窓ガラス、雨戸、網戸
- 駐車場、敷地内小公園、植栽、外灯、専用庭

Question 25

改修

新築マンションでは、オール電化や省エネ機能の向上など、最新の技術や設備が導入されてきているようです。現在築10年のマンションですが、区分所有者のなかでも生活の質の向上や資産価値の向上のため、設備等について改修をしたいという声が高まってきていますが、管理組合としてどのように取り組めばよいでしょうか。

Answer 25

社会環境の変化、生活習慣の変化や技術革新による性能向上、ランニングコストの低減などを踏まえ、内装や設備機器などを更新することは一般的です。

ただし、マンション共用部分の工事等に要する費用は区分所有者が拠出した管理費などから捻出することになりますし、区分所有者には多様な価値観に基づきさまざまな意見があることから、資産価値の維持を目的とする修繕の場合以上に、その必要性や有用性について、十分に議論し、管理組合内で意思形成を図ってください。

なお、工事の実施時期については、工事内容が一定の規模を持つことが予想されますので、大規模修繕工事にあわせて行うことも検討に加えてください。

ポイント

行動フロー（案）

1. 管理組合は居住者の希望や住環境満足度をアンケート調査等で把握する。
2. 有志による勉強会をスタートさせる。
3. 最新のマンションとの居住性能等の比較を行い、差異を確認する。

4．専門家に改修費用を算出させる。
5．管理組合の収支予算の変更に該当せず、総会から付託されていれば、修繕前に理事会の議決を得る（一般的な理事会運営細則では出席理事の過半数で決することが多い）。ただし、管理規約、使用細則等または総会もしくは理事会の決議により、理事長の職務として定められた事項に該当する場合には、理事長の判断による。
6．大掛かりな修繕などで区分所有法上の総会決議基準の管理組合の収支予算の変更に該当する場合や管理組合員の共同の利益にかかる重要事項に該当すると判断される場合には、総会にて過半数による決議を得る。

総会決議後の行動フロー（案）
1．複数社から見積書を徴収して、そのなかから見積額や施工実績などを考慮して施工会社を決定する。
2．大規模な修繕工事の場合には、区分所有者への説明会を開催する。
3．具体的な修繕工事に着手する。

主な共用部分の改修項目
・玄関オートロック
・防犯カメラ
・集合郵便受け
・集配ロッカー
・インターホン
・玄関扉
・LED照明

Question 26

省エネ対策

マンション全体の省エネは欠くことのできない取組みと理解しています。マンションの省エネ対策としては、具体的にはどのようなことをすればよいでしょうか。

Answer 26

既存マンションの省エネ化としては、外壁面から出入りする熱、窓から出入りする熱、最上階の屋根（屋上）面、最下階の床面から出入りする熱などをいかに制御するかがポイントになります。具体的には、外壁や屋根の断熱化、断熱ガラス（複層ガラス）化または二重サッシ化、庇・カーテンボックス設置、エレベーターの更改、給水方式の見直し、緑化（壁面、屋根面、敷地など）、太陽光発電設備の設置、給湯器の更改などの設置が考えられます。

いずれにしても、外部の専門家に相談しながら、新築案件や優良事例などを参考にして具体的な省エネ対策を明確にし、管理組合として合意形成が図られるような内容を検討してください。

2012年7月、国土交通省は、2020年までにすべての新築建築物を対象に省エネルギー基準への適合を義務づける方針を正式に決定しました。

これにともない、既存マンションの省エネリフォームについても、徐々に新築同様の省エネ基準を目指すことになり、各種の補助金や税制面での優遇などの措置が期待されます。

法的根拠：省エネルギー法第75条（第一種特定建築物に係る届出、指示等）、同法第75条の2（第二種特定建築物に係る届出、勧告等）

ポイント

行動フロー（案）
1. 省エネの目的・目標を明確にする。
2. 実現可能な省エネ対策を考えてみる。
3. マンション管理士などの外部専門家に相談する。
4. スマートマンション導入加速化推進事業（HEMS）をはじめ、自治体等の補助金制度を調べる。
5. 管理組合としての省エネ対策案を作成し、理事会の承認を得る。
6. 組合員の共同の利益にかかる重要事項として、総会にて普通決議による承認を得る。

総会決議後の行動フロー（案）
7. 複数社から見積りを徴収して、そのなかから見積額や施工実績などを考慮して施工会社を決定する。
8. 大規模な工事の場合には、区分所有者への説明会を開催する。
9. 具体的な省エネ工事に着手する。

【解説】

再生エネルギー特措法

　電気事業者による再生可能エネルギー電気の調達に関する特別措置法（再生エネルギー特措法）が2011年に成立し、太陽光発電、風力発電、地熱発電等自然エネルギーから得られた電力を電力会社が国が定めた固定買取価格で買い取る制度で、2012年7月1日から施行されました。

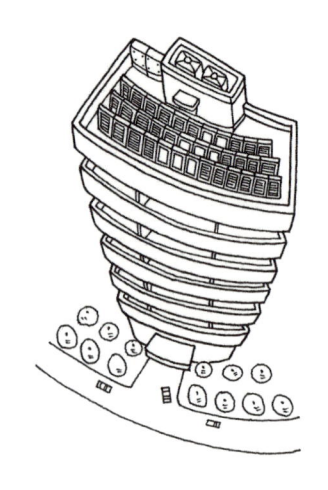

●余剰電力買取制度●

　電圧や周波数が大きく変動する懸念があるため、法案には電力会社が買い取りを拒否できる条項がありますが、太陽光発電の余剰電力買取制度は、マンションに設置された太陽光発電設備で発電した電気も対象となり、自家消費分を除いて余った電気を、出力10キロワット以上の場合、42円／kWh（平成24年7月現在）で20年間、電力事業者が買い取ることになりました。これにより、マンションでの太陽光発電が本格化し、自家用で使用するばかりでなく、売電も実現することになります。ただし、売電価格は毎年見直されることから、太陽光発電設備設置時期によっては投資回収年数が変動しますのでご注意ください【P.152、153参照】。

　また、2014年10月には、余剰電力買取に対して各電力会社が難色を示しはじめていて、経済産業省が買取制度を見直すことになりましたので注視が必要です。

　太陽光発電パネル設置などの初期費用が大きくても、自治体等による補助金制度が充実してきているほか、発電事業会社がほとんどの初期費用を肩代わりしたり、太陽光発電パネルをレンタルしたり、発電

事業会社に「屋根貸し」するなどのビジネススキーム（枠組み）が構築されはじめており、区分所有者の軽微な負担での省エネ、売電が可能となります。ただし、共用部分へ太陽光発電パネルを設置することなどから、管理組合としての合意が必要になります。因みに、自治体によっては太陽光発電地図をＨＰ上に公開し、当該敷地が太陽光発電に適しているかどうかが簡単に調べられます。

●架台の法的解釈●

なお、平成24（2012）年7月に国土交通省から、「既存建築物の屋上に太陽電池発電設備を設置する際の建築基準法の取扱いについて」という技術的助言が各都道府県の行政担当向けに出され、メンテナンスを除いて太陽電池発電設備用架台下の空間に人が立ち入らないものであって、かつ、架台下を居住や格納その他の屋内的用途に使用しない場合には、増築に該当しないため、建築確認は必要ないとの周知がされました。

ただし、太陽光発電パネルは建築設備に該当するものとされることから、屋根や屋上に設置されたパネルが建物の高さに参入されるため、斜線制限などの建築基準法に抵触することになります。

●電力の小売り自由化●

2012年7月13日に経済産業省の電力システム改革専門委員会が家庭向け電力の小売も全面自由化して料金規制も撤廃して消費者の選択肢を広げるということも含めた改革の基本方針を固めました。

早ければ、2010年代半ばからの段階的な制度改革が実施されることになります。したがって、これまでのように電力会社の「地域独占」の形が崩れ、価格競争によって共用部分ばかりではなく専有部分の電力料金も大幅に下がることが期待されます。

なお、太陽光パネル設置費用については、基礎も含め、発電量kWあたり25〜30万円というのが比較指標（規模や接地条件によって多少変動しますが）としてありますので、各社見積りを比較する際の参考となります。

■再生可能エネルギー固定価格買取制度による平成24年度の調達価格と調達期間 [注1]
（2012. 7. 1 ～ 2013. 3. 31）

No.	再生可能エネルギー	出力規模	調達価格（円）	調達期間（年）
1	太陽光	10kW 以上	42（40）	20
2		10kW 未満	42（40）	10
3		10kW 未満（※ダブル発電）	34（32）	10
4	風力	20kW 以上	23.1（22）	20
5		20kW 未満	57.75（55）	20
6	水力	1000kW 以上 30000kW 未満	25.2（24）	20
7		200kW 以上 1000kW 未満	30.45（29）	20
8		200kW 未満	35.7（34）	20
9	地熱	15000kW 以上	27.3（26）	15
10		15000kW 未満	42（40）	15

■再生可能エネルギー固定価格買取制度による平成25年度の調達価格と調達期間 [注1]
（2013. 4. 1 ～ 2014. 3. 31）

No.	再生可能エネルギー	出力規模	調達価格（円）	調達期間（年）
1	太陽光	10kW 以上	37.8（36）	20
2		10kW 未満	38	10
3		10kW 未満（※ダブル発電）	31	10
4	風力	20kW 以上	23.1（22）	20
5		20kW 未満	57.75（55）	20
6	水力	1000kW 以上 30000kW 未満	25.2（24）	20
7		200kW 以上 1000kW 未満	30.45（29）	20
8		200kW 未満	35.7（34）	20
9	地熱	15000kW 以上	27.3（26）	15
10		15000kW 未満	42（40）	15

（注1）
※ダブル発電とは、太陽光発電、ガスによる発電を行うコージェネレーションシステムを組み合わせた発電をいう。
※バイオマス発電の調達価格は省略する。
※調達価格の欄の（　）内の数字は消費税を除く価格を示す。

■再生可能エネルギー固定価格買取制度による平成26年度の調達価格と調達期間[注2]
(2014.4.1～2015.3.31)

No.	再生可能エネルギー	出力規模	調達価格（円）	調達期間（年）
1	太陽光	10kW 以上	34.56（32）	20
2		10kW 未満	37	10
3		10kW 未満（※ダブル発電）	30	10
4	風力	20kW 以上	23.76（22）	20
5		20kW 未満	59.4（55）	20
		洋上風力（※）	36	20
6	水力	1000kW 以上 30000kW 未満	25.92（24）	20
7		200kW 以上 1000kW 未満	31.32（29）	20
8		200kW 未満	36.72（34）	20
9	地熱	15000kW 以上	28.08（26）	15
10		15000kW 未満	43.2（40）	15

■再生可能エネルギー固定価格買取制度による平成27年度の調達価格と調達期間[注2]
(2015.4.1～2016.3.31)

No.	再生可能エネルギー	出力規模		調達価格（円）	調達期間（年）
1	太陽光	10kW 以上	(4/1～6/30)	31.32（29）	20
2			(7/1～)	27	20
3		10kW 未満	出力制御対応機器設置なし	33	10
4			出力制御対応機器設置あり	35	10
5	風力	20kW 以上		23.76（22）	20
6		20kW 未満		59.4（55）	20
7		洋上風力20kW 以上		36	20
8	水力	1000kW 以上 30000kW 未満		25.92（24）	20
9		200kW 以上 1000kW 未満		31.32（29）	20
10		200kW 未満		36.72（34）	20
11	地熱	15000kW 以上		28.08（26）	15
12		15000kW 未満		43.2（40）	15

(注2)
※ダブル発電とは、太陽光発電、ガスによる発電を行うコージェネレーションシステムを組み合わせた発電をいう。
※既設誘水路活用中小水力発電、バイオマス発電の調達価格は省略する。
※調達価格の欄の（　）内の数字は消費税を除く価格を示す。

●コラム

HEMS

　マンションの専有部分に設置されている家電製品、エアコン、給湯器、照明等エネルギー消費機器と、太陽光発電システムやガスコージェネレーションシステム（燃料電池等）などの創エネ機器と、発電した電気等を備える蓄電池や電気自動車（EV）などの省エネ機器をネットワーク化し、「見える化」するとともに、自動制御して居住者の快適エネルギー使用量の削減を目的に、エネルギーを管理する『ホーム・エネルギーマネジメントシステム（HEMS（Home Energy Management System)』のことです。スマートハウス、スマートシティ構築のため、家庭や地域の省エネルギーと地球温暖化の基幹対策技術として期待されています。

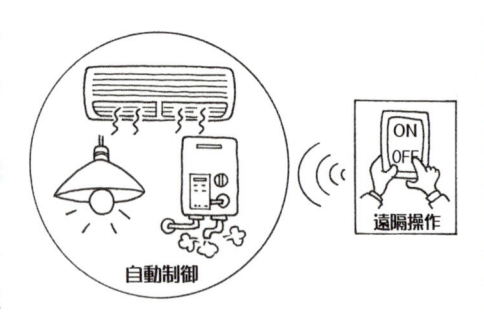

　住宅メーカー各社が、それぞれ特徴のあるシステムを商品化しています。

　平成24年7月から、HEMS導入促進事業の一環として、建材産業省の外郭団体である一般社団法人　環境共創イニシアチブ（SII）がHEMS機器導入費用（設置にともなう工事費を含む）10万円を補助することになりました。

　ただし、補助金申請の条件として、計測・蓄積した電力使用量に関する実績データ等をSIIが定める様式において報告を行うとともに、「HEMS機器利用に関するアンケート」に協力することが求められます。

LED 照明

　発光ダイオード（LED：Light Emitting Diode）を使用した照明器具のことです。従来の蛍光灯や白熱電球と比較して、以下のような特徴があります。

> 1．長寿命・高信頼性（蛍光灯：約10,000時間、白熱電球：
> 　　　　　約1,000時間に対して40,000時間）
> 　　　　→　CO_2排出量　約50％削減
> 2．低消費電力・低発熱性　→　電気代の抑制
> 　　　　　　（蛍光灯の約１／２、白熱電球の約
> 　　　　　　１／８）

　東日本大震災以降、節電が提唱されたことや電気料金の値上げの動きなども契機となり、建物のライフサイクルコスト（生涯費用＝イニシャルコスト＋ランニングコスト）の観点からも優位であることから、マンションにもLED照明化が急速に進んでいます。自治体によっては、マンションの共用部に新たにLED照明を設置しようとする場合、補助金を交付するところもあります。

節水

　便器や浴室のシャワーの節水による上下水道料金の削減のできる装置を設置する場合、初期投資なしに、月々、分割で支払うことのできる仕組みも存在します。

Question 27 バリアフリー化

私が理事長をしているマンションには高齢者が増えてきたため、バリアフリー化を考えています。現在あるマンションのバリアフリー化の方法にはどのようなものがあるでしょうか。

Answer 27

バリアフリー化の具体策としては、共用廊下への手すりの設置、共用階段の緩勾配化や手すりの設置、スロープの設置、バリアフリーに対応したエレベーターへの更改などが考えられます。

増改築や大規模改修など、建築確認申請を必要とする場合には、バリアフリー法に基づき、各自治体が制定している建築物バリアフリー条例にしたがい、「特定経路」の整備が義務づけられます【P.159〜161参照】。

なお、バリアフリー化が既存の環境を整備して障壁を取り除こうということであるのに対し、最近は、「ユニバーサルデザイン化」（すべての人にとってはじめから障壁が生じないようにする）という考え方が強くなってきています。せっかくバリアフリー化を検討する機会があるのであれば、一歩進んで、高齢者、障がい者ばかりでなく、マンションを利用するすべての人にとって快適な環境を整備することを念頭にユニバーサルデザインまで考慮してください。

法的根拠：高齢者、障害者等の移動等の円滑化の促進に関する法律
　　　　　（定義）第2条　16号：特定建築物
　　　　　（特定建築物の建築主等の努力義務等）第16条

　　　　（計画）第17条～第21条
　　　　高齢者、障害者等の移動等の円滑化の促進に関する法律施行令
　　　　（移動等円滑化経路）
　　　　　　第18条第2項の2／出入口
　　　　　　第18条第2項の3／廊下等
　　　　　　第18条第2項の4／傾斜路
　　　　　　第18条第2項の5／エレベーター
　　　　　　第18条第2項の7／敷地内通路

ポイント

行動フロー（案）
1. 入居者にアンケート調査を実施する。
2. 過去の事故履歴の有無を調べる。
3. 外部委託して、バリアフリーに関するコンサルティングを受ける。
4. 複数社からバリアフリー概算費用の見積書を徴収する。
5. 自治体等の補助金制度を調べる。
6. 理事会にてバリアフリー工事の妥当性を審議する。
7. 理事会にてバリフリー化を書面に簡単にまとめ、総会時に配布する。
8. バリアフリー化工事の実施に関し事前に説明会等を開催する決議をする。

総会決議後の行動フロー（案）
1. 複数社から見積書を徴収して、そのなかから見積額や施工実績などを考慮して施工会社を決定する。
2. 大規模な工事の場合には、区分所有者への説明会を開催する。
3. 具体的な工事に着手する。

【解説】

各自治体が制定している建築物バリアフリー条例

●東京都における法的規制例●

東京都の建築物バリアフリー条例(「高齢者、障害者が利用しやすい建築物の整備に関する条例」)では、延べ面積が2,000㎡以上の共同住宅でバリアフリー化が義務づけられています。

　第6条(階段)

　　不特定かつ多数の者が利用し、または主として高齢者、障害者等が利用する階段のうち1以上は以下による。

　1．踊場に手すりを設ける。
　2．蹴上げ・踏面の寸法は以下の図による。
　3．階段の幅は、120cm以上とする(手すりの出幅は10cmを限度として手すりはないものとみなす)。

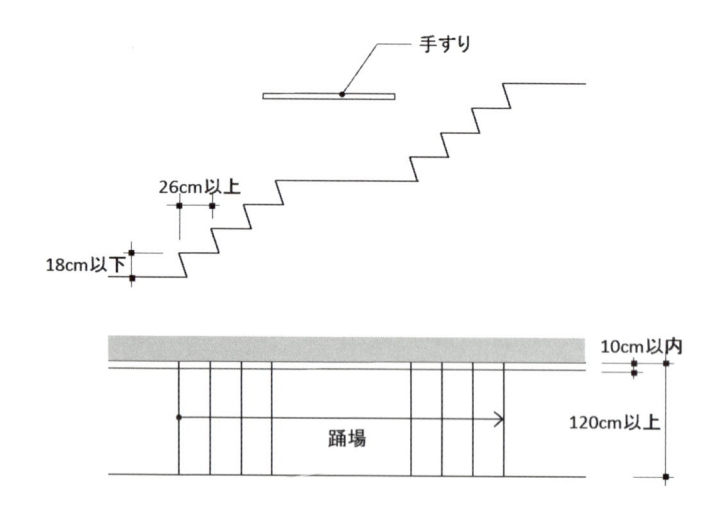

　第7条(トイレ)

　　不特定かつ多数の者が利用し、または主として高齢者、障害者

等が利用するトイレを設ける場合には、床の表面を粗面とし、または滑りにくい材料で仕上げる。

第9条（駐車場）
　不特定かつ多数の者が利用し、または主として高齢者、障害者等が利用する駐車場に車いす使用者用駐車施設を設ける場合には、車いす使用者用駐車施設またはその付近に経路に関する誘導表示を設ける。

第11条（共同住宅）
　共同住宅においては、道路から各住戸までの経路のうち1以上を、多数の者が円滑に利用できる経路（以下、「特定経路」という）にする。

特定経路

　1．特定経路上には、階段または段を設けない。
　2．特定経路を構成する出入口は以下の図による。

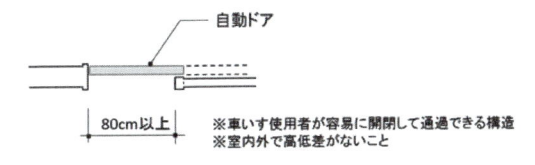

　　　　自動ドア
　　80cm以上　※車いす使用者が容易に開閉して通過できる構造
　　　　　　　※室内外で高低差がないこと

　3．特定経路を構成する廊下等は以下の図による。

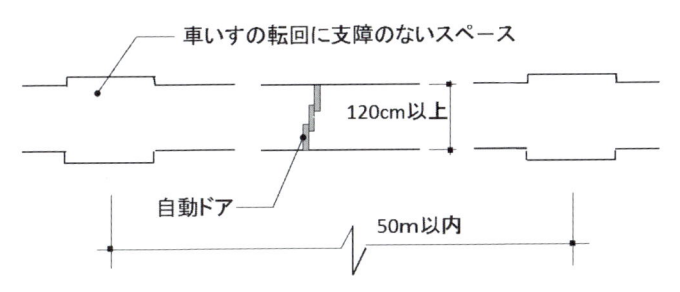

　　　車いすの転回に支障のないスペース
　　　　　　　　　120cm以上
　　　自動ドア
　　　　　　　50m以内

4．特定経路を構成するスロープは以下の図による。

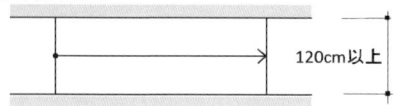

階段に代わるもの

120cm以上

階段に併設するもの

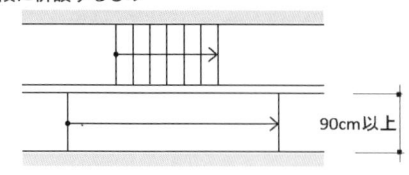

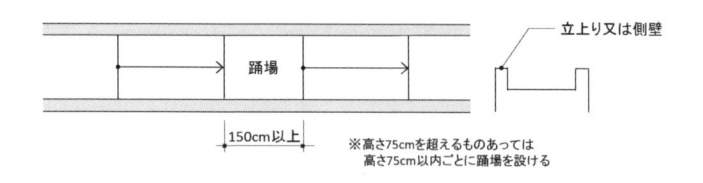

90cm以上

踊場

150cm以上

立上り又は側壁

※高さ75cmを超えるものあっては高さ75cm以内ごとに踊場を設ける

平たんな部分（断面図）

5．特定経路を構成するエレベーターおよび乗降ロビーは以下の図による。

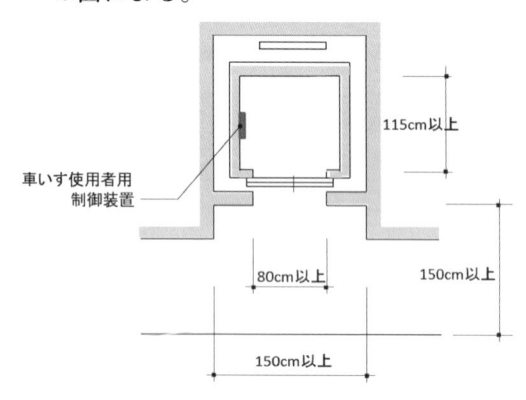

車いす使用者用制御装置

115cm以上

80cm以上

150cm以上

150cm以上

・かご内に、かごが停止する予定の階およびかごの現在位置を表示するインジケータを設ける。
　　・乗降ロビーに到着するかごの昇降方向を表示する装置を設ける。
　6．特定経路を構成する特殊な構造または使用携帯のエレベーターその他昇降機は国土交通大臣が定める構造とする。
　7．特定経路を構成する敷地内の通路は3、4に準じる。

＜参考図書＞

　・バリアフリー法遂条解説2006（建築物）第2版
　　　　　　　　　2008.8.1　日本建築行政会議　発行
　・高齢者、障害者等の円滑な移動等に配慮した建築設計標準
　　　　2007.1.1　人にやさしい建築・住宅推進協議会　発行
　・わかりやすい！！バリアフリーの手引き
　　　　　　　　　2005.3　東京都都市整備局

Question 28

電気容量の変更等

最近、電気料金の値上げが話題になっている一方で、電力自由化による電気料金の抑制も話題に上っています。

より経済的に電気を利用できるようにするためのマンション向けサービスにはどのようなものがありますか。また、電気容量を増加したい場合にはどのようにすればよいでしょうか。

Answer 28

電力自由化により、マンションなどの集合住宅施設内に受変電設備を設置して電力会社などから一括で受電した電力を変圧して、各部屋に安価に提供するサービスがあります。マンション入居者の負担は一切ありませんが、サービス会社により価格や契約条件等が異なりますので、充分比較して導入を検討してください。

なお、区分所有者の使用電気量の増加等にともない電気容量を増やすためには、一般的には、幹線改修工事をともなう契約電気容量の変更をすることになります。

また、2014年6月11日に改正電気事業法が成立して、電力の小売りが全面自由化することになり、2016年（平成28年）から、各住戸が電力会社を選択できることになります。エネルギーの安定供給が前提になりますが、電気料金の低廉化が予想されます。発電した電気も、どの電力会社に売ることもできるようになります。

マンションの場合は、まとめてひとつの電力会社と契約するのがよいのか、各戸バラバラに各電力会社と契約するのがよいのか（そもそも、各住戸が各電力会社と契約することが可能になるのか）、まだ詳細は決まっていないようですので、注視する必要があります。

ポイント

行動フロー（案）
1. 現在の契約電気容量を調べる。
2. 電気容量の見直しが可能か、マンション管理会社などに問い合わせる。
3. 現在の使用電力量を把握する。
4. 電力提供サービス導入に際してのメリット、デメリットを各サービス会社に問い合わせて、比較検討する。
5. 電気容量の見直しが可能なことが確認できれば理事会の判断で見直しを検討する。
6. 理事会にて電力供給サービス会社候補を選定する。
7. 総会の特別決議（組合員数および議決権総数の３／４以上）により、電力提供の範囲や方式、電力提供サービス会社を特定する。

総会決議後の行動フロー（案）
1. 大規模な改修工事をともなう場合には、区分所有者への説明会を開催する。
2. 専有部分の電力提供に関係する場合には全区分所有者の承諾をとる。
3. 具体的な電力導入のための改修工事に着手する。

【解説】

電気容量の変更

　一般的には、幹線改修をともなう契約電気容量の変更をしない限り、マンション全体の電気容量には限度があります。また、電気容量に余裕があっても、マンション管理規約で電気容量アップに関して制約がありますので、管理組合に相談することになります。

配線設備の劣化（絶縁不良など）改修などを契機に、各戸別に電気容量を見直す事例も増える傾向にあります。

また、節電対策のひとつとして、契約電気容量を下げたい場合には技術的な問題もありますので、各地域の電力事業会社へお問い合わせください。

マンション向け電力提供サービス

2000年4月の電力の自由化後、2011年3月の東日本大震災を契機として、より安価な電力を求める消費者の要望に応える形で、電力会社等から高圧電力等を一括購入し、マンション内で家庭用に変圧して分配することで入居者に、電力会社よりも5～20％程度安い電気を供給するサービスもスタートしています【P.165参照】。

ただし、サービス会社によっては、対象となるのは専有部分であり、共用部分の電気料金は電力会社と同額になる場合もあります。また、対象になるマンションは、おおむね100戸以上のファミリータイプマンションが前提となったり、マンション内に受変電設備を新たに設置するなどの条件があります。

平成25年度から、「節電マンション」に対して、経済産業省がシステム導入に際して補助金を導入したり、管理組合や入居者が報奨金が受け取れる仕組みが検討されています（電気料金や管理費などの軽減という形で恩恵を受けることも考えられています）。

なお、既存マンションの場合、このサービスを実施するためには入居者全員の賛同が必要になります。

■**主な取扱いサービス会社**

　中央電力
　　http://www.denryoku.co.jp/
　オリックス電力
　　http://www.orix-eco.jp/eco_service/detail/e_power.htm
　NTTファシリティーズ
　　http://www.ntt-f.co.jp/service/powersupply_sol/
　マンションECOサポートセンター
　　http://www.mecos.co.jp/
　㈱M・E・M
　　http://mem-coltd.com/about/
　ジュピターテレコム（J：COM電力）
　　http://www.jcom.co.jp/
　あなぶきパワー＆リース
　　https://www.power-lease.co.jp/

■**マンション向け電力提供サービス**

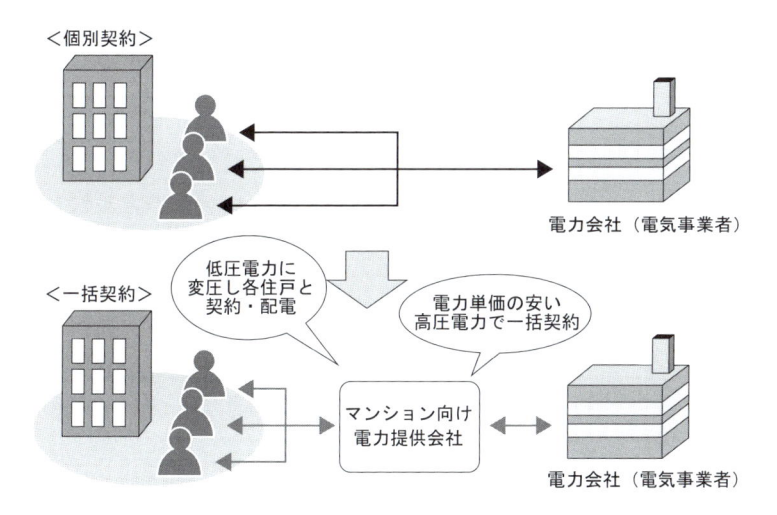

<個別契約>
電力会社（電気事業者）

<一括契約>
低圧電力に変圧し各住戸と契約・配電
電力単価の安い高圧電力で一括契約
マンション向け電力提供会社
電力会社（電気事業者）

Question 29 既存不適格建築物

行政から、現在住んでいるマンションは既存不適格建築物であると指摘されました。既存不適格建築物とはどのようなものをいうのでしょうか。また、直ちに是正を図らなければならないのでしょうか。

Answer 29

　　既存不適格建築物とは、建築時には適法であっても、その後の法令改正や都市計画変更等によって現行法に対して不適格な部分が生じた建築物のことをいいます。

　新築当初から法令に違反している違法建築や欠陥マンションとは異なり、法令上も、新築時のまま継続して使う場合は不適合のまま存在することが許容されています（建築基準法第3条第2項）。

　ただし、増築、改築、（建築基準法上の）大規模修繕、大規模模様替えの際には、原則として、建物全体を現行法規に適合させる必要があるとされてきましたが、2012年9月20日、一定の安全性が確保されているストックを取り壊すことなく活用して、大規模な増改築を可能とするための特別措置を講じることにより、国際競争力の強化や新たなニーズに対応するための既存建築ストックの大規模な改修の円滑化を目的として、建築基準法が改正・施行されました。

　上記の建築基準法の改正によって、構造耐力に係る既存不適格建築物であっても、増改築を行わない限り、当該規定の適用を除外されますので、そのままの状態で存続が可能となります。また、既存不適格建築物の増改築工事を行う場合には、増改築部分が現行基準に適合し、既存部分が一定の耐震性能を確保すれば（増改築部分と既存部分とが相互に応力を伝えない構造方法で接合したうえで耐震診断

基準に適合させる）、既存部分は既存不適格建築物として存続ができます。

法的根拠：建築基準法第3条第2項（適用の除外＝不遡及の原則）
　　　　　同法　第86条の7（既存の建築物に対する制限の緩和）
　　　　　同法施行令　第137条の2（構造耐力関係）

ポイント

行動フロー（案）
1．建築基準法等の違反していないかどうかを専門家に確認する。
2．建築基準法上の大規模修繕工事にともない、緩和措置の適用ができるかどうかも専門家に確認する。
3．是正のための工事費用を専門家から徴収する。
4．建築基準法上の大規模修繕工事に抱合せて工事を実施するかどうかを決議する。

解説

既存不適格建築物の法的扱い

不特定多数の方が利用する建築物については、地震・火災発生にともない大きな被害が予想されることから、勧告・命令制度を創設し、罰則を強化するなど厳格な措置が講じられてきました。

既存不適格建築物は、その規模にかかわらず原則として増築、改築、大規模修繕、大規模模様替の際に建物全体を現行法規に適合させる必要があります（建築基準法第3条第3項第3号、第4号）が、そう簡単なことではありません。

耐震補強や防火区画の見直しが物理的に不可能なこともありますし、費用や工期が現実的な数値でないことも考えられます。

これまで、一定の条件のもとで引き続きいくつかの規定（防火、用途地域、容積率等）を適用しないこととして制限が緩和されてきました。

2005年の建築基準法の一部改正で構造、避難関係の規定の一部についても、同様に一定の条件のもとで既存不適格建築物に対する規制の合理化が図られました。

2009年には、既存不適格建築物の増築等の基準が緩和され、鉄筋コンクリート造や鉄骨造などの物件を増築する際、増築規模が既存部分の１／２以下で、既存部分が新耐震基準（昭和56年施行）に適合している場合には、既存部分の改修は原則として不要となりました。

2012年には、既存部分の１／２以下という面積制限がなくなり、以下のような規模に応じた緩和が行なわれるようになりました。

> 既存部分の１／２を超える増改築を行う場合であっても、
> 　・増改築部分が現行基準に適合し、
> 　・既存部分が一定の耐震性能(※)を確保すれば、
> 既存不適格建築物として存続可能となった
>
> ※増築部分と相互に応力を伝えない構造方法で接合したうえで耐震診
> 　断基準に適合させる　等

なお、詳細については、建築専門家等にご相談ください。

(4) その他

Question 30

相談体制

大規模修繕や改修工事を進めていくためには専門的な知識が必要であり、管理組合だけで対応することは難しいので、専門機関などに相談をしたいと考えています。どのようなところに相談すればよいでしょうか。

Answer 30

居住者のなかに専門家がいれば、その方に相談したり、その方を理事などにして中心となって進めていってもらうことも選択肢のひとつですが、一般的には管理会社、マンション管理士、施工会社、マンション関係の業務を行っている公益法人やＮＰＯなどに相談してください（公益法人などとしては、（公財）マンション管理センター、（公財）住宅リフォーム・紛争処理支援センター、各都道府県のマンション管理士会などがあります）。

なお、マンションの修繕や改修を進めるにあたり参考となる情報として、国土交通省がまとめたマンションの改修技術例がありますので、以下もご覧ください。

■既存共同住宅の各種居住性能向上のための改修技術シート
http://www.mlit.go.jp/jutakukentiku/house/jutakukentiku_house_tk5_000037.html

ポイント

行動フロー（案）
1．大規模修繕や改修工事のため、管理組合理事会に専門部会を設ける。
2．専門部会により、改修が必要な場所や部位を大まかに把握する。
3．改修に関して管理組合として相談したい内容をあらかじめ文書化する。
　・改修を必要とする不具合・不都合事象の紹介
　・工事費用、工事費用の捻出方法（資金計画）
　・工事期間、作業時間帯
　・プライバシーの保護、セキュリティの確保
　・工事中のにおい、埃、振動、騒音
　・電気・ガス・水道・トイレ・エアコンが使えなくなる期間
　・改修しなければならない理由、原因
　・改修内容、改修範囲
　・調査・診断の必要性の有無・費用・期間・内容
　・管理組合における手続き、役割分担　など
4．相談候補団体等から実績、得意分野、評判などの観点から2、3の団体等に絞り込む。
5．マンションの調査・診断や工事発注などが控えているので、改修工事内容、改修時期、改修費用などに関する回答に関してバラツキがないかどうか、信用が得られるまで相談する。
6．直接、診断・調査、工事施工にかかわりのない団体を相談先に必ず入れる。

2-2-3　運営管理

　　Question 31　マンションに不審者が自由に出入りしない
　　　　　　　　 対策　　172
　　Question 32　管理費滞納の回収　　177
　　●コラム　資源ゴミの集団回収　　184
　　Question 33　関係書類の保管　　185

2-2-3　運営管理

Question 31

マンションに不審者が自由に出入りしない対策

最近、不審者がマンション周辺をうろついていることが多いとの報告が区分所有者から寄せられたことから、マンション全体の防犯対策を講じようと考えていますが、どのような方法があるのでしょうか。

Answer 31

治安の悪化等にともない、マンションのセキュリティ強化が検討されることも多くなりました。セキュリティ対策としては、エントランスの扉をセキュリティゲート付きオートドア化したり、監視カメラを設置したりすることなどが考えられます。しかし、マンションのような一定の規模がある建物では、どこに防犯上の死角があるやもしれません。最近は、外部の専門家にセキュリティ全般についてのコンサルティングを依頼して、総合的なセキュリティ対策を策定し、工事の優先順位づけを行うケースも多くみられます。

関連指針等：防犯に配慮した共同住宅に係る設計指針

ポイント

行動フロー（案）
1. 入居者に対して、セキュリティに関する意識・実態調査を行う。

2．外部コンサルに委託して、セキュリティ診断を行い、対策の立案も提案してもらう。
3．ハード面とあわせて、ソフト面（セキュリティルールづくり、防犯講習会・防犯パトロールの実施など）の検討も行う。
4．理事会にて提案された対策等について審議する。
5．総会にて改修工事等の実施につき決議する（規約や総会決議で理事会決議事項とされていれば理事会決議でよい）。

総会決議後の行動フロー（案）
1．複数社から見積書を徴収して、そのなかから見積額や施工実績などを考慮して施工会社を決定する。
2．大規模な工事の場合には、区分所有者への説明会を開催する。
3．具体的な工事に着手する。

【解説】

セキュリティの強化

●防犯上の留意点●

2002年をピークに侵入窃盗などの認知されている犯罪（統計上の数値）は減少傾向にありますが、犯行手口が巧妙化し、凶悪化していることもあり、安全、安心に対する要求は高まる傾向にあります。

防犯上から留意しなければならないとされる箇所としては、共用部分では、共用の出入口、管理人室、共用メールコーナー、エレベーターホール、エレベーター、共用廊下・共用階段、自転車置場、駐車場、構内通路、広場などが、専有

部分では、住戸の玄関扉、インターホン、住戸の窓、バルコニーなどが考えられます。

　1991年に国土交通省により策定された「共同住宅に係る防犯上の留意事項」や「防犯に配慮した共同住宅に係る設計指針」を参考にしながら、以下の「防犯環境設計」の原則をバランスよく取り入れて、現状のセキュリティを見直すことも欠くことができません。

●防犯環境設計の原則●
❶　自然監視性の確保
　　周囲からの見通しがよい建物の構造や外部照明の改善により、住民の目が自然と届く環境をつくります【P.176参照】。
　　　㋹　植栽の手入れ、常夜灯やセンサーライトの設置
❷　領域性の確保
　　マンションとその周辺環境の整頓、管理の維持や地域コミュニティの形成により、部外者が侵入しにくい環境をつくります。また、居住エリアの境界線を明確にします。
　　　㋹　活発な自治会活動、フェンスの設置
❸　接近の制御
　　物理的・心理的にマンションへ接近しにくい構造により、侵入経路を制御します。
　　　㋹　施錠可能な門の設置、足場を少なくする、監視カメラの設置エントランスホール扉のオートロック化、エレベーター停止階の制限、住戸玄関のカメラ付きインターホン化
❹　対象物の強化
　　ドア錠や窓ガラス、建材などを物理的に強化し、侵入を防ぎます。
　　　㋹　防犯（合わせ）ガラス、ピッキングに強い錠の設置、ＣＰマーク付き製品の採用(※)
　　　　　1ドア2ロック、サムターンカバー

※ CPマーク付き製品とは
　侵入までに5分以上時間がかかると侵入犯が侵入を諦めるというデータに基づいて、防犯性試験に合格したドアや錠、ガラス、面格子などの建物部品を認定するもので、「防犯建物部品」として、国土交通省、経済産業省と民間関連団体で構成される「官民合同会議」が2004年に制定したものです。「防犯」を意味する Crime Prevention の頭文字を図案化したものです。

❺　警備サービスの導入
　　警備会社による巡回や遠隔監視を実施します。

■共用部分の確保すべき照度

室　名	平均水平面照度 (単位：ルクス)	測定面	備　考
共用出入口			
内側	50	床面	
外側	20	〃	
共用玄関以外の共用出入口	20	〃	
共用メールコーナー	50	〃	
エレベーターホール			
共用玄関の存する階	50	床面	
その他の階	20	〃	
エレベーター　かご	50	〃	
共用廊下・共用階段	20	〃	極端な明暗を生じさせない
自転車置場・オートバイ置場	3	〃	〃
駐車場	3	〃	〃
通路	3	〃	〃
自動遊園、広場又は緑地等	3	〃	〃

出典　防犯に配慮した共同住宅に係る設計指針　国土交通省　H13.3策定

Question 32 管理費滞納の回収

管理費用の見直し作業のなかで、管理費や修繕積立金を滞納する区分所有者がいることが判明しました。滞納管理費などの回収を図るためにはどのように対応すればよいでしょうか。

Answer 32

管理費等の滞納があった場合には、早期に対処し、滞納等の解消を図ることが大切です。

まずは管理規約に則って、当該区分所有者へ支払いを督促することからはじめます。管理規約等に滞納した場合のペナルティを課す項目を入れている場合もありますので、その措置を講じるかも検討してください。それでも支払いがない場合には、最終的には法的手続きを視野に入れて進めていくことになります。

滞納管理費は、民法第169条の定期給付債権と解され、消滅時効期間は5年間とする最高裁判決（平成14年（受）第248号平成16年4月23日）があります。したがって、管理費滞納が5年を超えない時点で、債務に関する訴訟の提起、滞納債務と滞納期間を明示した債務承認書または分割弁済書を債務者から取得、などの方法により、時効中断の措置を取ることも忘れてはなりません。

ポイント

行動フロー（案）
1. 滞納状況を把握する。
2. 管理規約に督促方法を明記する。
3. 速やかに督促などの対処をする（はじめは管理会社が実施）。

4．3か月間くらいは、通常の督促状を送る。
5．理事会での判断を経て、管理組合理事長名で内容証明郵便により督促状を送る。
6．区分所有者の支払い意思や参加状況等を考慮して、法的措置を行う（訴訟）。
　弁護士費用、督促手数料のほか、遅延利息も請求する方向で検討する。
　管理規約に記載があれば、理事会の決議に基づき法的措置に移行する。
7．判決等が得られれば、判決等をもとに再度履行をうながし、それでも履行がなされないときは、強制執行も辞さない。

【解説】

滞納管理費等の回収方法

●基本的スタンス●

　マンションの管理において、各区分所有者の管理費や修繕積立金に滞納が生じることは、日常の維持管理や大規模修繕など管理組合の経常的、計画的な業務の遂行に多大な影響を生じかねません。したがって、滞納が発生した場合、迅速な対応が必要であり、場合によっては法的手続きを講じざるをえないことになります。

　しかし一言で法的手続きといっても、さまざまな制度があり、実際にどの手続を選択すればよいのかは大変難しい問題です。国土交通省が示しているマンション標準管理指針（以下「標準管理指針」といいます）でも、「法的手続の行使については、滞納状況に応じた使い分けが必要となり、速やかに検討を行うことが必要です。」とされていますが、「使い分け」の視点を押さえておかないと、手間と費用をかけた法的手続きが結局は効を奏しなかったということ

にもなりかねません。

　しかも、これらの法的手続きは、代理人の引き受け手が見つかりにくいことや、費用などの関係から、管理組合自身で対応せざるをえないことも多くあるでしょう。管理費等の滞納対策としては、できるだけ費用を抑えつつ、効果的な手続きは何かをあらかじめ押さえておくことが重要になります。

　また、あわせて、滞納が長期間に及び、支払時期から5年経過しようとする場合には、消滅時効の成立を阻止して滞納管理費等の債権を保全するための手続きを選択することが大切です。

●滞納の把握と督促〜法的手続き前の方法●

(1) 滞納状況の把握

　管理費等の滞納を長期間放置しておくと、回収が困難になりますので、管理組合として、滞納の事実は速やかに把握しておかなければなりません。会計担当理事や、管理会社において、毎月確認をし、滞納が判明したら速やかに督促等を行います。また、滞納が長期に及んでいる場合には、支払時期から5年経過しようとするものがないかも確認します。

(2) 文書等による督促

　標準管理指針では、「滞納の期間が3ヶ月以内に、文書等による督促を行っている。」を標準的対応としています。督促の方法に特段の制約はありません。滞納の事実を示して督促を行い、その事実を記録に残します。ただし、滞納管理費等のなかに支払時期から5年経過しようとしているものがある場合には、後述の時効の完成を防ぐという意味で、「いつ」「どのような内容の」督促をしたのかを明らかにするため、配達証明付き内容証明郵便などを活用する必要があります。

●法的手続きによる回収●

(1) 法的手続きとは

　法的手続きと一口にいっても、その内容は大きく2段階に分け

られます。まず第1段は、滞納管理費等の額とその支払義務があることを公に確定し、債権者が次の強制執行ができる資格があることを明らかにする段階です（これを「債務名義の取得手続」といいます）。その手続きによって取得された債務名義（判決等）の内容にしたがって履行されない場合、今度は第2段階として、滞納組合員の財産を処分等してその代金から滞納管理費等を回収することになります（これが「強制執行手続」です）。

(2) 債務名義の種類と取得手続き

まず、債務名義を取得する手続きとして、次のものがあります。

❶	執行認諾文言付公正証書	滞納管理費等の支払いにつき、任意で合意ができた場合には、それを公正証書にし、滞納管理費等の支払方法等の合意に反した場合には強制執行されることを認める旨の内容（執行認諾文言といいます）を記載しておくものです。 合意に反した事実があった場合、あらためて訴訟等をおこす必要がなく、その公正証書でもって強制執行手続に進むことができます。
❷	支払督促	債権者の申立てにより、相手方の言い分を聞いたり証拠調べなどをしないで、形式的な要件を満たしていれば、裁判所書記官から債務者に対して債務の支払いを督促する手続きです。支払督促の発送から2週間以内に債務者から異議申立てがあると通常訴訟が開始しますが、異議申立てがなく2週間が経過すると債権者の申出により仮執行宣言を付する手続きがなされ、それについても債務者からの異議がなく2週間が経過すれば強制執行の申立てが可能となります。
❸	民事調停	裁判所の裁判委員が仲介し、当事者がお互いに譲り合って合意点を見出し、実情に即した紛争解決を図る手段です。調停が成立すると、合意内容が調停調書に記載され、調停の内容履行されない場合には調停調書に基づき、強制執行を申し立てることが可能となります。
❹	少額訴訟	60万円以下の金銭の支払いを求める訴えについて、原則1回の期日で審理、判決がなされるという簡易な手続きです。少額訴訟の判決では通常の民事裁判のように、原告の言い分を認めるかどうかを判断するだけではなく被告の資力その他の事情を

		考慮してとくに必要があると認められる場合には、判決の言い渡しの日から3年を超えない範囲内で、分割払い、支払猶予を定めることができ、またこれとあわせて訴え提起後の遅延損害金の支払免除などを命ずることもできます。
❺	通常訴訟	最も強力な紛争解決手段です。訴えを起こされた相手方は、裁判所からの呼び出しに応じず欠席すると敗訴判決が言い渡されるので訴えに応じなければなりません。なお、通常訴訟の手続が開始されても当事者の話合いがまとまれば訴訟上の和解がなされ、訴訟が和解や請求の放棄、認諾で終了した場合も、判決と同一の効力があります。

(3) 強制執行

　裁判が確定し、あるいは和解や調停が成立し、その判決や和解調書、調停調書のとおりに義務が履行されれば滞納管理費等の回収が図られますが、滞納組合員がその債務を任意に履行しない場合には、その財産（不動産、動産、給料債権等）を差押え、最終的にはそれを換価することにより、回収を図ることになります。

　この手続きを利用するには、(3)の債務名義のいずれかを取得し、かつ、その債務名義を添えて裁判所に申し立てることになります。

　ただし、滞納組合員が区分所有する当該マンションの物件がオーバーローン状態である場合には、滞納組合員のほかの財産を調査し特定する必要がありますし、手続自体も一定の費用と時間がかかります。

(4) 滞納管理費等の回収にあたっての手続きの選択の視点

　以上のように滞納管理費回収のための法的手続きはさまざまですが、どの手続きを選択すべきかの一応の目安としては、次のように整理できるでしょう。

❶　当事者間で合意ができる場合

　可能であれば執行認諾文言付きの公正証書にしておきます。

❷　第三者が介在すれば協議・合意の余地がある場合

　調停申立てがあります。また、とりあえず少額訴訟や通常訴訟、支払督促を申し立て、その手続きのなかで（支払督促の場

合には、滞納組合員からの異議により通常訴訟に移行した後)、裁判所での和解という形で解決を図ることも考えられます。

❸ 協議の余地がない場合

　ア　滞納組合員が所在不明の場合
　　　通常訴訟です。
　イ　支払方法ではなく支払い義務そのものを争っている場合
　　　最初から通常訴訟を検討します。
　ウ　それ以外の場合
　　　支払督促、少額訴訟または通常訴訟から選択します。
　　　強制執行の手間ひまを回避し、できるだけ任意での履行を求める観点からは、少額訴訟で分割払いという解決策を探ることが優先的に考えられます。
　　　少額訴訟が使えない場合には、コスト面も考慮し、滞納組合員が遠隔地に居住している場合を除きまずは支払督促を検討し、そのうえで通常訴訟を検討するということになりましょう。

■各手続きの申立てにあたって留意すべき事項

	管轄	機関	当事者間での事前合意の必要性	利用できない場合
執行認諾文言付き公正証書	特になし	公証役場	当事者間でおおむね合意済みであることが必要である	双方が公証役場に同席できない場合
民事調停	・相手方の住所地 ・合意管轄地	簡易裁判所	不要であるが、当事者間で合意の余地がないと手続が無駄になる	双方が期日に出席できない場合
支払督促	相手方の住所地のみ	簡易裁判所	不要	相手方が所在不明の場合
少額訴訟	・相手方の住所地 ・マンションの所在地 ・合意管轄地	簡易裁判所	不要	相手方が所在不明の場合 回数制限（年10回）を超える場合
通常訴訟	・相手方の住所地 ・マンションの所在地 ・合意管轄地	簡易裁判所 or 地方裁判所	不要	

●コラム

資源ゴミの集団回収

　ゴミの減量、リサイクル推進の一環として、自治体によっては資源ゴミ集団回収に対する助成金（補助金、奨励金とも呼ばれる）制度が存在します。

　資源回収団体としての登録が必要となりますが、資源ゴミ（古紙、牛乳パック、ペットボトルなど）を回収すると、自治体から助成金が交付されます。

　マンションの管理組合活動の資金等にもなることから、多くのマンションが資源ゴミの集団回収を自主的な活動として行っています。

　資源の持ち去り防止やマンションを中心としたコミュニティの醸成にも貢献しています。

＜資源ゴミの集団収集の1コマ＞

Question 33 関係書類の保管

マンションの点検等にともない、報告書面などの関係書類がどんどん溜まってきました。将来的な管理や修繕に向けて、何を保存しておけばよいでしょうか。

Answer 33

管理組合は、当該図書を適切に保管する義務があります。保存すべきものは、P.186の「関係書類の保管に関する法律等根拠」によります。

【解説】

点検や修繕工事の記録などは、今後のマンションの運営、維持管理、改修に欠かせない資料であり、理事会等で保管方法等を決定してください。

マンションを分譲した宅建業者は、管理組合の理事長等に対し、速やかに設計図書を交付しなければなりません。この設計図書は、その後の建物のハード面での維持管理の方法や工事の内容、修繕計画の作成等にあたっての貴重な基礎資料ともなります。

また、その後に行われた計画修繕工事の設計図書や関係書類、点検調査や劣化診断報告書等は、今後の修繕工事や長期修繕計画の見直しの貴重な資料となることから、修繕等の履歴情報も管理組合として保管してください。

さらに、マンション管理業者に管理を委託している場合、定期報告書が提出されますが、そのなかには建物の点検や日常的な補修状況等が記録されていることがあり、上記記録を補足する資料として、新たな修繕等の際の参考となります。したがって、定期報告書についても、管理組合として保管してください。

参考までに、P.186の「関係書類の保管に関する法律等根拠」、P.187の「保管資料（例）」をご覧ください。

法的根拠：マンション管理適正化法第103条（設計図書の交付等）・・・分譲時資料
　　　　　マンション管理適正化法施行規則第102条（マンション管理適正化法の国土交通省で定める図書）
　　　　　区分所有法第33条（規約の保管及び閲覧）・・・・・・・・・・・管理組合資料
参考資料：安心してくらしていくためのマンション管理ガイドライン（東京都生活文化局広聴部　H17.12発行）標準管理規約第32条（業務）、第33条（業務の委託等）、第49条（議事録の作成、保管等）、第53条第2項（理事会の会議及び議事）

■関係書類の保管に関する法律等根拠

関係書類	保管に関する法律等根拠
設計図書	標準管理規約第32条5号マンション管理適正化法第103条第1項に、「マンションを分譲した宅建業者は、管理組合の理事長等に対し、すみやかに設計図書を交付しなければならない。」と規定されている。保管については義務ではないが、マンション標準管理委託契約書第3条第1号（管理事務の内容及び実施方法）一の事務管理業務（別表第1に掲げる業務）では、基幹業務以外の事務管理業務に図書等の保管が記載されている。竣工後の建物のハード面での維持管理の方法や工事の内容、修繕計画の作成等にあたっての貴重な基礎資料ともなるので、管理組合は、当該図書を適切に保管する必要がある。
総会等議事録	とくに保管期間の規定はないが、総会・理事会の議事録等は永久とし、それ以外の資料についてはマンション管理組合ごとに保管期間を定める。
点検資料	マンション標準管理委託契約書第3条第1号（管理事務の内容及び実施方法）の事務管理業務（別表第1に掲げる業務）では、基幹業務以外の事務管理業務に各種点検、検査等に基づく助言等が記載されているが、保管までは規定していない。その他、当該資料の保管を義務づける法令等もない。しかし、各種点検、検査の結果は、修繕履歴を補足する資料として、新たな修繕等の再の参考になることから、保管が望まれる。
修繕履歴資料	マンション標準管理規約第32条第6号で、「修繕等の履歴情報の整理及び管理等」が管理組合の業務として規定されている。

■**保管資料（例）**

主な書類・図書名	保存期間	保存根拠
分譲時の資料		
管理規約原本・使用細則原本（全員承認印付き）	永久	
売買契約書、重要事項説明書、アフターサービス基準	永久	
官公庁・近隣協定書等（電波障害の保証をしている場合はその念書） 敷地境界線確認資料	永久	
竣工図書 (1)付近見取り図、(2)配置図、(3)仕様書（仕上げ表を含む）、(4)各階平面図、(5)2面以上の立面図、(6)断面図または矩計図、(7)基礎伏図、(8)各階床伏図、(9)小屋伏図、(10)構造詳細図、(11)構造計算書	永久	管理適正化法第103条第1項、管理適正化法施行規則第102条
行政提出書類控え（開発許可申請、消防関係、土地区画整理関係など）	永久	標準管理規約第32条
管理組合資料		
総会議案書・議事録（資料を含む）	永久	
理事会議案書・議事録（資料を含む）	永久	
特別決議時の出席票・議決権行使書・委任状	10年	
普通決議時の出席票・議決権行使書・委任状	5年	
年次・月次決算書、監査報告書（過去分すべて）	永久	
管理委託契約書（解約後）、重要事項説明書（解約後）	10年	
点検資料（法定点検、保守点検）		
特殊建築物定期調査報告書	5年	
貯水槽清掃作業報告書	5年	
水質検査報告書	5年	
昇降機点検記録	5年	
消防設備点検報告書	5年	

消火ホース・連結送水管耐圧性能試験点検報告書	5年	
修繕履歴簿（事故歴を含む）	永久	
機械式駐車場保守点検記録	5年	
消防点検記録、排水管点検記録、給水設備点検記録、水質検査記録	5年	
各種メンテナンス契約書類	永久	
修繕履歴資料		
長期修繕計画書（修繕積立金計画を含む）	永久	
建物診断報告書	永久	
修繕工事竣工図	永久	
工事請負契約書、見積書、内訳明細書	永久	
保証書	永久	
工事記録写真	10年	
緊急修繕工事発注書（写し）・請書	10年	

2-2-4　建物の維持管理費用等の見直し

- Question 34　管理ライフサイクルコスト　　190
- Question 35　管理委託契約の見直し　　193
- Question 36　管理会社の変更　　195
- Question 37　管理費等の不足への対応　　199

2-2-4　建物の維持管理費用等の見直し

Question 34　管理ライフサイクルコスト

管理組合で、現在の会計状況を精査し、今後の管理費用等の見直しを検討することになりました。収入はもちろんのこと、支出に関してもすべて洗い出すこととしていますが、建物の管理等に要する費用を精査する際に考えておくべきことは何ですか。

Answer 34

　建物管理に要する費用を精査し抑制するためには、日常的な管理に要する経費はもちろんのこと、適時適切な改修工事の実施についても、その改修工事内容、工事仕様、工事時期、工事額などをマンションのライフサイクルコストの観点から詳細内容まで踏み込んで確認することが大切です。

　ライフサイクルコストとは、マンションの企画・設計段階から解体段階までの費用を総計したもののことです【P.192参照】。

　参考までに、P.192の「マンションの管理対象部分に係る管理費等の負担」をご覧ください。

ポイント

（運用後の各種費用削減策の例）
運用費が高い場合には、
・ＬＣＣを検討したうえで、ＬＥＤ照明など省エネ機器へ更改する。

- ・電力会社と安い電気を供給する会社との見積り比較をする。

保全費が高い場合には、
- ・清掃仕様（清掃場所、清掃頻度など）を見直して、他の清掃会社と見積り比較する。
- ・警備仕様（警備箇所、警備方法など）を機械警備等に見直して、他の警備会社と見積り比較する。
- ・設備管理仕様（点検項目、点検方法など）を遠隔監視等に見直して、他の設備点検会社と見積り比較する。

修繕費が高い場合には、
- ・過去の修繕の周期・時期・コストの妥当性を検証する。
- ・長期修繕計画を見直して、他の建築会社等と見積り比較する。

更新費が高い場合には、
- ・更新仕様（性能、材質、サービスなど）を見直して、他社製品と見積り比較する。

【解説】

ライフサイクルコスト

　マンションは、企画・設計からはじまって、施工が完了し、長期の使用を経て、解体に至るまでの総費用が「生涯費用」（ライフサイクルコスト、ＬＣＣ：Life Cycle Cost）です。
マンションの生涯費用を海面に浮かぶ氷山にたとえますと、海面上に見える部分の初期建築費用は全体の約25％です。残りの海面下に隠れた費用、すなわち、マンション運用後費用が約75％を占めるといわれています（建物存続年数、使用環境、建物仕様、光熱水料の高騰、廃棄物処理コストの増加等によりこの比率は変動します）。
　保全、修繕、更新の業務を広義の「建築保全」業務と捉えると、その合計は、ほぼ初期建築費用に匹敵します。

つまり、長期スパンで考えると、運用後の各種費用をいかに削減するかがマンション管理では重要になってきます。

■マンションの管理対象部分に係る管理費等の負担

	管理対象部分	権利関係	費用負担者
単棟	共用部分	区分所有者全員の共有	共有者全員で負担
	一部共用部分	一部共用部分を共用する区分所有者全員の共有	一部共用部分の共有者全員で負担
	敷地	区分所有者全員の共有等	共有等をしている者全員で負担
	附属施設	区分所有者全員の共有	共有者全員で負担

出典:「マンション管理の知識(平成26年度版)」627頁((公財)マンション管理センター)を一部抜粋して作成

■ライフサイクルコスト(建物生涯費用)の内訳

運　用　費：光熱水料等
一般管理費：税金、保険、利息、一般事務費等
保　全　費：保守、清掃、警備、点検費等
修　繕　費：劣化した機能・性能を現状あるいは実用上支障のない状態まで回復させる費用
更　新　費：劣化した部材・部品や機器を新しいものに取り替える費用

Question 35

管理委託契約の見直し

管理費用の削減の検討のなかで、現在管理を委託しているマンション管理会社の業務内容が、委託費用に見合った成果であるかどうか疑問であるとの意見がだされました。管理委託契約内容の見直しを検討したいのですが、その際にはどのような点に気をつければいいのでしょうか。

Answer 35

管理業務仕様書を確認し、管理会社に委託している管理の内容が、契約時の説明の内容に則したものか、委託金額に見合っているかどうか、必要に応じて外部の専門家の意見も聞きながら検証することからはじめます。

複数の管理会社から見積りを徴収したり、管理会社に一括外注しているうちの一部を切り出して別の専門業者とマンション管理組合とが直接契約をしたり、場合によっては管理業務全体を住民自身で行うこと（自主管理）に切り替えることも検討してください。

ただし、その際には費用の多寡のみではなく、管理委託項目を削除する場合の実際の管理のあり方なども十分考慮することが大切です。

ポイント

行動フロー（案）

1. 管理業務仕様書を確認する。
2. 必要な管理内容を見直しする。
3. 適正な管理委託費かどうかを精査する。諸物価の上昇等も勘案する。
4. 管理会社と管理委託費の値下げ交渉を行う。場合によっては委託項目、委託内容の見直しも協議する。

> <協議が不調となった場合>
> 　管理会社の変更を検討する（Q 36 参照）。

【解説】

管理委託費用等の見直し

　新築分譲時に管理費は決まっていますが、マンション管理士などに相談して管理業務項目や管理内容を見直す余地があります。
　業務も基本業務、オプション業務に区分してみることも大切です。

■各種管理費用削減案の例

```
1．常駐管理員の通勤への切替え
2．管理員を止め、巡回管理に変更
3．日常清掃回数の低減
4．植栽の剪定や草むしりを理事会業務へ切替え
5．機械式駐車場を解体して平置き駐車場へ切替え
6．エレベーターの保守契約をフルメンテからPOG契約
　　（定期点検、消耗品交換に限定した契約）に切替え
7．電子ブレーカの導入や、電気基本契約の変更
8．マンション保険の見直し、解除
```

Question 36

管理会社の変更

管理費用の見直し作業のなかで、管理委託をしているＡ管理会社の業務のあり方に不満があるとして、管理会社を変更すべきではないかとの意見が強くなっています。管理会社を変更するには、どのように進めればよいのでしょうか。

Answer 36

管理費が高い割には管理サービスの質や内容が充分ではないと感じたりした場合、委託業務の見直しなどを検討するほか、管理会社を変更することも賢明な選択肢のひとつとなります。

実際に変更をする場合には、管理委託契約の内容を踏まえ、途中で解約するか、あるいは委託期間満了をもって契約の更新をせず、別な管理会社と契約をするかを事前に検討するとともに、並行して新たな管理会社の選定や管理内容の確認等の準備作業に取り組むことになります。以下の行動フロー（案）を参考にしてください。

いずれにしても、適切な管理が継続されるよう、Ａ管理会社が管理業務を終了するのとあわせて新たな管理会社の管理に移行できるよう、時間的な余裕を持って一連の作業を進めてください。

ポイント

行動フロー（案）

1. マンション管理会社との契約書の契約解除に関する条項を確認する。
2. 管理委託契約書の巻末の仕様書どおりの業務がなされているか確認する。
3. 管理業務以外にも問題点がないかどうか検証する。

4．変更するにあたってのメリット、デメリットを洗い出す。
5．契約書や管理業務仕様書を見直すかどうか検討する。
6．マンション管理士などに相談し、第三者の意見聴取として透明性を高める。
7．新しい複数の管理会社候補を選定する。
8．複数社から管理業務仕様書の条件に合致した見積書を徴収する。
9．3、4社に管理会社を絞り込んだうえで、管理会社による住民参加の説明会を開催する。
10．総会を開催して委託する管理会社を決定する。

【解説】

マンション管理会社

●管理会社の必要性●

　マンションは、他の建物と同様、何もしないでおくと、年月の経過にともない、区分所有者の居住環境の低下等を招き、資産価値も維持できなくなることから、日々適切に建物管理を行い、適宜修繕等を行うなど、ハード面での適正な管理の実施が求められます。

　一戸建ての住宅であれば、基本的には1人の所有者が、その判断のもと必要に応じ適宜対応することができるわけですが、マンションの場合は、多くの区分所有者がひとつの建物を区分所有していることから、各自がそれぞれ自由に対処することはできません。他の区分所有者との間で合意形成を図ったうえで、対応を進めていく必要があります。しかし、それぞれの区分所有者の間には、共同生活に対する意識や価値観などに相違があり、意思形成がなかなか容易にできない場合があります。

　しかも、マンションという一定の規模を有する建物構造上の技術的判断の難しさなどが、その対応をより困難とさせているところです。

したがって、専門的知識やノウハウを有する専門のマンション管理業者に管理業務を委託することが、多くの管理組合でなされています。

●マンション管理適正化法による登録●

マンション管理業者は、マンション管理適正化法により、国土交通省の登録を受けなければ業を行えないこととされています。また、同法では、マンション管理業のあり方等について、次のような規制を設けています。

```
ア　信義誠実義務
イ　標識の掲示
ウ　重要事項の説明等
エ　契約の成立時の書面の交付
オ　再委託の制限
カ　帳簿の作成等
キ　財産の分別管理
ク　管理事務の報告
ケ　書類の閲覧
コ　秘密保持義務
```

●マンション標準管理委託契約書●

実際の管理業務の内容は、上記法律の規定を踏まえ、管理組合との間で締結される管理委託契約に基づき決められます。管理委託契約の締結の前には、管理会社の担当者（管理業務主任者）から、契約内容等につき重要事項の説明などがなされます。管理委託契約の内容等につきしっかりと確認して、納得のうえで契約をすることが大切です。なお、管理委託契約については、国土交通省から標準管理委託契約書が示されていますので、その作業にあたっては、標準管理委託契約書を参考にすることも考えられます。

■管理会社変更までの動き（例）

1st month	2nd	3rd	4th	5th	6th

管理会社との契約書の中の契約解除の条項確認

業務遂行状況把握

管理業務以外の問題点の把握

変更のメリット、デメリットの洗出し

変更理由等の透明性確認

新管理会社複数候補の選出

▲ 総会にて管理会社変更（1社絞り込みを理事会に一任）を決議

複数社から仕様書にあわせた管理業務見積書の提出

▲ 理事会にてある程度絞り込みを行ったうえで入居者説明会の開催

▲ 総会にて管理会社の決定

Question 37 管理費等の不足への対応

管理費用の見直し作業のなかで、日常管理や大規模修繕を適切に実施していくためには、収入面、すなわち区分所有者から毎月拠出してもらっている管理費や修繕積立金などが不足することが判明しました。今後、適切な管理等を継続していくためには、どのように対応すればよいでしょうか。

Answer 37

　日常管理に要する費用が不足することが判明した場合、管理内容の見直しを行い、必要に応じて管理委託業務の見直しや管理会社の変更などを検討しますが、それでも不足するということであれば、管理費の値上げを検討することになります。この場合には、それぞれの規約に基づき、所定の要件を満たした総会決議を経ることになります。

　次に、修繕積立金は、マンションの修繕のために区分所有者が支払う費用です。長期修繕計画などに基づき一定の時期に行われる大規模修繕に要する費用などとして積み立てられますので、修繕積立金に不足が生じた場合には、大規模修繕の実施に支障をきたす可能性がでてきます。そこで、修繕周期の見直しとともに修繕積立金の値上げがひとつの選択肢となりますが、修繕積立金の値上げではなく、あるいは修繕積立金の値上げと並行して、大規模修繕工事にあわせて不足分を一時金として集めたり、金融機関等から借入れをする方法もあります。ただし一時金の場合には額が多額になり全区分所有者から期限までに拠出がなされるかといった問題が生じますし、借入れの場合には返済条件をどうするかなどの問題があることを踏まえなければなりません。いずれの方策でも総会決議によることになりますので、いかなる方法を選択するのか十分に議論してください。

法的根拠：マンション管理適正化法施行規則第87条（財産の分別管理）
参考資料：標準管理規約第25条（管理費等）

ポイント

行動フロー（案）
1．管理費不足等が判明した理由、時期を明確にする。
2．業者の見積書の記載内容を再確認する。
3．管理規約、区分所有法を精読し、総会の必要性の有無を判断する。
4．はじめから不足金が生じることが見込まれる場合には、予算の変更や管理費等の額の変更に総会の決議を得る。
5．臨時に要する費用として不足額を徴収する場合には、特別徴収方法として、総会の普通決議をする。

第3章

大規模自然災害等への対応 Q&A

3-1 大規模自然災害への備え

　　Question 38　耐震補強　　204
　　●コラム　活断層、水防・津波対策、液状化対策　　217
　　Question 39　防災への取組み　　219
　　Question 40　災害時の緊急的な対応　　224
　　Question 41　復旧・再建　　226
　　●コラム　火災保険や地震保険における「専有部分」と
　　　　　　「共用部分」の対象範囲って？　　230

3-1　大規模自然災害への備え

Question 38

耐震補強

参照判例：No.27

昭和52年に建築されたマンションです。最近地震が増えているなかで、住民から建物の耐震性に対する不安の声が高まっているようです。耐震補強を検討していくところですが、どのような点に留意すべきでしょうか。

Answer 38

1981年（昭和56年）以前の耐震基準（旧耐震基準といいます）に則って建築したマンションであれば、現行の耐震基準を満たさないことになり、今後発生する地震の規模によっては、マンションの倒壊などが考えられ、人命を脅かすおそれがあり、耐震補強は喫緊の課題であります。とくに耐震化検討段階での検討が重要です【P.206参照】。

2007年、国土交通省が耐震診断を受けるための手続き・実務的な留意点、耐震改修を実施するための手続き・合意形成の図り方・実務的な留意点、現時点における主な耐震改修工法と特徴などを記載した「マンション耐震化マニュアル」を策定し、公表していますので、それを参考にすることが考えられます。

なお、非構造部材である「特定天井」（居室、廊下、その他の人が常時立ち入る場所に設けられるもので、天井高さ6m超、水平投影面積200㎡超、単位面積質量2kg／㎡超の吊り天井のいずれにも該当するもの）については、改正建築基準法施行令によって定められ、その後の関連告示（平成25年国土交通省告示第771号）（2014年4月に施行）に

より脱落防止措置を講じることとされています。
　吹抜けのある広いエントランスホール等で該当する特定天井があれば、構造耐力上安全な措置が必要となります。

法的根拠：建築物の耐震改修の促進に関する法律第6条
　　　　　（特定建築物の所有者の努力）
　　　　　　　　　　同　　　　上　　　　　第7条
　　　　　（指導及び助言並びに指示等）

ポイント

行動フロー（案）
1．新築当時の設計図書を揃える。
2．（一財）日本建築防災協会などに相談する。
3．現在の耐震性能を専門家（※）に依頼して把握し、耐震補強の必要性の有無を確認する。
4．自治体等の補助金制度の有無を調べる。
5．工事の実施・施工会社の選定方法につき、総会の決議を得る必要がある。

総会決議後の行動フロー（案）
1．複数社から見積書を徴収して、そのなかから見積額や施工実績などを考慮して施工会社を決定する。
2．区分所有者への説明会を開催する。
3．具体的な耐震補強工事に着手する。

（※）　自治体によっては、マンション耐震診断士として当該自治体に登録している者から選定するよう指導するところもある。

■耐震化検討段階の基本的な進め方

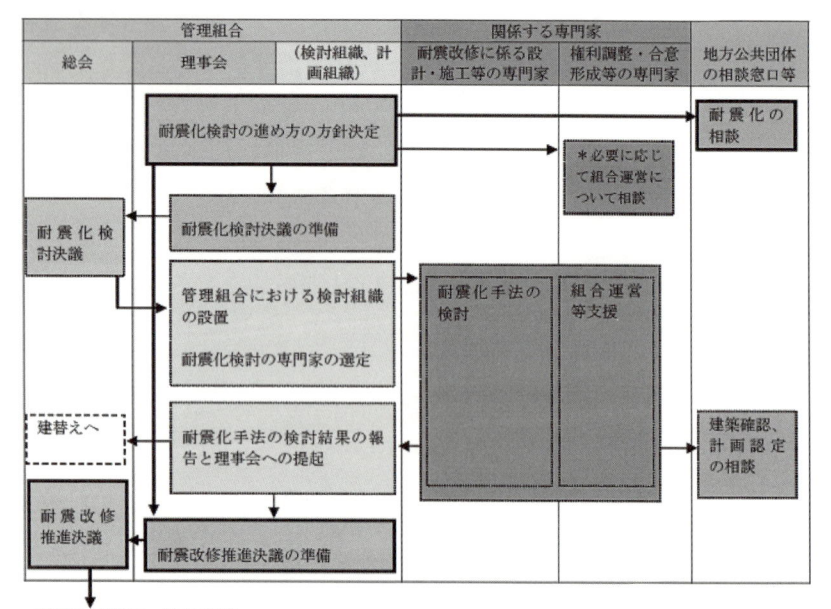

管理組合			関係する専門家		地方公共団体の相談窓口等
総会	理事会	(検討組織、計画組織)	耐震改修に係る設計・施工等の専門家	権利調整・合意形成等の専門家	

- 耐震化検討の進め方の方針決定
- 耐震化検討決議
- 耐震化検討決議の準備
- 管理組合における検討組織の設置
- 耐震化検討の専門家の選定
- 建替えへ
- 耐震化手法の検討結果の報告と理事会への提起
- 耐震改修推進決議
- 耐震改修推進決議の準備

*必要に応じて組合運営について相談

- 耐震化手法の検討
- 組合運営等支援

- 耐震化の相談
- 建築確認、計画認定の相談

↓耐震改修計画・実施段階へ

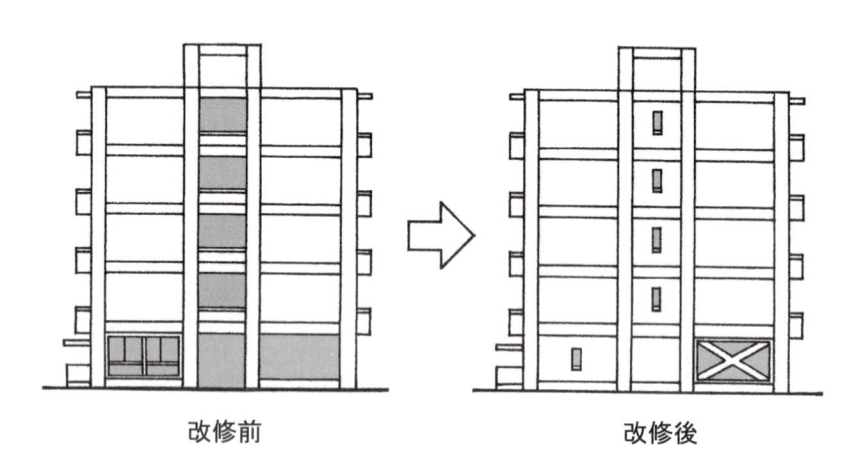

改修前 → 改修後

206

【解説】

耐震化（助成制度を含む）

●マンションの耐震化●

　1981年（昭和56年）の建築基準法施行令が改正される以前の旧耐震基準で建設されたマンションが全国で約106万戸あり、耐震性能に不安を有しており、最近、頻発している大地震により建物の倒壊等の大きな被害が予想されます（平成25年4月現在、全国のマンションストック戸数　約590万戸、居住人口　約1450万人（平成26年4月23日国土交通省発表））。

　国はマンションをはじめ、住宅、特定建築物の耐震化率について、2003年に75％であったものを2015年には90％に高める目標をかかげています。

　最新のデータでは、東京都内だけでも全マンション数　約13万3188棟のうち、分譲マンションが5万3231棟あり、そのうち1981年以前の旧耐震基準で設計されたものが約1万1892棟（全マンションの8.9％）を占めています。また、分譲マンションの耐震診断の実施率が17.1％と低調な状況です（数値の出典：「マンション実態調査結果」2013年3月東京都都市整備局）。

　そのため、阪神・淡路大震災の教訓を踏まえ、1995年に制定し、1996年に施行された「建築物の耐震改修の促進に関する法律」（耐震改修促進法）では、多数の人が利用する一定の建物（特定建築物）の所有者に対し、建築基準法の耐震基準と同等以上の耐震性能を確保するための耐震診断・耐震改修を行う努力義務を設けています。マンションの場合、階数が3以上かつ床面積の合計が1000㎡以上のものに耐震改修の努力義務が課せられました。地方公共団体による耐震改修計画の認定を受けた場合（マンションも対象となる）は、建築確認等の手続きの特例、建築基準法の特例、住宅金融支援機構などの資金貸

付け、税制上の特例などの優遇措置が受けられます。

　その後、新潟県中越地震を受けて2005年に改正され2006年に施行された改正耐震改修促進法では、地方公共団体による計画的な耐震化の促進、建築物の所有者等に対する指導の強化、特定建築物の範囲の拡大、耐震化支援制度の充実などが図られました（たとえば、東京都では、「マンション補強設計・耐震改修・建替え助成制度」があり、各市町村ごとに、補助金支払い、または融資対象限度額などが決められています）。

　さらに、2013年に「耐震改修促進法」が改正され、マンションを含む住宅や小規模建築物等に対して、耐震診断と必要に応じた耐震改修の努力義務を創設し、不特定多数の方が利用する大規模建築物に対しては、耐震診断の義務化と耐震診断結果の公表が求めるなど、すべての建築物の耐震化を促進することになりました。
　また、耐震化の円滑な促進のためとして、❶耐震改修対象建築物の容積率、建ぺい率の特例、❷耐震性を確保して認定を受けた建築物へのその旨の表示、❸耐震改修の必要性の認定を受けたマンション等について、大規模な耐震改修を行おうとする総会における決議要件の緩和（3／4以上の同意→1／2以上の同意）などの措置が取られました。

●東京都の耐震化推進条例の施行●

　首都圏直下地震の発生の切迫性が指摘されているなか、被災時において避難、救急消火活動、緊急支援物資の輸送および復旧復興活動を支える緊急輸送道路が建築物の倒壊により閉塞されることを防止するため、沿道の建築物の耐震化を推進し、震災から都民の生命と財産を保護するとともに、首都機能を確保することを目的に、「東京における緊急輸送道路沿道建築物の耐震化を推進する条例」が2011年」（平成23年）3月18日に公布され、同年4月1日から施行されました。これにより、特定沿道建築物の所有者には、耐震診断の実施義務と耐震

改修等の実施努力義務が課せられることになりました。

　マンションについても、各区市町村において、耐震診断、耐震改修などに要する費用の一部を助成する制度を設けている場合がありますので、各自治体にご確認ください。場合によっては、都道府県と市町村のそれぞれの助成を受けられることもあります。

●東京都耐震化推進条例において耐震化に該当する建築物●

以下のいずれの条件も満たすもの

1. 緊急輸送道路に面している
2. 昭和56年5月以前に新築された建築物
3. 道路幅員のおおむね1／2以上の高さの建築物
　（右図参照）

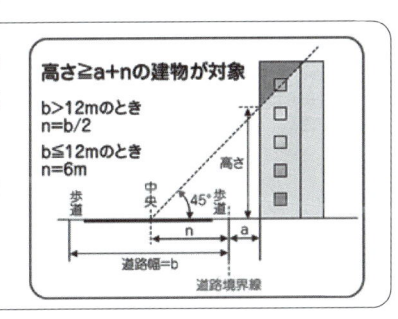

高さ≧a+nの建物が対象
b>12mのとき n=b/2
b≦12mのとき n=6m

　2007年、国土交通省が耐震改修の実務に携わる管理組合、専門家等の視点から「マンション耐震化マニュアル」を策定し、耐震診断を受けるための手続き・実務的な留意点、耐震改修を実施するための手続き・合意形成の図り方・実務的な留意点、現時点における主な耐震改修工法と特徴などが記載されています。

　具体的な耐震補強方法としては、主に以下の3つの方法があります。

1. 耐震壁や筋違いなどを増設する
2. 柱に炭素繊維シートなどを巻きつける
3. 地震のエネルギーを免震装置に吸収させて、建物にできるだけ伝えないようにする

また、補強ではありませんが、建物全体の耐震壁のバランスを整えるために壁と柱との間にスリット（切れ目）を設けて壁と柱の構造的な縁を切る工法もあります。
　その他の耐震補強方法については、P.211をご参照ください。

　さらに、非構造部材といって、外装材、天井材、玄関ドア、窓ガラス（飛散防止）、設備配管などの耐震化も建物の耐震化とあわせて検討することをお勧めします。
　建物構造以外に、避難経路関連（雑壁の破壊による玄関ドアの開閉不能防止、外廊下・バルコニーの落下防止、エキスパンション・ジョイント（構造的に分割された建物の接合部分）の地震対策、屋外鉄骨階段の地震対策、エレベーターの地震対策、外壁・内壁の仕上げ材の地震対策、窓ガラスの地震対策）、設備関連（給水装置（高置水槽・受水槽等）の地震対策、配管の耐震対策、電気設備の地震対策、空調室外機の地震対策、貯湯式給湯器の地震対策）なども整理されています。
　しかし、東日本大震災では、これまで問題とされてきた旧耐震基準で設計されたマンションばかりでなく、新耐震基準で設計されたマンションにも被害があったことから、「地震地域係数」の見直しなどの動きがあります。まだ具体的な基準などは示されていませんが、今後の動きが注目されます。

　耐震改修の進め方は、以下のようになります。

```
1．耐震診断（既存マンションが地震の脅威に対して安全に使えるかどうかの見極め）
2．耐震補強設計（耐震診断に基づいて耐震安全性に疑問があると判定された場合、そのマンションの新築時の構造計算書を確認しながら耐震補強計算を行う）
3．具体的な耐震工法の選定（耐震補強案の複数提案）
4．耐震補強工事のための予算による仮設・耐震補強工法の見直し
```

■耐震改修工法（例）

後打ち壁の増設
新たな壁を鉄筋コンクリート等で増設し耐震補強を行います。建物の内部、外部を問わずに設置できます。

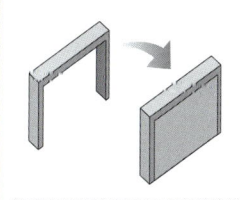

鉄骨枠組補強
柱・はりに囲まれた中に鉄骨ブレースを増設することにより耐震補強を行います。開口部を残しながら耐震性能を向上させることが可能です。

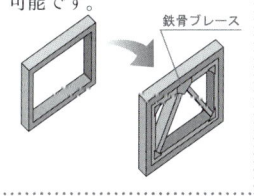

外付け鉄骨補強
建物の外側に鉄骨ブレースを増設することにより耐震補強を行います。既設の壁やサッシュの解体が少なく済みます。

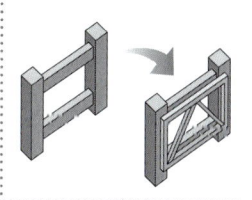

バットレスの増設
耐震壁などの構造躯体を建物の外部に増設することで耐震改修を行います。建物周囲や敷地に余裕がある場合に適しています。

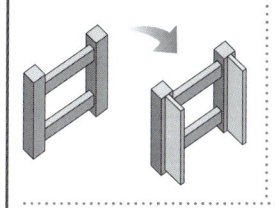

柱巻き付け補強
既存の柱に繊維シートや鋼板を巻きつける方法で耐震補強を行います。マンション等、各住戸均等に対応する場合に適しています。

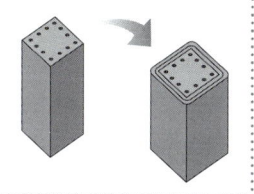

耐震スリットの新設
鉄筋コンクリート造の既存建物の柱の近くに隙間を設けて柱の粘り強さを向上させます。これ以外の補強工法を組み合わせて行うことが一般的です。

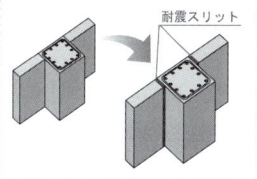

制震機構の組込
制震補強は制震ダンパーなどで、建物に影響を与える地震力を吸収することにより、構造体の損傷低減を図ります。

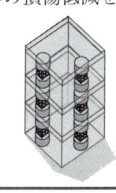

免震構造化
免震装置を建物の基礎下や中間階に設けることで地震力の建物への入力を大幅に低減することにより、構造体の損傷低減を図ります。

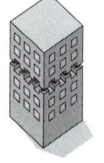

- 目標となる性能を確保するために複数の工法を組み合わせて行うこともあります。
- これら以外の工法による耐震改修工事も行われています。
- なお、工法によっては、施工業者が指定されているものがありますので、十分に確認してください。

出典：「ビル・マンションの耐震化読本（改定第4版）」（東京都都市整備局）

●耐震対策●

耐震構造の改修以外に建物構造の耐震対策としては、以下のようなものが考えられます。

> **免震構造**
>
> 大地震の際に地震力を低減することで建築物の破壊を防ぎ、人命や財産の被害を防ぐ目的で開発されたものが免震構造ですが、免震技術がない時代に建設された建築物を免震化することをレトロフィットといいます。
>
> **制震（振）構造**
>
> 建築物に加わる地震力を、建築物内部の機構により減衰させたり増幅を防いだりすることにより、建築物の振動を低減させるものが制震構造です。

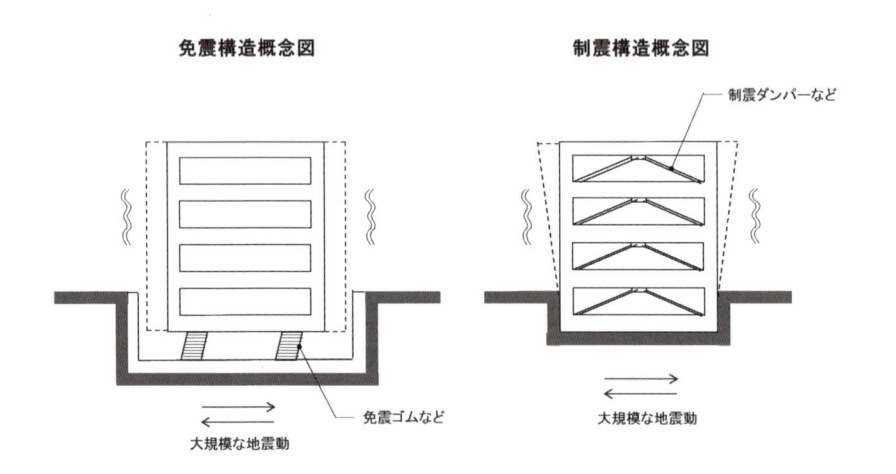

免震構造概念図　　　　　　　制震構造概念図

制震ダンパーなど

免震ゴムなど

大規模な地震動　　　　　　　大規模な地震動

参考までに、主な地震を契機とした建築基準法等の見直しを示します。

■主な耐震基準の変遷

		主な地震	建築基準法等の見直し
1923 （T12）	9／1	大正関東地震 （関東大震災） M7.9	
1948 （S23）	6／28	福井地震 M7.1／震度7	
			1950　建築基準法公布 　　　　（旧耐震基準）
1968 （S43）	5／16	十勝沖地震 M7.9／震度5	
			1971　建築基準法改正 　　　　（旧耐震基準改正）
1978 （S53）	6／12	宮城県沖地震 M7.4／震度5	
			1981　建築基準法改正 　　　　（新耐震基準）
1995 （H7）	1／17	兵庫県南部地震 （阪神淡路大震災） M7.3／震度7	
			1995　耐震改修促進法制定 2000　建築基準法改正
2004 （H16）	10／23	新潟中越地震 M6.8／震度7	
2011 （H23）	3／11	東北地方太平洋沖地震 （東日本大震災） M9.0／震度7	

耐震性能基準（耐震クライテリア）

　地震が発生した場合、耐震設計をしていればマンションは絶対に壊れないわけではありません。

　どんな巨大地震が発生しても、それに耐え得る安全なマンションを造ることは可能ですが、大変なコストがかかります。また、耐震対策として壁や筋交い（ブレース）を新たに設置すると、マンションの使い勝手が悪くなることも考えられます。

　そこで、経済性と安全性のバランスを考慮して、建築基準法施行令では地震の大きさや地震に遭遇する確率によって建物に要求される耐震性の性能基準（クライテリア）を設けて、この基準を守ることで最低限の耐震性能を確保することが求められています（既存のマンションの場合は努力義務とされます）。

　P.215の耐震性能表は「建築物の構造規定」―建築基準法施行令第3章の解説と運用―（1997年版　日本建築センター発行）に表現されていた文章を、わかりやすく図表化したものです。

● Is 値 ●

　Is 値（アイエスち　seismic Index of Structure　構造耐震指標）とは、建物の耐震性能を表す指標のことをいい、地震力に対する強度や粘り強さを考慮して建築物の階ごとに算出します。この指標が大きいほど、耐震性能が高いことを意味します。建物の耐震診断の際の耐震安全性に対する判断基準ともなります。

　柱や壁の面積を計算して算出する1次診断における Is 値が0.8以上、より精度の高い2次、3次診断における Is 値が0.6以上のものが、高い耐震性能を有しているとされます。これは、過去に地震被害を受けた建物を分析した結果から、Is 値0.6以上は耐震性能を満たし大規模地震に対して倒壊または崩壊の危険性が低く、Is 値0.3未満は

倒壊または崩壊の危険性が高いと判断しています。

Is値が0.6未満の場合には、以下のことが考えられます。

> 1．建物の強度が低く、粘り強さも弱い
> 2．建物形状やバランスが悪い

最低でも、1．、2．のいずれかに該当することになり、耐震壁や耐震ブレース（筋交い）を設けるなどの耐震補強が必要となります。

なお、耐震補強には、自治体等の補助金制度が整備されておりますので、ご確認のうえ、ご活用ください。

■耐震性能表（耐震クライテリア表）

地震の大きさ	発生頻度	要求性能基準（クライテリア）
中地震（震度5強程度）	耐用年限中に数度は遭遇する（まれに発生→数10年に1回）	建物の機能を保持する（建物が損傷しない）
大地震（震度6強～7程度）	耐用年限中に1度遭遇するかもしれない（極めてまれに発生→数100年に1回）	建物の架構に部分的なひび割れ等の損傷が生じても、最終的に崩壊からの人命の保護を図る（人命が失われない）

■Is値＝0.6の建物が受ける地震被害予測

被害	ランク	軽微	小破	中破	大破	倒壊
	状況					
	RC造 SRC造	二次壁の損傷もほとんど無い	二次壁にせん断ひび割れ	柱・耐震壁にせん断ひび割れ	柱の鉄筋が露出・座屈	建物の一部または全体が倒壊
地震規模	中地震 震度5強程度		IS=0.6			
	大地震 震度6強以上				IS=0.6	

＜参考図書＞

- マンション耐震化マニュアル　2007.6　国土交通省作成
- 積算資料ポケット版〈マンションＲｅ　2012〉
　　特集：マンションの耐震改修における最新技術と費用　2011.10
　　　経済調査会　発行
- 積算資料ポケット版〈マンションＲｅ　2011〉
　　特集：マンションの耐震改修実例集　2010.10　経済調査会　発行
- マンション管理組合のためのＱ＆Ａよくわかる耐震改修　2007.6
　　ぎょうせい　発行
- マンション耐震工事の手引　危険なマンションの問題点と対策　芳賀保夫著　2006.8　五月書房　発行
- マンション耐震不安解消ガイド　あなたの家族と財産を守る　小菅宏／中和田英勝著　2006.2　竹書房　発行
- あなたが知りたいマンションの耐震性　建築技術者から市民へ　2005.11　建築技術支援協会　発行

●コラム

活断層

　最近まで活動しており、将来も活動する可能性のある断層と定義されています。震源が浅く、かつ、規模の大きな地震を起こす危険性を秘めています。プレートの境界面に位置する日本列島は地盤に蓄積した歪（ひずみ）が大きく、周辺の海底も含めると約2,000の活断層があるといわれています。現在お住まいのマンションが活断層に近い位置にあるかどうかを国土交通省などから公表されている地図で確認し、家具の固定やマンション全体の耐震補強等の地震対策などの参考にしていただきたいと思います。

水防・津波対策

　水防対策の対象は、河川氾濫、内水氾濫（雨水排水能力を超えて水につかる現象）、高潮、津波などが主なものですが、マンションをそれらの自然災害から防御するため、自治体等からハザードマップなどと称して公表されている異常気象時等の浸水位を参考にしてマンション設計に反映している場合も少なくありません。しかし、近年のゲリラ豪雨や大津波の発生を契機に多くの自治体が浸水位を見直していますので、必要水防高をクリアしているかどうか確認し、場合によっては専門家の力を借りながらハード、ソフト両面での新たな対策を検討することも必要になります。

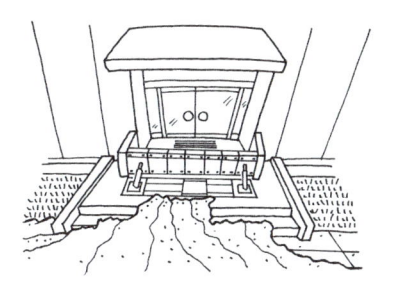

　また、自治体の防災無線や各種メディア情報にしたがい、迅速、かつ、冷静に行動することが求められています。

液状化対策

　地震の際に、地下水位が比較的浅い場合や砂を多く含む地盤の場合、振動により地盤が液体状になる現象で、この現象により建物が土中に埋もれたり、傾いたり、最悪の場合は転倒したり、沈みこんだり、破壊したりします。

　東日本大震災でも大きな被害が確認されており、自治体によっては液状化危険度予測図（いわゆる液状化マップ）を公表して注意を呼びかけています。

　液状化に対しては、振動または衝撃による締め固め、薬液等による地盤改良、液状化しない地層に杭を打って建物全体を支持するなどの対策が必要になってきます。

　既存マンションでは、さまざまな制約から、液状化対策メニューはかなり限定されることになります。

Question 39

防災への取組み

最近の自然災害等への備えや地域全体の防災意識の高まりなどのなかで、管理組合としても防災活動を行っていく必要があるのではないかとの問題提起が総会でなされました。今後理事会の場で具体的な防災の取組みにつき議論をしていこうと考えていますが、管理組合として、どのように防災活動に取り組んでいけばよいでしょうか。

Answer 39

　マンション標準管理規約では、「防災に関する業務」を管理組合の業務のひとつとして明記し（標準管理規約第32条13号）、マンション管理標準指針では、災害時対応マニュアル等の作成・配布や年1回程度定期的な防災訓練の実施などを標準的な対応としています。

　防災活動は、地域の一員として、地域社会全体での取組みや連携によって対応することが有益であり、日頃から、マンション周辺の地域との連携について管理組合として積極的に対応していくことが大切です。

　また、実際に災害が発生した場合、緊急補修工事等が必要となる場合がありますが、新たな予算措置等が必要であっても、災害の規模によっては区分所有者に対する総会開催のための諸手続きが間に合わないなどの事態も考えられます。したがって、このような場合には理事会決議でもって理事長が支出できるものとし、総会の事後承認を得ることとするといった手続きを、あらかじめ規約で定めておくことが考えられます。

　なお、収容人員が50名以上のマンションの場合、防火管理上必要な業務を行う防火管理者の選任が義務づけられていますので、ご注意ください。

法的根拠：区分所有法第3条（区分所有者の団体）、同法第30条第1項（規約事項）、標準管理規約第32条第13号（業務）

ポイント

行動フロー（案）
具体的な管理組合の活動は、
1．理事会にて防災活動計画（案）、震災対策マニュアル、防災マニュアル等の作成。
　（自治体等作成のライフラインの停止などを想定した防災マニュアルなどを参考にして）
2．総会にて、普通決議をもって防災活動計画、防災マニュアル等の承認を得る。
3．非常用の水、非常食、発電機、簡易トイレ、煮炊き用かまど、灯光器、毛布、救急箱などの備蓄品の検討とそれらを収納する防災倉庫の設置を検討する。

＜防災・避難訓練＞
1．最寄の消防署に消防訓練指導の依頼。
2．スケジュール、役割分担調整。
3．入居者への周知。
4．防災・避難訓練の実施（訓練終了後に住民親睦会の実施も検討）。

【解説】

　防災活動は、マンションの住民が自発的に参加しようという気持ちが何より必要です。管理組合全体として取り組む場合には、組織としての事前準備や日常活動（防災・避難訓練など）にいかに参画するかが大事で、地域との連携対応なども含めて検討する必要があります。

●防災において管理組合が果たす役割〜防災活動の必要性●

　区分所有者等は、マンション内においていわばひとつの地域社会を形成しています。過去の経験からすれば、まずは区分所有者等マンション居住者間において防災への取組みをしていくことが極めて重要であり、管理組合も区分所有者で構成される組織として、相応の対応が求められます。

●管理組合が取り組むべき防災活動(1)〜日ごろの備えとしての活動●

　標準管理指針の事項のすべてを直ちに対応するには、時間的・予算的制約のなかで困難なところも少なくないのではないでしょうか。その場合には、標準管理指針にある「標準的対応」を優先しつつ、数年かけて計画的に実施していくことを検討する必要があります。

　具体的には、まずは防災体制整備計画などのような中期的な計画を総会決議で行い、各年度ごとに当該計画に沿って予算措置を講じていくということが考えられます。この場合、計画の途中において突発的な事態が発生し、当該年度において計画どおりに予算が組めないことも考えられます。すなわち、計画決定の総会決議と予算承認の総会決議との間に齟齬が生じることになりますが、これについては、現状に応じて、当該年度の予算決議によって計画が一部変更されたと理解し、予算決議の方が有効であると理解すれば足りるかと考えます。ただし、計画決定の段階での総会決議がまったく無意味にならないよう、年度ごとの予算の議案書等において、計画を変更せざるを得ない理由、次年度以降の変更後の対応等を明確にして

決議をするという対応が望ましいでしょう。

●管理組合に期待される実際の防災活動(2)～災害発生時・災害直後の対応●

❶ 区分所有者等居住者への対応

災害発生時においては、居住者の安否確認や、無用な現場の混乱を回避するために、被害状況・復旧見通しに関する情報の収集・提供などが期待されます。

❷ 建物等の被害状況の調査と応急的な対応

建物等の被害状況を把握し、危険箇所がないか、修繕等の対応すべき箇所はないかなどを確認します。このような業務は専門家によらなければ困難ですので、事前に管理会社等を通じ緊急の建物等点検調査ができるような体制を取っておくことも必要でしょう。また、早期の片付け・清掃や立入り禁止等の措置をとることによって、当面の危険を回避できるケースもあります。

●地域との連携●

実際の災害時には、当該マンション周辺の地域の一員として、当該地域社会全体での取組みや連携によって対応することが有益なケースが多くあります。

日頃から、マンション周辺の地域との連携につき、管理組合として積極的に対応することが必要となります。マンション標準管理規約でも、このような視点を踏まえ、地域コミュニティにも配慮したコミュニティ形成活動が、管理組合の業務として位置づけられています（標準管理規約第32条第15号）。

●管理組合が防災活動を行いうる根拠～防災活動が行える根拠●

管理組合は、「建物並びにその敷地及び附属施設の管理を行う団体」（区分所有法第3条）であり、「建物又はその敷地若しくは附属施設の管理又は使用に関する区分所有者相互間の事項」は規約で定めることができるとされています（同法第30条第1項）。

マンション標準管理規約では、「防災に関する業務」を管理組合の業務のひとつとして明記し（標準管理規約第32条第13号）、マンション管理標準指針では、「防災対策」に関するコメントにおいて「火災や震災などの災害から住民の生命、身体、財産を守ることも管理組合の重要な役割の一つです」と明記されています。

ア　標準的な対応
　　防火管理者の選任、消防計画の作成及び周知、消防用設備等の点検、災害時の避難場所の周知、災害時対応マニュアル等の作成・配布、ハザードマップ等防災・災害対策に関する情報の収集・周知、年1回程度定期的な防災訓練の実施
イ　望ましい対応
　　災害時に必要となる道具・備品・非常食類の備蓄、高齢者が入居する住戸を記した防災用名簿の作成、災害発生時における居住者の安否確認体制の整備、災害発生時における被害状況・復旧見通しに関する情報の収集・提供、体制の整備

Question 40 災害時の緊急的な対応

大規模自然災害が発生しました。管理組合として、まずはどのような対応をする必要があるでしょうか。

Answer 40

災害が発生した場合、管理組合として、可能な限り居住者の安否確認や、無用な現場の混乱を回避するために、被害状況・復旧見通しに関する情報の収集・提供などを行うことが考えられます。

その後、緊急点検を行い、破損等があった箇所については緊急工事の手配等を行います。

法的根拠：被災区分所有建物の再建等に関する特別措置法
参考資料：マンション震災時活動マニュアル作成の手引き
　　　　　（埼玉県危機管理防災部危機管理課　H25.3作成）

ポイント

緊急点検

地震や台風などの自然災害があった場合、マンションの建物や設備にもなんらかの被害が生じている可能性があります。管理組合は、速やかに建物や設備の状況を確認し、不具合等が生じていないか、管理会社と協力してとりあえず目視等で確認することになります。その段階で問題が発覚すれば、安全性確保、二次災害防止のために応急的な措置（危険エリアの立ち入り禁止の表示、破損物の清掃撤去など）を施したうえで、より抜本的な補修工事の手配等をとります。

また、目視等では支障が発見できない場合であっても、大規模自然災害などの場合には、壁の内部など目視ではわから

ない部分で何らかの問題が生じている可能性もありえますので、災害の規模や周辺の建物の被害状況などを勘案し、必要に応じて専門の業者に調査確認をしてもらうようにし、建物の安全性等の確認につき万全を期すよう取り組むことが大切です。

緊急工事等

　点検等の結果、早急に修繕等の必要があることが判明したときは、速やかに管理会社等と連携をとって、必要な工事を実施することになります。

　工事の規模が大きくなると、新たな予算措置等が必要となる場合もあります。通常であれば、臨時総会を開催し、必要な措置を講じることが基本となりますが、大規模自然災害等の後では、工事の実施に緊急性があること、災害の規模によっては区分所有者に対する総会開催のための諸手続きが間に合わないなどの場合も想定されます。したがって、このような場合には理事会決議でもって理事長が支出できるものとし、総会の事後承認を得ることとするといった手続きをあらかじめ規約で用意しておくことも考えられます。

Question 41 復旧・再建

参照判例：No.30

大規模自然災害により、マンションの一部が倒壊し滅失してしまいました。この場合、復旧工事をするためには、管理組合内部でどのような手続きが必要となりますか。

Answer 41

区分所有法では、大規模滅失（建物の価格の2分の1を超える部分の滅失）と小規模滅失（建物の価格の2分の1以下に相当する部分の滅失）とに分けて、総会の決議でその復旧を決することができることとしています（区分所有法第61条）。

しかし、建物が全部滅失した場合には、区分所有法関係は消滅しますが、敷地共有者（もとの区分所有者）の全員の合意（被災マンション法の適用があれば、敷地共有者の集会における5分の4以上の多数決決議）があれば、その建物の敷地に区分所有建物の再建をすることができます。

※さらに、被災マンション法の適用がある場合には、重大な被害を受けたマンションでは取壊しや敷地売却が、滅失したマンションでは敷地売却が、それぞれ5分の4以上の多数により決議できることとなっています。

法的根拠：被災区分所有建物の再建等に関する特別措置法
参考資料：マンション震災時活動マニュアル作成の手引き
（埼玉県危機管理防災部危機管理課　H25.3作成）

ポイント

行動フロー（案）

1．緊急点検を行う。専有部分の被害を把握するため、区分

所有者に連絡して点検・調査を実施する。
　　また新築工事等における施工会社の「瑕疵担保責任」等の有無を確認する。
2．緊急点検の結果、修繕工事に緊急性があるかどうかを確認する。
3．大規模滅失か小規模滅失かを確認する。
4．取壊しや売却が妥当かどうかを外部コンサルに調査を委ねる。
5．復旧工事のための資金が充分かどうか確認する。
6．震災による生活支援が大切である。地震保険、火災保険、融資制度などを確認する必要がある。
7．各自治体が発行している罹災証明書を順次受け取る。
8．緊急点検をもとに復旧計画書を作成する。
9．大規模滅失の場合の復旧決議は、区分所有者および議決権の各3／4以上の多数決による。
10．小規模滅失の場合の復旧決議は、区分所有者および議決権の各1／2以上の多数決による。
11．復旧のための施工業者を総会が決定する。

総会後の行動フロー（案）
12．大規模滅失の復旧決議に反対した者と決議に参加しなかった者（これらの包括継承人）から、決議賛成者の全部または一部に対し、建物およびその敷地に関する権利を時価で買い取るべきことを請求された場合にはそれに応じる（区分所有法第61条第7〜第11項）。
13．工事請負契約を締結し、復旧工事に着手する。

【解説】

復旧

● 自然災害によって大規模滅失（建物の価額の2分の1を超える部分が滅失）したマンションにつき、復旧決議がされず、建替え決議もなされない場合 ●

　大規模滅失の場合において、上記の復旧の決議もなされず、また建替えの決議もされないときは、このような状態を打開するためには、最終的には区分所有関係を解消するほかありません。したがって、区分所有法は、その滅失の日から6月以内（滅失の原因となった自然災害が政令によって被災マンション法の適用があるとされた場合には、政令施行の日から1年以内）にこれらの決議がされないときは、各区分所有者は、他の区分所有者に対し、建物およびその敷地に関する権利を時価で買い取るべきことを請求することができることとしています（区分所有法第61条第12項）。

再建

　大規模な火災、震災その他の災害で政令で定めるものによりマンションの建物全部が滅失した場合には、当該建物の再建等を容易にすることなどの観点から、「被災区分所有建物の再建等に関する特別措置法」（以下「被災マンション法」といいます）が制定されています。

　被災マンション法の適用があれば、敷地共有者（もとのマンションの区分所有者）の集会における5分の4以上の多数決決議で、その建物の敷地に区分所有建物の再建を決議できます。

　なお、「建物の滅失」とは、物理的に建物が滅失した場合だけでなく、社会的、経済的にみて、建物全体としての効用が失われた場合を含むと解されています。したがって、建物の損害の内容、程度、用途、復旧の費用等を検討して滅失といえるかどうかを判断することも必要です。

● 被災マンション法の適用がある自然災害等によって全壊したマンションにつき、再建を決議する場合の具体的手続き ●

　被災マンション法の適用がある自然災害等によって全壊したマンションを再建するためには、元の建物区分所有者であるところの敷地

共有者による集会で、次のような手続きを経て、5分の4以上の多数の決議により再建決議をすることになります。
(1) 再建の集会における議決権の割合
　再建の集会において敷地共有者等が各自行使する議決権は、敷地共有持分等の価格の割合によります（法第2条第2項）。
(2) 再建の集会の招集権
　再建の集会は、議決権の5分の1以上を有する敷地共有者等が招集することができるとされています（法第2条第3項）。マンションの全壊により区分所有者の団体（管理組合）が存在しなくなっているので、管理者には招集権はありません。
(3) 再建の集会の運営
　再建の集会における招集の手続、議事、議決権の行使、議事録の作成、議事録の保管、閲覧、書面決議等は、区分所有法に定めのある通常の総会の運営手続きのままです（法第2条第4項）。
(4) 決議要件
　再建の集会においては、敷地共有者等の議決件権の5分の4以上の多数で、再建を決議することができます（法第3条第1項）。
(5) 再建の決議の集会とその効力
　再建の決議の後に敷地共有持分等の一部が譲渡されても、その譲受人は、再建決議に拘束されます。
(6) 再建決議における決議事項
　再建決議においては、次の事項を定めなければならないとされています（法第3条第2項）。
❶ 新たに建築する建物（以下「再建建物」という。）の設計の概要
❷ 再建建物の建築に要する費用の概算額
❸ 再建建物の建築に要する費用の概算額の分担に関する事項
❹ 再建建物の区分所有権の帰属に関する事項
(7) 集会の議事録
　再建の決議をした集会の議事録には、その決議についての各敷地共有者等の賛否をも記載し、または記録しなければならないとされ

ています。
(8) 再建の決議があった場合において、決議に賛成しなかった敷地共有者等に対し、敷地共有持分等に対する売渡請求をすることができます（法第3条第6項）。

> ●コラム
>
> ### 火災保険や地震保険における「専有部分」と「共用部分」の対象範囲って？
>
> 　マンションの火災保険の対象である「専有部分」と「共用部分」との境界を定める基準が2つ存在します。ひとつは、「上塗基準」といって、専有部分と共用部分の境目を壁、天井、床など、部屋の内側とするものです。
>
> 　もうひとつは、「壁芯基準」といって、専有部分と共用部分の境目を壁、天井、床などの真ん中とするものです。国土交通省の作成した標準管理規約の標準モデルでは「上塗基準」が採用されていることもあり、火災保険も「上塗基準」に基づいた面積（登記面積）をベースにして、共用部分はマンション管理組合が、専有部分は各区分所有者がそれぞれ個別に加入しているのがほとんどです。火災保険の見直しにあわせ、現在の対象範囲がどうなっているのか確認して、保険金の払い過ぎなどがないかなど、区分所有者への広報が欠かせません。
>
> 関連参考規約等：マンション管理規約第7条（専有部分の範囲）
>
> 上塗基準　　　　壁芯基準

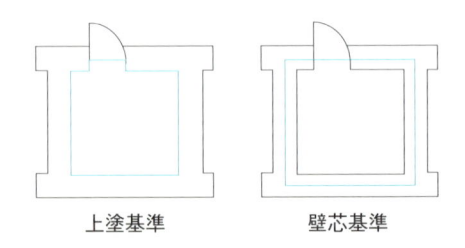

3−2　老朽化対応

Question 42　老朽化対応　　232

3-2　老朽化対応

Question 42

老朽化対応

現在住んでいるマンションが築50年となり、老朽化が進んでいるので、建替えを検討したいと考えています。どのように進めていけばよいのでしょうか。

Answer 42

建替えが妥当かどうか経年による劣化や、地震等による耐震性能の低下などの法的に既存不適格かどうかの確認のほか、検証と区分所有者の合意形成を行いましょう。

実際の建替えまでに至る手続きは、解説のとおり、かなり負担となるところであって、管理組合が主体となって行うのはなかなか困難であるという評価もあります。現実問題としては、建替え以外の改修・修繕も選択肢に加えながら、検討していくことになります。

法的根拠：マンション建替えの円滑化等に関する法律

ポイント

行動フロー（案）
1．管理組合は居住者の希望や住環境満足度をアンケート調査等で把握する。
2．有志による建替え勉強会をスタートさせる（国土交通省発行の「マンション建て替えに向けた合意形成に関するマニュアル」、東京都都市整備局発行の「分譲マンション建替えガイド」などを参考にする）。
3．情報収集を行い、とくに成功事例はより具体的な調査を

実施する。
4. 修繕工事でなんとか建て替えないで済む方法についても検討する。なお、共用部分の変更をともなう修繕・改修工事については、技術的コメントを参照する。
5. 建替え後のイメージや建替え手順などを大まかに検討する。
6. 外部の専門家と契約して、マンションの劣化度調査・老朽度診断を実施し、建替え方法等に関する専門的アドバイスを受ける。
7. 計画案を作成してもらい、建替え費用を含めた説明会を開催する。
8. 建替えの大まかなイメージが固まったら、理事長は理事会に報告し、建替え検討を行う旨の承認を得る。
9. 建替えを検討することが総会で承認されたら、建替え検討委員会を設置する。
10. 建替えの必要性と具体的な計画等を検討のうえ、建替えにつき総会で決議をする（区分所有者および議決権の各4／5以上の多数の決議）。
　　決議では、再建建物の設計概要、既存建物の取壊しと再建建物の建築に要する費用の概算額、その費用の分担、再建建物の区分所有権の帰属も定める。

総会決議後の行動フロー（案）
1. 外部の専門家と契約して、マンションの劣化度調査・老朽度診断を実施し、建替え等に関する専門的アドバイスを受ける。
2. 計画案を作成してもらい、説明会を開催する。
3. 建替え手続きに入る。

【解説】

建替え手続き

●区分所有法による建替え決議●

　総会で、区分所有者および議決権の各4／5以上の多数の決議により建替え決議ができます。建替えの理由などの制約はありません。

　この決議では、再建建物の設計の概要、建物の取壊しと再建建物の建築に要する費用の概算額、その費用の分担、再建建物の区分所有権の帰属も定めます。

　建替え決議が成立した場合、決議に賛成せず建替えに参加しない者に対する区分所有権の売渡請求制度により、建替えに参加する者のみによって建替えが進められることになります。

●マンション建替え円滑化法に基づく建替え事業の実施●

　上記の建替え決議があった後の建替え事業については、「マンションの建替えの円滑化等に関する法律」により、おおむね以下のように進められます。

　　ア　マンション建替え事業計画・約款の作成
　　イ　都道府県知事の認可によるマンション建替え組合の設立
　　ウ　組合による不参加者からの権利の買取り
　　エ　権利変換計画の作成
　　オ　組合による計画不同意者からの権利の買取り
　　カ　権利変換計画の都道府県知事の認可
　　キ　権利変換
　　ク　建替え工事の実施
　　ケ　組合による登記の一括申請
　　コ　再建建物への入居

建替えにかわる大規模修繕工事・改修工事

　工事の規模・内容・程度等から、共用部分の変更工事となるのが一般的です。共用部分の変更については、区分所有法第17条において次のように規定されています。

●区分所有法における「共用部分の変更」●

> 第17条　共用部分の変更（その形状又は効用の著しい変更を伴わないものを除く。）は、区分所有者及び議決権の各四分の三以上の多数による集会の決議で決する。ただし、この区分所有者の定数は、規約でその過半数まで減ずることができる。
> 2．前項の場合において、共用部分の変更が専有部分の使用に特別の影響を及ぼすべきときは、その専有部分の所有者の承諾を得なければならない。

　共用部分を変更する場合には、集会の決議が必要であり、その決議要件は、共用部分の形状または効用の「著しい」変更をともなう場合と、そうでない場合では異なります。著しい変更をともなう場合には、区分所有者数および議決権の各3／4以上の特別多数決議が必要となります（ただし、区分所有者の定数のみは規約でその過半数にまで減じることができる）。

　一方、著しい変更をともなわない場合は、区分所有者数および議決権の各過半数による集会の普通決議で決することができます（ただし、管理規約で別段の定めをすることができる）。

　共用部分の変更工事が、「著しい変更」にあたるかどうかの基本的な考え方は決議によります。

工事内容	該当すると考えられる共用部分の工事例	総会決議要件（区分所有法による）
形状又は効用の著しい変更を伴わない共用部分の変更	・建物の適切な維持・保全の観点から定期的に実施する必要のある計画修繕工事（鉄部塗装工事、外壁の補修工事、屋上等防水工事、給水管更生・更新（取替え）工事、照明設備工事、テレビ共聴設備工事、エレベーター設備の更新（取替え）工事等） ・建物の基本的構造部分の加工の度合いが小さい、柱や梁への炭素繊維シートや鉄板を巻き付ける等の耐震補強工事 ・建物の基本的構造部分（壁・柱・スラブ等）の取り壊しを伴わない階段へのスロープ・手すりの設置 ・防犯カメラ・防犯灯の設置、窓ガラス・玄関扉等の一斉交換工事 ・既存のパイプスペースや空き管路を活用した、光ファーバー・ケーブルの敷設やオートロック設備の配線工事 ・既に不要となったダストボックスや高置水槽等の撤去工事　等	普通決議（1／2以上）
形状又は効用の著しい変更を伴う共用部分の変更、又は敷地の利用の著しい変更	・既存住棟への集会所・倉庫、エレベーター等の共用部分の増築等により、既存建物の外観形状を大きく変化させる工事 ・戸境壁やスラブの開口、既存階段室のエレベーターへの改造など、建物の基本構造部を大規模にわたって加工する工事 ・居室の増築（注1） ・住戸の2戸1戸化（注2） ・用途変更（例：商業・業務系から住居へ　注3） ・集会所等の既存の附属施設の建替	特別多数決議（3／4以上）

	え、増築、大規模な改造工事 ・敷地内の広場・公園を廃止し駐車場や駐輪場に変更するなど、敷地表面の利用を大きく変化させる工事　等	
共用部分の所有関係の変化を伴う変更	空き店舗・空きオフィス等の専有部分を集会室等に変更する場合など、専有部分を共用部分化するにあたり、区分所有者全員による専有部分の取得を伴う工事　等	全員同意

　建替えにかわる共用部分の変更工事に関する手続き（一棟型マンションにおける一般的な留意事項）は下表によります。

No.	手続き種別	留意事項
注1	居室増築の実施に関する手続き	・居室増築の実施に関する管理規約を整備することが必要。マンションでは「区分所有者の共同の利益に反する行為」をすることは禁止[※]されており、一般的に管理規約や使用細則には増築・改造禁止条項が盛り込まれている。<u>集会における区分所有者数及び議決権の各3／4以上の多数により管理規約を変更しておく必要がある。</u> ・居室の増改築工事は、既存建物の外壁形状等に大きな加工を加える行為であることから、<u>共用部分の形状又は効用の著しい変更工事となる。従って、3／4以上の特別多数決議となる。</u> ・さらに、<u>居室増築により各専有部分の床面積が増加したことによる共用部分の共有持分割合の扱い方</u>についての検討が必要。①区分所有法は共有持分の割合が専有部分の大きさによって決まることを原則としている（法第14条）。専有部分の大きさが変わった分だけ、共有持分割合も変更する場合、全員合意が必要となる。②実務的な方法として、専有部分の大きさが変わっても共有持分割合を変更しない方法も考えられる。こうした管理規約が

		整っていない場合は、区分所有者数及び議決権の各3／4以上の特別多数決により管理規約を変更する必要がある。 ・ただし、居室増築を行う単位は一棟単位で全住戸が同時に行うことが一般的であると考えられるため、実際上は、区分所有者全員の同意により行われると考えられる。
注2	住戸の2戸1戸化に関する手続き	・注1同様、居室増築の実施に関する管理規約を整備することが必要。マンションでは「区分所有者の共同の利益に反する行為」をすることは禁止（第6条）されており、一般的には、管理規約や使用細則では、許可なしに戸境壁やスラブを改変することは禁止されている。<u>集会における区分所有者数及び議決権の各3／4以上の多数により管理規約を変更しておく必要がある。</u> ・居室の2戸1戸化工事は、戸境壁等を改変する行為であることから、<u>共用部分の形状又は効用の著しい変更工事となる。従って、3／4以上の特別多数決議</u>となる。 ・一部の住戸のみが2戸1戸化工事を行う場合は、区分所有者数及び議決権の各3／4以上の特別多数決による集会の決議で承認を与えることになると考えられる。
注3	用途変更（例：商業・業務系から住居へ）	・マンション内の区分所有権の対象とされている商業・業務系の専有部分床を住居に用途変更するにあたって、建築工事を必要としない場合は、専有部分の利用目的を変更するだけの行為であり、管理組合の特段の合意は必要ないと考えられる。 ・ただし、注1・2と同様、<u>管理規約で用途変更が禁止されている場合は、用途変更できるようにしておく必要がある。</u> ・用途変更に伴い、共用部分の工事を行う場合については、共用部分の形状又は効用の著しい変更を伴うかにより、普通決議で足りるか、3／4以上の特別多数決議を必要とするかを判断する必要がある。 ・一般的に、採光基準に適合させるために外壁

| | | に開口部を設けるなどの建築工事を行い、外観の著しい変更を伴う場合や、一つの階の専有部分が一体所有され商業・業務系の一区画として利用されていたものをいくつかの小さな住戸（専有部分）に分割する場合（戸境壁が全体共用部分として取り扱われる）、等については、共用部分の形状又は効用の著しい変更工事となるため、3／4以上の特別多数決議となる。 |

出典：「改修によるマンションの再生手法に関するマニュアル（平成22年7月改訂）」国土交通省、「マンション建替え実務マニュアル（平成22年7月改訂）」国土交通省より作成

敷地売却

　耐震性が不足しているマンションについては、その建替え等の円滑化を図るべく、マンション建替え円滑化法が改正され（平成26年12月24日施行）、多数決によりマンションおよびその敷地を売却することを可能とする制度が創設されました。
　敷地売却に係る手続きの概要は次のとおりです。

❶　耐震性不足の認定を受けたマンションについては、区分所有者等の4／5以上の賛成で、マンションおよびその敷地の売却を行う旨決議することができます。
　※売却決議がなされるマンションを買い受けようとする者は、決議前に、当該マンションに係る買受計画を作成し、都道府県知事等の認定を受けることができることとし、決議で定める買受人は、当該認定を受けた者でなければなりません。

❷　管理組合は、決議に反対した区分所有者に対し、区分所有権および敷地利用権を時価で売り渡すことを請求できます。

❸　建替え決議が成立した場合、建替えの決議に賛成した者等（建替え合意者）の3／4以上の同意で、都道府県知事等の認可を受けてマンションおよびその敷地の売却を行う組合（敷地売却組合）を設立することができます。

❹　都道府県知事等の認可を受けた分配金取得計画で定める権利消滅期日に、マンションおよびその敷地利用権は敷地売却組合に帰

属し、そのマンションおよびその敷地利用権に係る借家権および担保権は消滅します。
❺ 敷地売却組合は、権利消滅期日までに、決議に合意した区分所有者に分配金を支払うとともに、借家権者に対して補償金を支払います。これに対し、区分所有者等は、敷地売却組合に対し明渡し等を行います。
❻ 敷地売却組合が買受人に対しマンションと敷地を売却します。

なお、耐震性不足の認定を受けたマンションの建替えにより新たに建築されるマンションで、一定の敷地面積を有し、市街地環境の整備・改善に資するものについては、特定行政庁の許可により容積率制限を緩和されることになっています。

■マンション敷地売却制度

マンション敷地売却制度の流れ

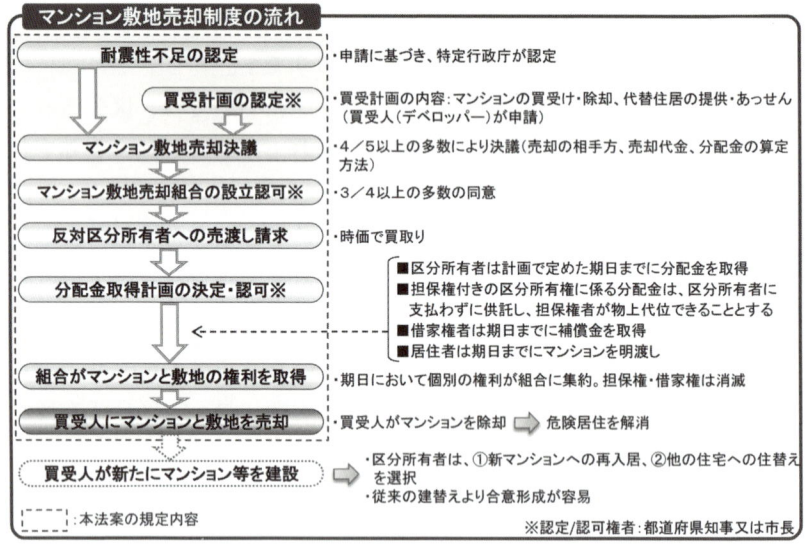

- 耐震性不足の認定 → 申請に基づき、特定行政庁が認定
- 買受計画の認定※ → 買受計画の内容:マンションの買受け・除却、代替住居の提供・あっせん（買受人（デベロッパー）が申請）
- マンション敷地売却決議 → 4／5以上の多数により決議（売却の相手方、売却代金、分配金の算定方法）
- マンション敷地売却組合の設立認可※ → 3／4以上の多数の同意
- 反対区分所有者への売渡し請求 → 時価で買取り
- 分配金取得計画の決定・認可※
  - ■区分所有者は計画で定めた期日までに分配金を取得
  - ■担保権付きの区分所有権に係る分配金は、区分所有者に支払わずに供託し、担保権者が物上代位できることとする
  - ■借家権者は期日までに補償金を取得
  - ■居住者は期日までにマンションを明渡し
- 組合がマンションと敷地の権利を取得 → 期日において個別の権利が組合に集約。担保権・借家権は消滅
- 買受人にマンションと敷地を売却 → 買受人がマンションを除却 ⇒ 危険居住を解消
- 買受人が新たにマンション等を建設
  - ・区分所有者は、①新マンションへの再入居、②他の住宅への住替えを選択
  - ・従来の建替えより合意形成が容易

:本法案の規定内容
※認定/認可権者:都道府県知事又は市長

出典:国土交通省

※ 売却後に敷地の土壌が汚染されていたことが判明してトラブルにならないよう、土地の売買前に売主として自主的に土壌を調査することをお薦めします。

第4章

マンション管理等に関する周辺情報

4　マンションをめぐる新しい動き

　　Question 43　第三者管理方式　　244
　　Question 44　マンション管理をめぐる最近の注目点
　　　　　　　　　　　　　　　　　　　　　　246
　　Question 45　マンションコンシェルジュ　　248
　　Question 46　違法ハウス／脱法ハウス　　250
　　Question 47　マンション管理、改修に関する助成金制度
　　　　　　　　　　　　　　　　　　　　　　252

4　マンションをめぐる新しい動き

Question 43　第三者管理方式

区分所有者以外の第三者にマンション管理を依頼する方式が存在すると聞いたことがありますが、具体的な内容を教えてください。

Answer 43

さまざまな居住者の合意形成が困難であったり、居住者の高齢化や住戸の賃貸化等によって管理組合の運営が困難になるなどの理由から、管理組合以外の方に管理責任を担っていただく方法のことです。

【解説】

第三者管理方式に関する制度化の動き

平成23年7月27日に国土交通省から「マンション標準管理規約」の改正が公表されました。一般からの意見（パブリックコメント）で要請の多かった第三者管理方式など専門家を活用した管理方式に関する規定の整備は見送られましたが、現在、その趣旨をマンション標準管理規約の改正を通じて一定範囲で実現すべく作業が進められているところです。

管理者に対する監督体制の構築や賠償問題に発展した場合の対処など、未整備の課題があります。

この課題の解消策として期待されるのが、第三者管理方式など専門家の活用ですが、専門家の活用についてはルールが未整備の状態です。とくに、管理者となる第三者の適切業務の担保や、賠償問題と

なった場合にかかわる財産的基礎、また、管理者となる第三者に求める専門性の程度も課題とされています。

制度化されると、管理者に大きな権能が集中することにより、極めて効率的な管理の実現が期待できる反面、区分所有者でないことなどから、区分所有者の意思を離れて、不適切な管理が行われるおそれがあります。また、チェック機能が十分働かなくなる危険性や、区分所有者が管理者となる場合と比較して、新たな管理コストが生じるなどの問題点が指摘されています。

専門家による第三者管理がうまく機能するには、「徹底した情報公開」と「居住者の意見をオープンに言える手段の確保」の整備などが考えられます。

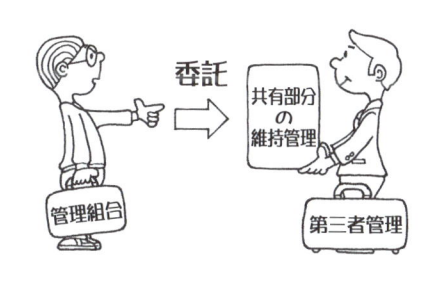

■第三者管理方式導入の経緯

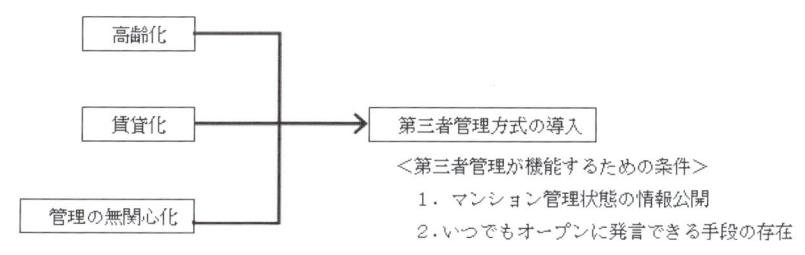

Question 44 マンション管理をめぐる最近の注目点

マンション管理において最近注目されていることを教えてください。

Answer 44

東日本大震災を受け、沿岸部における避難ビルや居住者の高齢化にともなう対策などが注目されています。

【解説】

避難ビル

内閣府は、平成17年（2005年）6月に「津波避難ビル等に係るガイドライン」を制定しました。これは、地震発生から比較的短時間で津波の来襲する津波浸水予想地域（自治体作成のハザードマップに表現）において、高台まで遠距離であったり、背後に避難に適さない急峻な地形が迫る海岸集落等の避難困難者となる可能性の高い地域住民等を対象とした一時退避のための津波避難ビル等の指定、利用・運営手法等について示したものです。

必ずしも地域住民等の生命の安全を確実に担保するものではありませんが、総合的な防災対策と融合することにより減災に貢献することが考えられ、東日本大震災で大きな津波被害を受けて以降、沿岸地域や河口地域を中心にマンションも地域社会へのさらなる協力が求められつつあります。

高齢者対策

高齢者対策というのは、共用部分のバリアフリー化などハード面での対応だけではなく、電球交換やゴミ出しの代行を管理人が行った

り、コールセンターを設置して医療や健康相談に乗ったり、緊急通報サービス・高齢者給食サービスを導入したりなど、高齢者の生活を支援するという側面もあり、一部のマンション管理会社も動きはじめています。

　また、住民の高齢化にともない、マンション管理組合活動が低迷するという新たな問題も生まれています。

Question 45

マンションコンシェルジュ

最近、マンションコンシェルジュという言葉をよく聞きますが詳しく教えてください。

Answer 45

共用部分ばかりでなく、専有部分も対象とした専門スタッフが常駐して単身者、共働き夫婦、高齢者世帯などの家事代行を請け負うサービスとそのスタッフの呼称です。

マンションコンシェルジュ業務（例）は次ページに示します。

【解説】

マンションコンシェルジュの動き

居住者の求めに応じて宅配クリーニングやベビーシッター、ハウスクリーニングなど身の回り作業を代行するサービスが高級、大規模マンションを中心に提供されています【P.249参照】。

最近では、マンション管理組合活動支援やコミュニティ活性化支援など幅広いメニューを取り揃えて事業を展開している会社も存在します。

既存マンションでのサービスは、スペースや設備等の問題から簡単には提供できない場合が多いと思いますが、マンションを管理する立場からは注意深く継続して情報を把握しておく必要があります。

■マンションコンシェルジュ業務（例）

案内、受付業務	・館内設備や近隣施設の案内 ・バスや電車の発着時刻の案内 ・来客用駐車場など共用施設の予約・受付業務 ・ゲストルームなどの利用に関する管理運営の窓口業務 ・管理組合主催の住民交流会の受付業務 ・ヘルパー・ベビーシッターの案内 ・来訪者の受付・案内
取次、手配業務	・クリーニングの取次 ・宅配便の発送受付 ・タクシーの手配 ・花の宅配 ・ＤＰＥ・はがき印刷などの取次 ・デリバリーやケータリングの手配 ・ＦＡＸ送信・カラーコピーサービス ・はがき・切手・粗大ゴミシールの販売 ・荷物の一時預かり ・ハウスクリーニングの紹介 ・リフォーム業者紹介
生活利便サービス	・カフェ・ミニショップの運営 ・イベント・カルチャー教室の企画運営 ・各種シェアリングサービス（カーシェアリング・サイクルシェアリング） ・シニア向けサービス ・ハウスクリーニング ・レンタルサービス ・引越し業者紹介サービス ・ペット預かりサービス
管理組合支援サービス	・理事会・管理会社からのお知らせ発信 ・議事録等書類の監理
コミュニティ活性化支援サービス	・コミュニティサイトの構築・運営
その他	・クレーム処理 ・落し物対応 ・入退時の挨拶

Question 46

違法ハウス／脱法ハウス

東京都を中心に点在する単身者向け住居用施設のようですが、詳しいことを教えてください。

Answer 46

賃料が安いなどのメリットはありますが、極端に狭い部屋が密集し住環境が劣悪で各種法律に違反する疑いがあり、生命を脅かす危険性の高いシェアハウスのことです。

【解説】

違法ハウス／脱法ハウスに対する動き

本来、住居として利用される目的がない倉庫やオフィスの室内を細かく仕切って、「シェアハウス」などと称して貸出すことは建築基準法や消防法などに抵触する可能性が高く、家賃滞納があればすぐに追い出す「脱法ハウス」の存在が問題になっています。同じような動きがマンションでもあり、各マンション管理組合や行政庁は配慮に苦慮しています。

各室が2～3㎡と極端に狭いだけでなく、火災や避難に関するリスクが非常に高く、生命を脅かす危険性も孕んでいます。

もし、管理組合が違法ハウス／脱法ハウスへの改築を認めてしまうと、管理組合や行政には強制力がないため、改築後は入居者を対象にした立入り調査はできないことから詳細な実態を把握できなくなるおそれがあります。

しかし、法律上は該当する条項が明確でない場合もあり、「グレー」

な存在として、違法ハウスを完全に排斥できない状況がありました。

　2013年9月6日、国土交通省は「脱法ハウス」に関して、事業者が管理して複数人を住まわせる施設として、建築基準法上の「寄宿舎」の基準を適用して指導するよう全国の自治体などに通知しました。これは、「シェアハウス」にも適用されます。具体的には、以下の条件に該当する施設が「脱法ハウス」とみなされます。
　❶　間仕切りが天井まで達していない
　❷　寝台部分に凹凸を設けて空間を上下に区画する
　❸　天井と床の間を上下2段に区画する

「特定の居住者が就寝するなど一定のプライバシーが確保され、独立して区画された部分」は建築基準法の「居室」に該当することから、寄宿舎としての是正措置としては、その居室に採光窓を設けること、間仕切り壁は耐火性能を満たすことなどが求められます。

　また、「シェアハウス」の業界団体である日本シェアハウス・ゲストハウス連盟は、国土交通省の意を受けて各種法律に抵触しない推奨施設基準を設け、法に適合しない場合には用途変更を行うことなどをうたった「シェアハウス運営ガイドライン」を作成したと2013年8月14日に発表しました。

Question 47

マンション管理、改修に関する助成金制度

マンション管理、改修には相当の費用を要します。自治体等がその助成制度を充実しつつありますが、どんな制度があり、どう申請していいかわからないので教えてください。

Answer 47

マンション管理や改修にはそれなりの資金が必要になりますが、国や地方公共団体ではさまざまな補助制度、助成金制度を設け、マンション管理や改修の支援を図っています。

助成金制度や申請については、当該自治体の担当課へお問い合わせください。

基本的には、ひとつの対象物に対して、ひとつの補助金、助成金しか支給されませんが、詳細な情報を収集して区分所有者の負担が大きくならない工夫が必要になります。

参考までに、P.254の「マンション維持管理にかかわる助成制度（例）」をご覧ください。

ポイント

居住性能の回復・向上、マンションの適正な維持管理の促進、良好な住環境の形成実現などのため、耐震診断、耐震補強、建物共用部分の外壁塗装替えや屋上防水改修、設備更新、バリアフリー化、エレベーターの新設、アスベストの処理などの工事を対象に、融資を受ける際の利子補給や工事の補助などの制度があります。

行動フロー（案）

1. マンション管理会社などから適切な提案を受ける。

2．インターネットや自治体広報誌などで、申込み資格要件、利子補給内容、助成内容など関連情報を収集する。
3．申請対象が判明すれば、外部専門会の支援を受けるなどして各自治体等へ申請する。

なお、ほとんどの補助金、助成金は、総会等の了承を得たあとでの申請になりますので、マンション管理会社、マンション管理士を通じてか、または、直接、管理組合から各関係窓口にご確認ください。

■マンション維持管理にかかわる助成制度（例）

No.	対象	助成のための主な要件等
1	マンション大規模修繕計画支援制度	・マンションが建築基準法に適合している ・建築後8年以上経過している
2	マンション老朽度調査助成	
3	アスベスト対策費助成制度 ・アスベスト含有調査費助成 ・アスベスト除去等工事費助成	・床面積が10000㎡を超える建物や足場を設置する必要がある ・マンション共用部分
4	分譲マンションアドバイザー制度利用 ・分譲マンション管理アドバイザー派遣 ・分譲マンション建替え改修アドバイザー派遣 ・分譲マンション耐震改修アドバイザー派遣	・分譲マンション ・管理組合または区分所有者間の紛争の解決や権利調整は一切関知しない。 ・大規模修繕計画などは相談対象外。
5	マンション耐震診断助成制度 ・耐震アドバイザー派遣／・耐震診断助成 ・耐震改修派遣／・マンション改修助成 ・建替え助成	・原則として、建築基準法に適合している ・共同住宅の用に供する部分が延べ床面積の1／2を超えている
6	緊急輸送道路等沿道建築物の耐震診断補助の助成	・昭和56年5月31日以前に建築確認を受け、建築基準法に適合している ・建物高さが全面道路幅員のおおむね1／2を超える
7	マンション共用部分リフォーム助成制度	・建築後おおむね8年を経過している
8	バリアフリー整備助成制度	・総会等で区分所有者の承認を得ている
9	マンション改良工事助成	・耐火構造、分譲型 ・旧耐震基準マンションの場合、簡易耐震診断が実施済み

No.	対　象	助成のための主な要件等
10	雨水貯水槽設置補助金	・非常時の生活用水等へ活用する
11	屋上・壁面緑化助成	・ヒートアイランド対策
12	子育て支援マンション認証制度	・地域にも開放できるキッズルームを設置する
13	生垣造成補助金	・震災時の安全と緑豊かな生活環境の確保
14	不燃化の助成	・火災の延焼防止や建替えの助成
15	防犯設備整備費助成	・犯罪の防止のための防犯カメラの設置
16	ＬＥＤ照明設置補助金	・共用部分が対象
17	太陽光発電システム補助金制度	・国、都道府県、市区町村から支給
18	エレベーターリニューアル・手すり設置補助金	・建築基準法等関係法令に適合している
19	被災分譲集合住宅ライフライン補修補助金	・電気ガス等ライフラインの補修工事の補助
20	液状化被害等マンション緊急支援	・液状化等の被害を受けたマンションの復旧
21	サービス付き高齢者向け住宅補助	・左記住宅として10年以上登録する ・税制優遇、融資制度あり
22	備蓄物資の購入費用の助成	・本助成制度を初めて利用、または前回利用年度から３年以上経過している
23	ＡＥＤの貸与	・マンション居住者以外も使用できる箇所にＡＥＤが設置可能

（注）　マンションの現況や所在地等により、当該自治体等の助成制度、補助金額等が異なりますので、ご確認ください。

第5章

マンション管理・改修に関する判例と罰則

5-1 判例

専有部分と共用部分

No.1 共用設備の設置された車庫は専有部分であるとした事例（最高裁昭和56年6月18日判決）

[事案の概要]

マンションの区分所有者や管理者が、分譲業者の更生管財人に対し、マンション内の車庫（3面がブロック塀で囲まれ、出入口は鉄パイプによる遮蔽装置が取り付けてある。また壁内側に排水管が、出入り口付近の床には排水のためのマンホールが設置されている）について、分譲業者の専有部分として所有権保存登記がなされていたため、登記の抹消を請求した事案です。

一審・二審とも、本件車庫は専有部分であるとしたため、区分所有者らが上告をしました。

[裁判所の判断]

裁判所は、おおむね以下のように述べて、共用設備の設置された本件車庫は、専有部分であるとしました。

① 区分所有法1条にいう構造上他の部分と区分された建物部分とは、建物の構成部分である隔壁、階層等により独立した物的支配に適する程度に他の部分と遮断され、その範囲が明確であることをもって足り、必ずしも周囲すべてが完全に遮蔽されていることを要しないものと解するのが相当である。

② そして、このような構造を有し、かつ、それ自体として独立の建物としての用途に供することができるような外形を有する建物部分は、そのうちの一部に他の区分所有者らの共用に供される設備が設置され、このような共用設備の設置場所としての意味ないし機能を一部帯有しているようなものであっても、その共用設備

が当該建物部分の小部分を占めるにとどまり、その余の部分をもって独立の建物の場合と実質的に異なるところのない態様で排他的な使用に供することができ、かつ、他の区分所有者らによる右共用設備の利用、管理によってその排他的使用に格別の制限ないし障害を生ずることがなく、反面、かかる使用によって共用設備の保存及び他の区分所有者らによる利用に影響を及ぼすこともない場合には、なお建物の区分所有等に関する法律にいう建物の専有部分として区分所有権の目的となりうるものと解するのが相当である。

③　本件車庫は、区分所有法にいう、一棟の建物のうち構造上他の部分と区分され、それ自体として独立の建物としての用途に供することができる建物部分であり、専有部分であるとした原審の判断は、正当として是認することができる。

[管理組合としての留意点]

　専有部分か共用部分かは、「構造上の独立性」と「利用上の独立性」によって判断されます（2つが揃っていれば専有部分とされます）。

　本件では、構造上の独立性については、「建物の構成部分である隔壁、階層等により独立した物的支配に適する程度に他の部分と遮断され、その範囲が明確であることをもって足り、必ずしも周囲すべてが完全に遮蔽されていることを要しない」とし、利用上の独立性については、一部に共用設備があったとしてもその規模や専有部分の利用等への影響の程度等に応じ、それを肯定する妨げにはならない旨を指摘しています。

　すなわち、専有部分と共用部分とを分かつ「構造上の独立性」「利用上の独立性」は、物件ごとに、必ずしも一義的に明確ということはできません。そこで多くのマンションの管理規約や標準管理規約では、規約中に専有部分と共用部分の対象・範囲を明示しています。規約中に当該記載がない場合には、機会があれば規約中に明記する方向で検討するとともに、すでに規約中に記載がある場合には、建物の管理や修繕等の際には、当該個所がいずれに当たるかを規約でしっかり

と確認のうえ対処することが大切です。

専有部分と共用部分

No. 2 共用設備の設置された倉庫は専有部分であるとした事例（最高裁昭和61年4月25日判決）

[事案の概要]

　マンションの区分所有者や管理者が、分譲業者の更生管財人に対し、マンション内の倉庫（壁、扉等によって区分されているが、大きく2つの部分に区切られており、床にマンホール、壁にスイッチ等が設置され、パイプ等が通っている）について、分譲業者の専有部分として所有権保存登記がなされていたため、登記の抹消を請求した事案です。

　一審・二審とも、本件倉庫は共用部分であるとしましたが、上告審が専有部分の可能性があるとして高裁に差し戻し、差し戻し審が専有部分であるとしたため、区分所有者らが再上告をしたものです。

[裁判所の判断]

　裁判所は、おおむね以下のように述べて、本件倉庫は専有部分であるとしました。

> ① 一棟の建物のうち構造上他の部分と区分され、それ自体として独立の建物としての用途に供することができるような外形を有する建物部分は、そのうちの一部に区分所有者らの共用に供される設備が設置され、このような共用設備の設置場所としての意味ないし機能を一部帯有しているようなものであっても、その共用設備が当該建物部分の小部分を占めるにとどまり、その余の部分をもって独立の建物の場合と実質的に異なるところのない態様の排他的使用に供することができ、かつ、他の区分所有者らによる右共用設備の利用、管理によってその排他的使用に格別の制限ないし障害を生ずることがなく、反面、かかる使用によって共用設備の保存及び他の区分所有者らによる利用に影響を及ぼすこともな

い場合には、なお区分所有法にいう建物の専有部分として区分所有権の目的となりうるものと解するのが相当である。
② 本件倉庫内に設置されている共用設備の保存及び他の区分所有者らによるその利用に影響を及ぼすことはないという事実関係のもとにおいては、本件倉庫は、区分所有法にいう、一棟の建物のうち構造上他の部分と区分され、それ自体として独立の建物としての用途に供することができる建物部分であり、建物の専有部分として区分所有権の目的となるものとした原審の判断は、正当として是認することができる。

[管理組合としての留意点]

専有部分か共用部分かは、「構造上の独立性」と「利用上の独立性」によって判断されます（2つが揃っていれば専有部分とされます）。

本件でも、利用上の独立性につき、一部に共用設備があったとしてもその規模や専有部分の利用等への影響の程度等に応じ、それを肯定する妨げにはならない旨指摘し、その判断の難しさを示しています。

No.1で指摘したとおり、管理規約中にあらかじめ専有部分と共用部分の対象・範囲を明示しておくことが無用の混乱の防止につながりますので、管理規約中に当該記載がない場合には、機会があれば管理規約中に明記する方向で検討することが考えられます。また、すでに管理規約中に記載がある場合には、建物の管理や修繕等の際には、当該個所がいずれに当たるかを管理規約でしっかりと確認のうえ対処することが大切です。

専有部分と共用部分

No.3 管理人室は共用部分であるとした事例
（最高裁平成 5 年 2 月12日判決）

[事案の概要]
　マンションの区分所有者Ｘらが、マンションの分譲業者Ａの関連会社Ｙ₁が管理人室（管理事務室とは別に、管理事務室に隣接している部分）につき所有権保存登記をし、管理会社Ｙ₂が占有していることから、Ｘらが登記の抹消と管理人室の明渡しを請求した事案です。
　一審では、管理人室は専有部分であるとしてＸらの請求を棄却しましたが、控訴審では管理人室の利用上の独立性を否定し、共用部分であるとしてＸらの請求を認容しました。そこで、Ｙ₁らが上告しました。

[裁判所の判断]
　裁判所は、おおむね以下のように述べて、管理人室は共用部分であるとしました。

① 本件マンションは、比較的規模が大きく、居宅の専有部分が大部分を占めており、したがって、本件マンションにおいては、区分所有者の居住生活を円滑にし、その環境の維持保全を図るため、その業務に当たる管理人を常駐させ、多岐にわたる管理業務の遂行に当たらせる必要があるというべきである。
② 本件マンションの玄関に接する共用部分である管理事務室のみでは、管理人を常駐させてその業務を適切かつ円滑に遂行させることが困難であることは明らかであるから、本件管理人室は管理事務室と合わせて一体として利用することが予定されていたものというべきであり、両室は機能的にこれを分離することができないものといわなければならない。そうすると、本件管理人室に

> は、構造上の独立性があるとしても、利用上の独立性はないというべきであり、本件管理人室は、区分所有権の目的とならないものと解するのが相当である。

[管理組合としての留意点]

　専有部分か共用部分かは、「構造上の独立性」と「利用上の独立性」によって判断されます（2つが揃っていれば専有部分とされます）。

　本件では、利用上の独立性につき、利用の態様や機能を具体的に考察してそれを否定しており、その判断の難しさを示しています。

　№1で指摘したとおり、管理規約中にあらかじめ専有部分と共用部分の対象・範囲を明示しておくことが無用の混乱の防止につながりますので、管理規約中に当該記載がない場合には、機会があれば管理規約中に明記する方向で検討することが考えられます。また、すでに管理規約中に記載がある場合には、建物の管理や修繕等の際には、当該個所がいずれに当たるかを管理規約でしっかりと確認のうえ対処することが大切です。

専有部分と共用部分

No.4 排水管は共用部分であるとした事例
（最高裁平成12年3月21日判決）

[事案の概要]

　マンションの上階からの水漏れ事故により被害を被った階下の区分所有者（Y）が、上階の区分所有者（X）に対し、損害賠償を請求したところ、上階の区分所有者が、当該事故は共用部分である排水管からの漏水であるから、自らは債務不履行責任を負わないことの確認を求めるとともに、自らが支払った当該修理費用を管理組合に請求した事案です。

[裁判所の判断]

　裁判所は、おおむね以下のように述べて、排水管は共用部分であるとしました。

① 本件排水管は、Xの建物専有部分の台所等から出る排水を本管に流す枝管のうち、X建物専有部分の床下にあるいわゆる躯体部分であるコンクリートスラブとY所有の建物専有部分の天井板との間の空間に配されたものである。
② 本件排水管には、本管に合流する直前でXの建物専有部分に隣接する物件からの排水を流す枝管が接続されている。
③ 本件排水管は、コンクリーとスラブ下にあるため、上階の専有部分から本件排水管を点検・修理することは不可能であり、下の階の専有部分からその天井裏に入ってこれを実施するしか方法はない。
④ したがって、本件排水管は、その構造及び設置場所に照らし、区分所有法2条4項にいう専有部分に属しない建物の附属物であり、かつ、区分所有者全員の共用部分に当たると解するのが相当である。

[管理組合としての留意点]

　排水管は、原則として本管は共用部分、枝管は専有部分と区別されますが、本件のように、枝管であっても実際の構造や管理のあり方をもとに、場合によっては共用部分とされることがあります。

　共用部分であれば仮に修理工事費を当該枝管を利用する区分所有者が支払った場合でも、最終的には管理組合が負担することになりますので（No.8本件の原審判決参照）、共用部分か専有部分かはあらかじめ精査しておくとともに、漏水事故は老朽化するマンションでは頻発する事故の一つであるため、専有部分も含め、排水管の点検管理に十分に配慮する必要があります。

専有部分と共用部分

No.5 登記されていない場合であっても、背信的悪意者に当たる第三者に対しては、管理規約中の共用部分であることを対抗できるとした事例
（東京高裁平成21年8月6日判決）

[事案の概要]

　分譲業者が規約共用部分としていた洗濯室、倉庫等（共用部分の登記はしていない）につき、当該部分を競売により取得した区分所有者Aが、管理組合に対し改修工事届けをしたところ、管理組合が許諾しなかったため、第三者に当該部分を譲渡し、その代表者Xが、管理組合の管理者Yに対し、当該部分の専用使用権の確認や工事承諾等の請求をした事案です。

　一審が、共用部分の登記がないため、Yは第三者であるXに対して対抗できないとして専用使用権の確認等の請求を認めたため、Yが控訴しました。

[裁判所の判断]

　裁判所は、おおむね以下のように述べて、原判決を取り消し、Xの請求を棄却しました。

① 本件洗濯室は、洗濯のため使用され、引込開閉器盤（建物内ブレーカーの集合体）が設置され、空スペースは理事会開催場所として使用されていた。
　また、本件倉庫は、区分所有者からの申し込みにより使用できるようになっていた。
② Aは、建築当初から上記のような規約共用部分としての利用状況等を知って洗濯室等を取得し、登記がないことを奇禍として競落後間もなく用途変更登記をし、Yの共用部分の主張を封じるなどしたものであって、背信的悪意者に当たる。

③　Xは、その承継者であることから、管理組合は、登記がなくてもXに対し、管理規約中の共用部分であることを主張できる。したがって、Xは、当該部分は専有部分として専用使用する権利は有さない。

[管理組合としての留意点]

　法令上専有部分とされる部分についても、管理規約により共用部分とすることができ、この場合の当該部分を規約共用部分といいます。規約共用部分は登記をしなければ第三者に対抗することはできません。本件では、専有部分であると主張した側が、単に当該部分が共用部分として利用されていることを知っている（＝悪意）にとどまらず、背信的悪意者であるという特別な事情に着目して、管理組合はその者に対し管理規約中の共用部分であることを主張できるとしましたが、すべてのケースにあてはまるわけではありません（単なる悪意者に対しては規約共用部分であることを主張できないことになります）。このようなトラブルを回避するためには、規約共用部分は登記をしておくことが大切です。

専有部分の修繕・改造

No.6 共用部分である駐車場躯体部分の劣化抑制工事をした際に、その一部として区分所有者の専有部分である駐車場の壁面の塗装工事をした場合、その区分所有者に対し、事務管理に基づく費用償還請求権を有するとした事例

（東京地裁平成16年11月25日判決）

[事案の概要]

　管理組合が共用部分である駐車場躯体部分のコンクリートが劣化したことから、劣化抑制工事（以下「本件工事」という）をした際に、本件工事の一部として、ある区分所有者（Y）が区分所有権を有する駐車場の壁面塗装工事も実施しました。

　そこで管理組合（X）が、区分所有者（Y）に対し、当該塗装工事費用につき、事務管理に基づく費用償還請求をした事案です。

[裁判所の判断]

　裁判所は、おおむね以下のように述べて、事務管理に基づく費用償還請求を認めました（ただし額については、減額しています）。

> ① ある者が、義務なくして、本人のために事務の管理を始めた場合には、それが本人のために不利なことまたは本人の意思に反することが初めから明らかな場合を除き、事務管理が成立するものというべきである。
> ② 本件工事のうち、壁面塗装工事の実施は、共用部分である躯体部分のコンクリートの劣化を抑制するという管理組合の事務の一面を有するとともに、Yが所有する駐車場の壁面を塗装し、これを改修、美化するという一面を有し、その限りにおいて、XはYのための事務を行ったものということができる。また、壁面塗装工事についてYのために不利なものであるとする事情も、Yの意

思に反することが初めから明らかであるとする事情も認められない。
③　したがって、本件工事のうち壁面塗装工事については事務管理が成立し、YはXに対し当該工事費用からコンクリートの劣化抑制に資する工事相当額を差し引いた額（当該工事費用の20％）を支払う義務を負う。

[管理組合としての留意点]

　専有部分と共用部分の区分を明確にしておくことの意義は、本件のような修繕等の工事等の場面や、管理が不十分であったことによって事故が生じた場合の責任の所在等において発現します。

　本件では事務管理という構成により費用の償還が認められましたが、裁判等によらずに円滑に工事の実施等をするためには、専有部分と共用部分の区分を明確にしておくとともに、実際の工事の際には、専有部分への影響等も考慮して工事内容等を精査するとともに、費用負担についてもあらかじめ合意をとるようにしておくことが大切です。

専有部分の修繕・改造

No.7 バルコニー等の附属設備が経年劣化したことに伴う改修工事の費用負担者は各区分所有者であるとした事例（仙台高裁平成21年12月24日判決）

[事案の概要]

あるマンションで、区分所有者5名が、それぞれの専有部分に接する窓サッシの戸車、玄関内のタイトゴム、トイレの窓ガラス、窓サッシのクレセント、窓サッシのレール、網入磨ガラス等の改修工事（以下「本件改修工事」といいます）を行いました。その工事の発注および代金支払いは、当時の理事長の判断のもと、管理組合において行われました（なお、費用の拠出については、管理組合の決算報告のなかで定期総会においても示されていました）。

その後、管理組合の執行部が替わり、当時の工事内容等を検証したところ、これらの工事代金は管理規約上区分所有者が負担すべきものであったものを管理組合が負担したものであるから、これはそれぞれの区分所有者の不当利得にあたるとの認識に至りました。そこで、各区分所有者に対し工事代金相当分の管理組合への返還を求め、訴訟に至ったのが本件の事案です（なお本件ではあわせて当時の理事長を背任行為であるとして損害賠償請求をしていますが、こちらの請求は認められませんでした）。

一審の仙台地裁は管理組合側の請求を認めなかったため、管理組合側はその判決を不服として仙台高裁に控訴しました。控訴審では、区分所有者5名のうち4名とは裁判上の和解が成立しましたが、1名とは和解には至らず、判決となったのが本件事案です。

[裁判所の判断]

① 本件改修工事は、「網入磨ガラス並びにサッシの戸車及びクレ

セントについてされたもの」であり、これは当該区分所有者が専用使用権を有する共用部分である。
② これらの部分は、専用使用権者以外の者が日常的に使用するものとは認められず、また、日常的な使用に伴い（これら住居を構成する部分は、そこに存在するだけで使用されているものと観念することができる）、必然的に劣化していくものと考えられるのであるから、これらの部分の劣化は、専用使用権者の通常の使用に伴うものと認められる。
③ 総会決議において本件改修工事につき管理組合の負担とする旨の総会決議は存在しない（当該工事費用を含んだ決算報告の承認決議はあるが、本件改修工事の具体的内容は明示されていないことから、この決算承認決議でもって費用負担に係る総会決議があったとは評価できない）。
④ よって、本件改修工事は専用使用権がある共用部分の工事であり、通常の使用に伴う管理であるから、特別な取扱をする旨の総会決議がない以上、当該工事費用は個々の区分所有者が負担すべきである。

[管理組合としての留意点]

本事案に係る判決の判断枠組みからは、マンション建物内の修繕工事等を行う場合、以下の諸点に基づき工事費用の負担者等を検討していくことが大切です。

① 工事個所が専有部分か共用部分か、共用部分であれば専用使用権が設定されている部分かそれ以外か
② 補修原因は何か（通常の使用に伴うものなのかそれ以外のものなのか）
③ 費用負担等につき特別の扱いをする旨の総会決議があるか

共用部分の修繕・改造

No.8 区分所有者が共用部分である排水管の修理代金を負担した場合、その費用を管理組合に求償することができるとした事例

（東京地裁平成8年11月26日判決・判タ954・151）

[事案の概要]

　マンションの上階からの水漏れ事故により被害を被った階下の区分所有者（Y）が、上階の区分所有者（X）に対し、損害賠償を請求したところ、上階の区分所有者が、当該事故は共用部分である排水管からの漏水ですから、自らは債務不履行責任を負わないことの確認を求めるとともに、自らが支払った当該修理費用を管理組合に請求した事案です（No.4の判例の原審、ここでは共用部分の修理費用の負担を中心に紹介します）。

[裁判所の判断]

　裁判所は、おおむね以下のように述べて、上階の区分所有者の損害賠償責任を否定し、当該補修費用の管理組合への請求を認めました。

① 本件排水管は、Xの建物専有部分の台所等から出る排水を本管に流す枝管であり、X建物の床下にある床コンクリートを貫通してY所有の建物専有部分の天井裏に配管されているものであり、その利用のあり方や管理のあり方（Xが自由に維持管理できない）を勘案すると、建物全体の附属物であり、共用部分と解するのが相当である。

② 本件事故が共用部分である排水管からの漏水であり、専有部分に起因する事故ではないことから、Xは本件事故につき損害賠償責任を負わない。

③ 排水管が共用部分であり、規約に特段の定めがない限りは、共

用部分の負担は各共有者が負うところ（区分所有法19条）、本マンションの管理規約でも共用部分の修繕は全区分所有者が負担すると規定していること、管理組合が共用部分の修理・取替えに関する業務を行うことと規定していることから、Xが支出した本件費用の建替え分は、管理組合が負担するものと解することが相当である。

[管理組合としての留意点]

専有部分と共用部分の区分を明確にしておくことの意義は、本件のような修繕等の工事等の場面や、管理が不十分であったことによって事故が生じた場合の責任の所在等において発現します。

専有部分と共用部分の区分を明確にしておくとともに、実際の工事の際には、専有部分への影響等も考慮して工事内容等を精査するとともに、費用負担についてもあらかじめ合意をとるようにしておくことが大切です。

共用部分の修繕・改造

No.9 ピロティ部分に壁を設置したことは共同利益背反行為に当たるとして、区分所有者に対する撤去請求が認められた事例（東京高裁平成7年2月28日判決）

[事案の概要]

　区分所有者の一人が、ピロティ部分に壁を設け、物置として使用を開始しましたが、その後区分所有権が譲渡され、その譲受人間で賃貸借契約をした賃借人が、専有部分とともに当該共用部分を占有していました。そこで、管理組合の管理者が、譲受人である現区分所有者および賃借人に対し、壁の撤去、共用部分の明渡し等を請求した事案です。一審判決では管理者側の請求の一部認容（撤去請求は認め、損害賠償請求は認めなかった）であったため、管理者と区分所有者等の双方が控訴しました。

[裁判所の判断]

　裁判所は、おおむね以下のように述べて、原審の判決を維持しました。

① 現区分所有者や賃借人は、マンションの共用部分である一階吹き抜け部分をほしいままに使用・占有して、マンションの使用に関し区分所有建物所有者の共同の利益に反する行為をしているものということができる。

② したがって、現区分所有者及び占有者は、区分所有法57条により、設置した工作物を撤去して当該共用部分を明け渡す義務がある。

③ ただし、管理者側が損害として賠償請求している当該撤去に要する費用は、現区分所有者等が負担するものであり、管理組合には撤去費用相当額の損害は発生していない、また、本件ではあらかじめ将来発生する損害の賠償請求をなす必要があるとすべき事

情を見出すことはできない。したがって、現区分所有者等に対する損害賠償請求は認められない。

[管理組合としての留意点]

　一部の区分所有者が共用部分に無断で造作等を施すことは、基本的に区分所有者の共同利益に反する行為となりえます。その場合には、区分所有法の規定により、あるいは管理規約に違反する行為として管理規約の規定に基づき、原状回復等の請求をすることができます。

　当該請求にあたっては、専有部分と共用部分の区分をあらかじめ明確にしておく（造作等が共用部分になされた点が明確になるようにしておく）ことが大切でしょう。また、裁判による解決は時間的にも費用的にも大変であることから、日常点検等を確実なものとし、当該行為ないし行為の兆候があった際には速やかに警告等をするなど、紛争の予防に努めることも大切です。

共用部分の修繕・改造

No.10 換気装置設置のため建物外壁に円筒形の開口をしたことは共同利益背反行為に当たるとして、区分所有者に原状回復請求が認められた事例
（東京高裁昭和53年2月27日判決）

［事案の概要］

区分所有者の一人（Y）が換気装置を設置するために外壁2個所に直径15～20cmの円筒形の開口をして木枠を取り付けるなどしたため、総会により訴訟追行権を授権された区分所有者（X）が、開口部分の原状回復を請求した事案です。

一審ではXの請求が棄却されたため、Xが控訴しました。

［裁判所の判断］

裁判所は、おおむね以下のように述べて、開口部分のひとつにつき、原状回復請求を認めました。

① 区分所有者等の行為が共同利に反するかどうか否かは、当該行為の必要の程度、これによって他の区分所有者が被る不利益の態様、程度等の諸事情を比較考量して決すべきものである。
② 開口部の一つについては、共用部分を自己のために不当に使用しているともいえるが、そのこと自体によって他の区分所有者の利用が妨げられ、あるいは不利益を被っている事実は各別認められないから、社会通念上共同の利益に反する行為にはあたらないというべきである。
③ しかし、もう一方の開口部については、壁面強度が弱くなり、建物の保存に有害な行為にあたるものというべきである。また、別に排気の方法がある（本件建物では専有部分の排気は建物内に設置されているパイプシャフトに対し行うこととされている）ことから、換気の必要があっても他の区分所有者に対し、管理組合

> は外壁の開口は許可していないことが認められる。したがって、当該開口は共同の利益に反する行為にあたるものであり、開口した区分所有者は、原状回復義務を負う。

［管理組合としての留意点］

　一部の区分所有者が共用部分に無断で造作等を施すことは、基本的に共同利益に反する行為となりえますが、本件判決のように、他の区分所有者への影響の有無によってそれが否定される可能性もあります。

　そこで、管理規約に違反する行為に対し、管理規約の規定に基づき、原状回復等の請求をすることができるようにしておくことが考えられます（標準管理規約中にはそのような規定が用意されています）。

　法令上共同利益に反しなくても、区分所有者相互間で守るべき規範に違反することは、マンションの管理全体に少なからず影響が生じますので、管理規約違反行為の是正措置について、あらかじめ準備しておくことも大切でしょう。

工事の実施・遅延・不備等の責任（管理者の責任①）

No.11 エレベーターなどの共用部分の補修を放置等していた管理者の解任請求が認められた事例
（東京地裁昭和53年1月26日判決・判時911・138）

[事案の概要]

　マンションの敷地の賃貸人であり、管理組合から管理業務の委託を受け管理者となっていた者（区分所有者ではない）が、エレベーターなどの共用部分の補修を放置していること、管理費の収支を明らかにしなかったこと、地代の増額により管理費の増額も請求するなどしたことから、一部の区分所有者が、管理者の解任を請求した事案です。

[裁判所の判断]

　裁判所は、おおむね以下のように述べて、解任請求を認めました。

① 管理者は、共用部分を保存し、管理委託契約により定められた管理事務を善管注意義務をもって誠実に履行する義務や、少なくても毎年1回一定の時期に区分所有者に対しその事務につき報告すべき義務がある。
② 本件において、管理者たる被告には、次の点が認められる。
　ア　補修を要する共用部分についてこれを放置しその保存を怠っていたこと
　イ　管理事務について区分所有者から要求があっても一度も報告をしなかったこと
　ウ　地代を増額させることによって管理費の内容を不明確にならしめ、かつ地代・管理費の支払いにつき区分所有者との間にいたずらに抗争を深めている事情が認められること
③ 以上によれば、被告には管理者として債務不履行があるうえ、土地賃貸人と管理者の地位を兼任することによる弊害が著しく、これによって区分所有者との信頼関係が失われその回復は困難な

> 状況にあるとみられることから、管理者としてその職務を行うに適しない事情があるというべきである。

[管理組合としての留意点]

理事長の職務遂行上の責任追及は、管理組合として行うのが原則ですが、管理組合としての対応すらもできない場合には、本件のような手法もあります。ただし、解任請求が認められる要件は厳しいものがあるので、専門家の意見なども参考に可否を検討することが大切でしょう。

工事代金の支出に係る管理者の責任（管理者の責任②）

No.12 工事代金の支出等が違法であるとして区分所有者が理事長に対し不法行為を理由に損害賠償請求をすることはできないとした事例

（東京地裁平成4年7月16日判決・判タ815・221）

[事案の概要]

　マンションの区分所有者が、管理組合の理事長に対し、管理費や工事代金の支出が違法であるとして、監督是正権または民法252条ただし書（共有物の保存行為は各共有者が単独で行うことができるとする規定）等に基づき、管理組合および自身に対し損害賠償を支払うよう請求した事案です。

[裁判所の判断]

　裁判所は、おおむね以下のように述べて、請求を却下（いわゆる門前払い判決）しました。

> ①　区分所有法は、建物等の共同管理に関する主要な点について、すべて集会決議で定めることとし、集会によって十分な討議をした上で多数決によって統一の意思を形成し区分所有者の共同利益を図ろうとしている。監督是正権などを認めることは、このような区分所有法の建前に対する重大な例外であり、濫用の危険もあることから、その内容や要件について何ら具体的な規定がないまま一般的に商法等を類推してこれを認めことは到底できない。
> 　また、会社法が少数株主権を認めているからと言って、多数決原理によって運営される団体について、当然に一般的に個々の構成員の利益を害する結果を是正する権利が認められるべきであるとはいえない。
> 　したがって、原告には監督是正権に基づき理事長に対し損害賠償を請求する権利はない。

② また、管理組合の財産は区分所有者の総有に属し、構成員はその財産に対し分割請求権を有するものではないことから、仮に理事長の違法な支出により管理組合の財産に損害を与えたとしても、その損害の総額のうち原告の持分に当たる分が当然に原告の損害であるということはできない。したがって、原告個人の損害賠償を請求することはできない。

[管理組合としての留意点]

理事長の職務遂行上の責任追及は、管理組合として行うのが原則であり、個々の区分所有者が損害賠償請求等の訴訟提起しても、本件のように訴え自体が認められません。万が一理事長に非違行為などがあるときは、管理組合として適切に対処するようにすることが大切です。

工事の実施・遅延・不備等の責任（管理者の責任③）

No.13 総会決議で決められた受水槽工事を遅延させた等として区分所有者が理事長に対し善管注意義務違反を理由とする損害賠償請求をすることはできないとした事例

（神戸地裁平成7年10月4日判決・判時1569・89）

［事案の概要］

マンションの区分所有者が、管理組合の理事長であった者に対し、総会決議に基づく業務を執行せずに受水槽工事を遅延させたことは、理事長の善管注意義務に違反するとして、損害賠償を請求した事案です。

［裁判所の判断］

裁判所は、おおむね以下のように述べて、請求を却下（いわゆる門前払い判決）しました。

① 管理組合の理事長は、管理組合から委任等を受けて総会決議に基づき管理組合の業務を行うものであるから、理事長がその任務に背きこれを故意または過失によって履行せず、管理組合に損害を与えたときは、債務不履行となり、管理組合に対し損害賠償の責めを負うべきことになる。
② したがって、管理組合（ないし区分所有者全員）が原告となって理事長に対し損害賠償を求める訴訟を提起することはできる。
③ しかし、管理組合の構成員各自は、以下の理由から同様の訴訟を提起することはできない。
　ア　商法（株式会社法）の株主代表訴訟のような法律上の規定はマンションの管理組合に関しては存在しないこと
　イ　債権者代位の要件を欠くこと
　ウ　区分所有法では、区分所有者の共同利益を守るためには区分

> 所有者全員が共同で行使すべきものとしており、この法理は理事長の責任追及の場面にも適用されること

[**管理組合としての留意点**]

　理事長の職務遂行上の責任追及は、管理組合として行うのが原則であり、個々の区分所有者が損害賠償請求等の訴訟提起しても、本件のように訴え自体が認められません。万が一理事長に非違行為などがあるときは、管理組合として適切に対処するようにすることが大切です。

工事の実施・遅延・不備等の責任（管理者の報告義務）

No.14 管理者は、個々の区分所有者に対し報告義務は負わないとした事例
（東京地裁平成4年5月22日判決・判時1448－137）

[事案の概要]

　マンションの区分所有者が、マンションの管理者に対し、業務に関する文書の閲覧、書面による報告等を請求した事案です。

[裁判所の判断]

　裁判所は、おおむね以下のように述べて、区分所有者の請求を棄却しました。

> ①　区分所有法25条は、管理規約に別段の定めがない限り集会の普通決議により管理者を選任する旨定めている。本件でも管理者たる理事長は、総会決議で選任された理事の中から管理規約に従い理事の互選により選出されたものであって、個々の区分所有者から直接管理者となることを委任されたものではないから、理事長が個々の区分所有者の受任者であるとみることはできない。
> ②　区分所有法は、管理者の取り扱う事務についての報告は、区分所有法43条に規定する毎年一回開催される集会（いわゆる定期総会）においてなされることを予定している。
> 　また、もし管理者が②の報告を怠るときは、区分所有法34条の規定に基づき少数区分所有者による臨時総会の招集等により、集会で報告を受けるための方途は講じられている。
> ③　したがって、管理者である理事長がその取り扱う事務につき個々の区分所有者の請求に対し直接報告する義務を負担するとはいえない。

[管理組合としての留意事項]

　建物管理の状況等については、理事長は管理者として区分所有法および管理規約にしたがい、総会で報告義務を負っています。管理の状況等がわかるような報告をすることが大切です。一方で、個々の区分所有者からの報告要請には必ずしも応じる義務はありませんので、嫌がらせ的な要求等に対しては毅然とした対応で拒否することも考えうるところです。

工事の実施・遅延・不備等の責任 （設計・施工会社の責任）

No.15 建物の設計者、施工者または工事監理者が建築された建物の瑕疵により生命、身体または財産を侵害された者に対し不法行為責任を負うとされた事例（最高裁平成19年7月6日判決）

［事案の概要］

9階建ての共同住宅。店舗として建築された建物をその建築主から購入した上告人らが、当該建物にはひび割れや鉄筋の耐力低下等の瑕疵があると主張して、上記建築の設計および工事を監理したY_1に対しては、不法行為に基づく損害賠償を請求し、その施工をしたY_2に対しては、請負契約の地位の譲受けを前提として瑕疵担保責任に基づく瑕疵修補費用または損害賠償を請求するとともに、不法行為による損害賠償を請求した事案です。

［裁判所の判断］

裁判所は、おおむね以下のように述べて、設計者・施工者の損害賠償責任を認めました。

> ① 建物は、そこに居住する者、そこで働く者、そこを訪問する者等のさまざまな者によって利用されるとともに、当該建物の周辺には他の建物や道路等が存在しているから、建物は、これらの建築利用者や隣人、通行人等（以下、併せて「居住者等」という。）の生命、身体または財産を危険にさらすことがないような安全性を備えていなければならず、このような安全性は、建物としての基本的な安全性というべきである。
> ② 建築物の建築に携わる設計者、施工者および工事監理者は、建物の建築に当たり、契約関係にない居住者等に対する関係でも当該建物に建物としての基本的な安全性が欠けることがないように配慮すべき注意義務を負うとするのが相当である。

③　設計・施工者等がこの義務を怠ったために建築された建物に建物としての基本的な安全性を損なう瑕疵があり、それにより居住者等の生命、身体又は財産が侵害された場合には、設計・施工者等は、不法行為の成立を主張する者が上記瑕疵の存在を知りながらこれを前提として当該建物を買い受けていたなど特段の事情がない限り、これによって生じた損害について不法行為による賠償責任を負うというべきである。

(参考)
　その後「基本的な安全性を損なう瑕疵の有無」につき争われ、最終的に第２次上告審の差し戻し審である福岡高裁平成24年１月10日判決により、本件においても不法行為に基づく損害賠償責任があるとされました。

[管理組合としての留意点]
　建築物の建築に携わる設計者、施工者は、建物の建築にあたり、契約関係にない居住者等に対する関係でも当該建物に建物としての基本的な安全性が欠けることがないように配慮すべき注意義務を負い、建物としての基本的な安全性を損なう瑕疵がある場合には、違法性の強度にかかわらず不法行為責任が成立する点が参考になります。

工事の実施・遅延・不備等の責任（設計監理者・施工業者）

No.16 マンション居室改装工事によって受忍限度を超えた騒音が発生したことにつき工事を設計監理した一級建築士および工事を施工した業者が階下の住人に対して不法行為責任を負うとされた事例
（東京地裁平成9年10月15日判決）

[事案の概要]

　本件は、マンションの専有部分の改装工事（以下「本件工事」といいます）を行なった際に、受忍限度を超える騒音・振動が発生したため、その真下に位置する部屋に居住していた者が損害を被ったと主張して、本件工事の設計・監理を担当した者および施工者に対し損害賠償を請求した事案です。

[裁判所の判断]

　裁判所は、おおむね以下のように述べて、原告の請求を認めました（ただし、不法行為と評価できるのは工事期間の一部についてのみということで、賠償額は請求額に比べて大幅に減額されています）。

① 　マンションの改装工事によって発生する騒音・振動が受忍限度を超えているかどうかは、当該工事によって発生した騒音・振動の程度、態様及び発生時間帯、改装工事の必要性の程度及び工事期間、騒音・振動の発生のより少ない工法の存否、当該マンション及び周辺の住環境等を総合して判断すべきである。
② 　本件工事による騒音・振動は床衝撃音が主であるが長時間継続するものではなく断続的であることなどから、工事期間全体にわたって継続的に受忍限度を超えたものとは認められないが、そのうちの数日間の工事については、上記基準に照らし、受忍限度を超えたものであるというべきである。
③ 　したがって、本件工事によって受忍限度を超える騒音が発生し

たので、本件工事の施工者と設計監理者は、損害を被った原告らに対し、民法709条に基づく賠償責任がある。

[管理組合としての留意点]

本件では、施工業者等の責任が問われましたが、工事の実施の際の周知等に問題がある場合には、管理組合に対しても責任追及が行われる可能性もないではありません。マンションの共用部分等の修繕・改良等の工事をする際には、居住者の日常生活に十分配慮した対応が求められます。

事故と管理（敷地内遊具）

No.17 団地内に設置されていた箱型ブランコで遊戯中の子供が死亡した事故につき、工作物責任の成立を否定した事例（那覇地裁平成17年11月16日判決）

[事案の概要]

　子供（当時7歳）が団地内の公園に設置された箱形ブランコで遊戯中に受傷して死亡した事故が発生した。被害者遺族が、ブランコを設置し管理していた公社に対し、工作物責任に基づき損害賠償を請求した事案です。

　ブランコは、地中のコンクリートによって基礎の固定された4本の鉄パイプ支柱（地上高1800ミリメートル）があり、その最上部に鉄パイプの水平棒が四角に組まれ、これに揺動する箱形のブランコが取り付けられていました。また、本件ブランコは、座席に座り、もしくは座席や足置板に立ったままで揺らすことができますが、一方の、もしくは両方の座席の後ろの背もたれをつかまえて揺らすこともできる構造になっていました。

　事故の態様は、被害者が、ブランコの背もたれ部分を両手でつかみ、友人と交互に揺らしていたところ、手を離して前のめりになり、ひざまずいた状態でいたときに、揺り戻ってきたブランコが被害者の胸腹部に衝突したものと認定されています。

[裁判所の判断]

　裁判所は、おおむね以下のように述べて、工作物責任を否定しました。

① 工作物の設置又は保存の瑕疵とは、健全な社会生活を営む上では遊具の利用に伴う危険の管理はその製造者のみならずその利用者も含めた関与者が各自の立場において公平に分担すべき責任があるという考えに根ざすものといえる。

② 本件ブランコは、以下の点から、設置または保存に瑕疵があったと評価することはできない。
ア 本件ブランコのような遊動遊具の場合、一般的には安全であるとされている遊具であっても、絶対的な安全性が保証されたものではなく、事故が発生する可能性は常に残っていること
イ しかし、本件事故態様との関連で、本件ブランコに、通常の箱ブランコと比較して構造上・機能上の不備があったことを認めるに足りる証拠もないこと
ウ 公園施設業協会の遊具の安全に関する規準（案）には、箱形ブランコを例示して、利用指導が十分ではない場合には遊具として使用することは不適切であると記載されているが、公社にまで通知されていたと認めるに足りる証拠はないこと

[管理組合としての留意点]
　マンションの敷地部分には、居住者の利用を念頭に置いた遊具施設が設置されることがあります（とりわけ団地にはよく見受けられます）。この遊具施設は、区分所有建物においては敷地上の附属施設として区分所有者の共有に属し、その管理は管理組合が行うことになります。遊具施設はその利用にあたって、性質上事故発生に対する一定の危険性を有することは否定できません。本事例では責任を否定しましたが、構造上・機能上の不備がないようにすることとあわせ、日常的な点検等にも留意する必要があります。

事故と管理（植栽）

No.18 自転車で歩道上を走行中、車道上に転倒して貨物自動車に轢過されて死亡した事故につき、事故の原因は歩道上に張り出していた生け垣にもあるとして、生け垣の所有者に対する損害賠償請求が認められた事例（大阪地裁平成19年5月9日判決）

[事案の概要]

　7歳の女児が、自転車を運転して、歩道を走行していたところ、車道上に転倒し、進行していた自動車の左後輪に轢過され、死亡しました。

　被害者が転倒したのは、歩道部分に沿って栽植された生垣の枝が張り出していたため、それを回避しようとしたことに起因するとして、被害者の遺族が生け垣の所有者に対し損害賠償請求を求めた事案です。

[裁判所の判断]

　裁判所は、おおむね以下のように述べて、所有者の工作物責任を認めました。

① 本件歩道は、生け垣により、本件交差点北東角の本件歩道開始地点から門南端までの間で本来幅員約85cmのところが約65cm、門北端から秋山方北西角までの間で本来幅員約90cmのところが約25cmと狭められていた。
② 道路に沿って設置された竹木の管理者は、その竹木が交通の往来に危険を及ぼすおそれがあると認められる場合には、その危険を防止するため道路上に竹木がはみ出さないようにするなど必要な措置を講じなければならないというべきであり、そのような措置を講じることなく竹木を放置していた場合には、通常有すべき安全性を欠いており、工作物の設置保存上の「瑕疵」がある。

（ただし、過失相殺として、被害者側の過失を過失割合を25％としています。）

[管理組合としての留意点]

　本件は戸建て所有者の敷地の生け垣に関する事例ですが、多くのマンションでも同様に敷地と周辺部との境界上に生け垣等を設置する例が見受けられます。区分所有建物では、生垣は敷地上の附属施設として区分所有者の共有に属し、その管理は管理組合が行うことになりますので、定期的な手入れ等には十分配慮する必要があります。

　なお、専用庭部分の生け垣については、その管理を専用使用権者が行うか管理組合が行うかが不明瞭になる場合がありますので、管理規約に明記するとともに、その管理主体が適切に対応するようにすることが大切です。

事故と管理（付属設備）

No.19 高層賃貸マンションの廊下に備え付けられていた消火器がイタズラで投げ捨てられ、隣家の屋根を破損した事故につき、賃貸人である建物所有者の工作物責任が認められた事例

（大阪地裁平成6年8月19日判決）

[事案の概要]

　高層賃貸マンションの消火器が何者かにイタズラで隣家（X所有建物）の屋根に投げ捨てられ、屋根が損傷した事件です。Xは右消火器が設置されていた高層賃貸マンションの賃貸人（所有者）に対して、工作物責任に基づく損害賠償を請求しました。

[裁判所の判断]

　裁判所は、おおむね以下のように述べて、工作物責任を認めました。

① 消火器は、本件マンションに設置されることにより、その機能を発揮することができるため、本件マンションの一部として土地の工作物にあたる。

② 消火設備の設置方法の適否は、建物の立地条件（周辺事情）、種類、構造、用途、イタズラによる危険性の有無・程度等を総合的に検討したうえで、「作動され易いが、イタズラされ難い」要請に合致した設置方法がとられているか否かによって判断されなければならない。

③ 本件では、以下の点から本件消火器の設置方法は、本件建物の立地条件、構造等に照らして適切な設置方法であったとはいえず、土地の工作物の設置、保存に瑕疵がある。

　ア　本件建物は15階建ての高層賃貸用マンション（共同住宅）であり、不特定多数の通行が予想される廊下はオープン式であ

り、その開放された廊下側に極めて近接した位置に原告の建物が存している場合、オープン式廊下から消火器を投下するというイタズラがなされうることは極めて容易に予想されること
イ　このような建物の廊下に消火器を設置するには、安易に投下されない設置方法を工夫すべきであり、例えばボックスに格納するとか、パイプスペース」に収納するなどの設置方法をとらずに、持ち運びに安直な「移動式消火器」を単に高層階のオープン式廊下の壁にそのまま立て掛けておいたこと

[管理組合としての留意点]

　本件は賃貸マンションの事例（所有者が一人）ですが、区分所有建物でも同様のケースは想定され、この場合、保存上の瑕疵に伴う責任は管理組合が負います。したがって、消火器の設置については、ボックスに格納するとか、パイプスペース」に収納するなどの設置方法を検討することが大切です。

事故と管理（門扉）

No.20 マンションの門扉が倒れ5歳の男児が圧死した事故につき門扉の設置保存に瑕疵があったとしてその所有者の損害賠償責任が肯定された事例

（浦和地裁昭和56年9月28日判決）

［事案の概要］

　子供（5歳）が、友達らと、他人所有の賃貸マンションの門扉を押したり引いたりして、門扉をレールの上で動かしながら遊んでいたところ、門扉の戸車がレールから外れてしまい、そのため門扉は、子供の重みで傾きながら動き出し、門扉の上枠が中間支柱のガイドローラーから外れて倒れ、子供が下敷きになり圧死しました。被害者遺族が賃貸マンション所有者に対し、工作物責任に基づく損害賠償を請求した事案です。

　なお、門扉は、事故発生の前までは、レールから外れて倒れるようなことが起こりませんでしたが、近所の子供たちがしばしば賃貸マンションの敷地に入り込んだり、出入口付近の傾斜部分にたむろしたりして遊んでいました。

［裁判所の判断］

　裁判所は、おおむね以下のように述べて、所有者の工作物責任を認めました。

① 本件門扉には、以下の点から設置・保存に瑕疵がある。
　ア　門扉が倒れて、子供達の生命身体に危害を及ぼすような事故が発生することのないように注意を払い、日ごろから子供たちが門扉を遊び道具として使用することのないように警告をしたり、子供たちが門扉に手足を掛けても、子供たちの力では門扉を動かすことのできないような装置を取り付けたりして、門扉が子供たちの遊び道具とならないような措置を講じておくべき

であったにもかかわらず、そのような対応がされていないこと
イ　万が一子供たちが門扉を遊び道具として自在に動かしたとしても、門扉が子供たちの力でたやすく倒れてしまうようなことのないような措置を講じておくべきであったにもかかわらず、当該措置を講じていないこと
② ただし、被害者の保護者には、門扉で遊ぶことにより生じる危険性が予測できるにもかかわらず、門扉で遊んだりすることのないようにと警告していないことや、子供たちが他人の屋敷であるマンション敷地に入り込み、危険の大きい門扉を動かしたりして遊んでいたのを放置していた点で、監督・監護義務を著しく怠った（過失相殺（8割））。

[管理組合としての留意点]

　区分所有建物では、門扉は敷地上の附属施設として区分所有者の共有に属し、その設置・管理は管理組合が行うことになります。また、居住者もその利用にあたって同様の事故のリスクがあります。門扉等の安全性については十分配慮し、日常的な点検と、異常が発見された場合の速やかな補修等の対応に心がける必要があります。

事故と管理（屋上）

No.21 マンションの屋上からの転落事故につき工作物責任が否定された事例（浦和地裁昭和59年9月5日判決）

［事案の概要］

　マンションの住人の一人である当時15歳の女性が、深夜、友人二名とマンションの屋上に上り、下の階へ降りようとしていたとき、最上階にいた他の住人の一人が、突然大きな声で「そこにいるのは誰だ」と怒鳴ったことから、その声に驚いて体のバランスを失い屋上から転落し死亡しました。被害者遺族がマンションの所有者に対しては工作物責任に基づき、大声で叱責した者に対しては一般不法行為に基づき、損害賠償を請求した事案です。

［裁判所の判断］

　裁判所は、おおむね以下のように述べて、所有者等の責任を否定しました。

① 本件マンション所有者については、以下の点から、工作物の設置・保存に瑕疵はなく、損害賠償責任は負わない。
　ア　屋上の周囲には柵がなかつたこと
　イ　本件事故当時屋上の上り口にあたる最上階階段入口に柵状扉が設置されていたこと
　ウ　階段は、屋上にある給水塔とエレベーター機械室の補修、点検のため業者が立入る場合にだけ利用することを予定して設置されたものであり、本件マンションの居住者及び外来者が右階段を利用して屋上へ上ることを禁止していたこと
　エ　本件事故当時扉は南京錠で施錠されていたこと
　オ　本件事故当時、エレベーター内の正面に、「お願い」と題し、他の注意事項とともに「尚、屋上には手すりがありませんので絶対にあがらないで下さい。きけんですから」と書いた注意書

が貼付されていたこと
　カ　本件のように、すでに15歳に達し、思慮分別のある本件マンションの居住者である被害者が屋上に出るなどという無謀な行動にでることまで予測して柵を設置しなければならないとまでは認められないこと。
② 大声で叱責した者については、過失なく、損害賠償責任は負わない。
　ア　怒声を発したといっても、その声は至近距離からなされたというわけではないこと
　イ　怒声によって驚きの余り屋上から転落するということは通常予想されないところであること
　ウ　本件の状況の中で「そこにいるのは誰だ」と叱責した行為は、社会通念上相当として是認される範囲内のものであると認められること

[管理組合としての留意点]
　区分所有建物でも、屋上部分がある場合には、専用使用権が設定され、管理も専用使用権者が行うルーフバルコニー等を除けば、管理組合が管理することになります。とりわけ、日常的には立入りを禁止する場合には、本事例のような措置を講じておくことが大切です。

事故と管理（立体駐車場）

No.22 保育園の屋上に設置された駐車場から乗用車が転落し、園庭にいた園児に直撃し死亡した事故につき、車の運転者および保育園の損害賠償責任が認められた事例（名古屋地裁平成17年3月29日判決）

［事案の概要］

　保育園の屋上に設置された駐車場から乗用車が転落し、園庭にいた園児に直撃し死亡した事故が発生したことから、被害者遺族が、保育園経営者らに対し工作物責任に基づき損害賠償を請求した事案です。

　なお、本件駐車場は、本件保育園の職員や保護者の運転する自動車の駐車や方向転換の目的で設置されたものであるところ、本件駐車場柵の南側は、約95センチメートル突き出た本件南側園舎の庇があるのみで、庇の上端から垂直に2.95メートル（本件駐車場柵の基礎上端からは約3.6メートル）本件園庭に落ち込んでいます。また、過去にも同様の落下事故がありました（負傷者なし）が、その後特段の措置は講じられていませんでした。

［裁判所の判断］

　裁判所は、おおむね以下のように述べて、工作物責任を認めました。

① 　園庭には多数の本件保育園園児、保護者及び職員が存在していることが予定されているから、本件駐車場から駐車ないし方向転換の自動車が逸脱して園庭に落下することは絶対に防止しなければならず、本件駐車場柵は、多数の園児の命を守る生命線というべきものであり、その強度やこれと一体となった本件駐車場の構造については、高度の安全性が要求される。

② 　本件駐車場の構造等は、以下の点から、本件事故当時、本件駐車場柵の強度は、駐車ないし方向転換自動車の衝突による転落を

防止するには不十分であり、設置保存に瑕疵がある。
ア　本件駐車場柵の強度が7.6トンの衝撃力に耐え得なかったこと
イ　通達「立体駐車場における自動車転落事故防止対策について」によれば、本件事故当時、国土交通省は、立体駐車場における自動車の転落防止対策の設計指針の基準として、床面からの高さ60センチメートルの位置で、幅160センチメートルにわたり、25トンの衝撃力が加わっても自動車の転落を有効に防止できるような装置等を設置することを定めていること

[管理組合としての留意点]

　工作物の設置保存の瑕疵にあたるか否かにつき、当該工作物の機能や一体をなす施設の利用者の属性にも着目して判断している点が参考になります。

　区分所有建物では、立体駐車場は敷地上の附属施設として区分所有者の共有に属し、その設置・管理は管理組合が行うことになります。また、居住者もその利用にあたって同様の事故のリスクがあります。立体駐車場の安全性については十分配慮し、日常的な点検と、異常が発見された場合の速やかな補修等の対応に心がける必要があります。

事故と管理（雪害）

No.23 通行人の頭上に屋根から氷盤が落下したことによる死亡事故につき、建物所有者に損害賠償義務が認められた事例（旭川地裁稚内支部昭和48年11月15日判決）

[事案の概要]

　道路上を歩行中の通行人が、折から通りかかった自動車をさけるため道路脇の積雪の上に登った際、建物屋根上から長さ約9メートル、幅約70センチメートル、厚さ約15センチメートルの氷盤が同人の頭上に落下したことによって死亡しました。被害者遺族が建物所有者に対し、工作物責任に基づく損害賠償を求めた事案です。

[裁判所の判断]

　裁判所は、おおむね以下のように述べて、工作物責任を認めました。

① 本件では次のような事情が認められる。
　ア　事故当時暖気等の影響で氷盤が屋根から落下した場合にはそれが右道路脇の積雪上に落下していくような位置関係にあったこと
　イ　道路両脇に除雪された雪が積み上げられているため有効幅員は狭く約四・七メートルほどしかないのに、車の通行が多く、通過する自動車の跳ねあげる泥を避けるために右積雪の上を通行しようとする者のあることが一層強い蓋然性をもって予想されるような状況にあったこと
　ウ　他方本件建物の道路側の屋根には庇から約50センチメートルのところに丸太を用いた雪止め装置が施されていたものの、その雪止めよりさらに庇よりに付着している氷盤の落下を防止するための設備等はないこと
　エ　落下した氷盤から通行人を保護するため例えば氷盤の落下す

る付近一帯に通行人が立入ることのないよう何らかの方策を構ずるといった配慮はなされていなかったこと
② したがって、本件建物の保存については「その屋根に付着した氷盤の落下による危害から通行人を保護するに足りる適切な設備が構ぜられていない」という瑕疵がある。

［管理組合としての留意点］

　工作物の保存につき、「通行人」も対象に、その時点の実際の状況等において安全性確保のために必要適切な措置が講じられていないことを瑕疵と判断している点が参考になります。

　区分所有建物でも、屋上部分等は、専用使用権が設定され、管理も専用使用権者が行うルーフバルコニー等を除けば、管理組合が管理することになりますので、積雪があった後の対応を心がける必要があります。

事故と管理 （漏水）

No.24 建物に瑕疵がある場合、実際の被害が予測困難な自然力によるものであったとしても所有者である貸主に応分の工作物責任が認められるとした事例

（東京地裁平成4年3月9日判決）

[事案の概要]

　本件は、マンションの一室のベランダに溜まって溢れた雨水が室内に浸水し、その雨が同室真下に位置する別の住戸に浸水し、その住戸の居室、家財に被害が生じた事案です。浸水の原因となった住戸は賃貸借に供されており、貸主が所有者、借主が占有者という立場になります。漏水の際の雨は、一時間あたりの降水量が35mmを超え、場所によっては50mmを超える豪雨が2時間ないし3時間続くという、通常の予測を超えた豪雨でした。被害者である階下住戸の住人が、浸水原因となった物件の所有者および占有者に対し損害賠償を求めました。

[裁判所の判断]

　裁判所は、おおむね以下のように述べて、工作物責任を認めました。

① 本件豪雨による浸水事故は、占有者である借主が、忠実に南側排水口及び東側排水口の塵芥を完全に除去していれば、発生を回避できた可能性を否定することはできず、少なくともそのような完全な注意を行っていれば、かかる大きな損害を回避できたことは明らかである。

② 1時間あたりの雨量が非常に大きく、両方の塵芥が完全に除去されていたとしても浸水を回避することができなかった可能性もあるが、塵芥の除去を怠った過失と事故発生の因果関係そのものを否定することはできないので、借主には占有者としての損害賠

償責任がある。
③ 本件ベランダの東側の排水口は、サンルームの構築により、塵芥の完全な除去が容易でない状況となっており、このため、本件事故による損害が増大していること、また、本件ベランダがタイル張りのために底上げされ、そのために、損害の発生が増大したことなどが認められるから、貸主には所有者としての損害賠償責任がある。
④ ただし、本件豪雨の程度を勘案し、自然力と建物の瑕疵とが競合して損害が生じたとし、その損害に対する自然力の寄与度を5割として、損害賠償額は請求額の2分の1とする。

[管理組合としての留意点]

マンションの管理には、共用部分の日常的な点検・清掃が重要な業務としてありますが、本件のように、清掃等の不備およびそれをもたらす造作の設置等が、保存上の瑕疵とされる場合がある点に注意が必要です。

本件は共用部分でも専用使用権が設定されているベランダの管理の問題であったため、区分所有者が責任を負いましたが、共用部分については管理組合の責任で管理を行うことになります。

区分所有建物においては、工作物責任が問題となる事故等が発生した場合には、共用部分の設置保存にかかる瑕疵である旨推定され、全区分所有者が持分に応じ負担に任ずることになります。

本件は、清掃の不備という保存上の瑕疵や注意義務違反が問題とされ、かつ、自然災害であっても場合によっては責任が生じる可能性があるという点に注意が必要です。

屋上やベランダ等の清掃等の日常管理を適切に行う必要があるとともに、ゲリラ豪雨が頻発する季節や台風シーズンの前などにおいては、十分に点検等を行い、必要な対応をしておくことが大切でしょう。

事故と管理（ドア）

No.25 玄関ドアによる事故について、ドアの取り付け業者の損害賠償責任を認めなかった事例
（東京地裁平成7年11月15日判決・判タ912・203）

［事案の概要］

　11歳の子供がマンションの玄関ドアに指を挟まれ、小指を切断するなどの怪我をしたため、玄関ドアの取り付け業者に損害賠償を請求した事案です。

［裁判所の判断］

　裁判所は、おおむね以下のように述べて、業者の損害賠償責任を認めませんでした。

> ①　本件では次のような事情が認められる。
> 　ア　玄関ドアのドアクローザーは、建設省告示「建築物性能等認定事業登録規定」の安全性に関する要求基準に適合していること
> 　イ　多数の同じ品番のドアが出荷されているが、本件事故以外に同じ部品を使用したドアで指を切断する事故は起きていないこと
> 　ウ　本件事故当時の風速によれば、仮に請求者が主張する適切閉扉速度に調整されていたとしても、本件事故の発生が回避できたかは不明であること
> ②　したがって、取り付け工事をした業者には、本件ドアの閉扉速度の調整について注意義務違反はない

［管理組合としての留意点］

　専有部分と廊下等の共用部分との間のドアについては、外側が共用部分、内側が専有部分とされています。

ドアクローザーがどちらに属するかは争いの余地がありますが、マンション全体で同一部材が使用されているのが一般的でしょうから、規約において管理組合が管理するものとし、定期的な点検等の対応をするとともに、必要に応じて強風時の注意喚起等をしておくことが考えられます。

事故と管理（窓等の開口部）

No.26 アパートの居住者が手すりのない窓から落下し死亡した事故につき、アパート所有者に工作物責任が認められた事例（福岡高裁平成19年3月20日判決）

[事案の概要]

　2階建てアパートの賃借人の妻が、洗濯物を干そうとしたとき、手すりのない2階の窓から転落し、死亡しました。この物件では、洗濯物を干すときには、2階の窓の外に取り付けてあった竿受け金具に物干し竿を渡し、その竿に干すことが予定されていたところです。

　被害者の遺族がアパート所有者に対し、本件窓に手すりがないことは建物の欠陥であると主張して、工作物責任に基づき損害賠償請求をした事案です。

[裁判所の判断]

　裁判所は、おおむね以下のように述べて、建物所有者の工作物責任を認めました。

① 　本件窓の腰高は（建築基準法の）基準の範囲内であるということができるし、また、採光や通風、さらには居室の開放感等の見地からしても、窓の腰高を余り高くすることはできないし、相当でもないものといわなければならない。そうであれば、約73センチメートルという本件窓の腰高自体を瑕疵とみなすことはできない。本件窓の腰高は約73センチメートルあることから、それ自体は欠陥とはいえない。

② 　しかし、本件窓は洗濯物を干すために利用されており、しかも、竿受け金具が錆び付いて伸縮できなくなっていたところから、身体を戸外に伸び出す姿勢を取ることになる。したがって、本件竿受けに設置した物干し竿に洗濯物を干すには一定程度の危険性があったことは否めないから、本件窓の外に手すり等を設置

して、転落防止に備えるべきであったものである。
③　本件窓に手すりや柵等が設置されていなかったことは、転落防止という観点からしてその安全性が十分なものでなかったということにならざるを得ず、本件窓の設置・保存には瑕疵がある。
④　ただし、被害者にも重大な過失があった（過失相殺9割）。

[管理組合としての留意事項]

　本件は、賃貸アパートでの事故の事案ですが、マンションにおいても、共用部分の窓などの開口部につき同様の問題が生じる可能性はあります。建築基準法等に違反していなくても、その窓などの実際の使われ方に応じて「通常有すべき安全性を欠いている」と評価されることがありますので、一度共用部分の実際の用途にしたがい安全性を確認しておくことが大切でしょう。

自然災害

No.27 地震により賃貸マンション1階部分が倒壊し、1階部分の賃借人が死亡した事故につき、建物の瑕疵が認められ、工作物責任が認められた事例
（神戸地裁平成11年9月20日判決）

［事案の概要］

　阪神淡路大震災により賃貸マンション1階部分が倒壊し、1階部分の賃借人が死亡しました。被害者の遺族が、本件建物が建築当時の建築基準法令に定める技術的水準に適合せず、かつ地震等の水平力に対する抵抗要素が皆無の危険な建物であるとして、建物所有者に対し工作物責任を求めた事案です。

［裁判所の判断］

　裁判所は、おおむね以下のように述べて、所有者の工作物責任を認めました。

① 　裁判所は、「補強コンクリートブロック造の設計及び施工は細心の注意を払って行わなければならないところ、本件建物は設計上も壁厚や壁量が不十分であり、それを補うために軽量鉄骨で補強するとの考え方で設計されたとしてもその妥当性に疑問があり、さらに、実際の施工においても、コンクリートブロック壁に配筋された鉄筋の量が十分でない上、その鉄筋が柱や梁の鉄骨に溶接等されていないため壁と柱とが十分緊結されていない等補強コンクリートブロック造構造の肝要な点に軽微とはいえない不備があり、結局、本件建物は、建築当時の基準に考えても、建物が通常有すべき安全性を有していなかったものと推認することができる」から、建物の設置の瑕疵があった。

② 　本件建物が仮に建築当時の設計震度による最低限の耐震性を有していたとしても本件建物は倒壊していたと推認できるとして

も、「建築当時の基準により通常有すべき安全性を備えていたとすれば、その倒壊の状況は大いに異なるものとなっていたと考えるのが自然であって、本件賃借人の死傷は、本件地震という不可抗力によるものとはいえず、本件建物自体の設置の瑕疵と想定外の揺れの本件地震とが、競合してその原因となっているものと認めることができる。」したがって、損害に対する地震の寄与度を5割と評価して、損害賠償額は、実際に生じた損害の5割相当額である。

[管理組合としての留意点]

区分所有建物においては、工作物責任が問題となる事故等が発生した場合には、共用部分の設置保存にかかる瑕疵である旨推定され、全区分所有者が持分に応じ負担に任ずることになります。

本件は、賃貸マンションのケースであり、かつ、設置の瑕疵が問題となる事案ですが、区分所有建物でも同様の問題が生じます。最終的には建築会社等に求償できるとしても、一次的には管理組合で負担することになります。自然災害であっても場合によっては責任が生じる可能性があることには十分に注意が必要です。

自然災害

No.28 台風のため屋根瓦が飛散し、隣家に損害が生じた事故につき、工作物責任が認められた事例

（福岡高裁昭和55年7月31日判決）

[事案の概要]

　台風のため屋根瓦が飛散し、隣家の敷地内に落下し、隣家の建物や車庫の外壁にあたって損傷が生じました。これに対し、隣家所有者が、屋根瓦を飛散させた建物所有者に対し、屋根瓦を固定するなどして屋根瓦が風によって飛散させないようにすべき義務を怠り瑕疵が存在するとして、工作物責任に基づく損害賠償を請求しました。

[裁判所の判断]

　裁判所は、おおむね以下のように述べて、工作物責任を認めました。

① 台風のため屋根瓦が飛散し損害が生じた場合において、土地工作物に瑕疵がないというのは、一般に予想される程度までの強風に堪えられるものであることを意味する事故があった北九州を台風が襲う例は南九州ほど多くはないが、過去にもあり、「当該建物には予想される程度の強風が吹いても屋根瓦が飛散しないよう土地工作物である建物所有者の保護範囲に属する本来の備えがあるべきであるから、その備えがないときには当該建物に瑕疵があり、かつ、台風という自然力が働いたからといって、瑕疵と損害との間の因果関係を欠くものではない。

② 本件では建物の屋根瓦は風速未だ14.5メートルに達しない昼すぎ頃以降に飛散し始めており、かつ台風通過後の右建物の屋根の被害状況はその附近一帯の建物の屋根のそれに比べて比較的大きかった。

③ 建物の屋根には小穴をあけた硬い瓦を針金で屋根に固定すると

> か、屋根瓦を止め金で固定するとか、漆喰で固定するとか、瓦の固定について建物所有者の保護範囲に属する本来の備えが不十分であったと推認することができるから、本件建物の屋根の設置又は保存に瑕疵があったというべきである。

[管理組合としての留意点]

　区分所有建物においては、工作物責任が問題となる事故等が発生した場合には、共用部分の設置保存にかかる瑕疵である旨推定され、全区分所有者が持分に応じ負担に任ずることになります。

　自然災害であっても場合によっては責任が生じる可能性があるという点に注意するとともに、屋上やベランダの設置物等や飛散のおそれのある看板等については、ゲリラ豪雨が頻発する季節や台風シーズンの前などにおいては、十分に点検等を行い、必要な対応しておくことが大切でしょう。

増築

No.29 マンションの増築決議に区分所有者の一部が反対した場合でも増築決議は有効であり、工事費用の支払い義務を負うとした事例
（大阪高裁平成4年1月28日判決）

[事案の概要]

臨時総会で40名中38名の賛成で増築工事を行ったところ、決議に反対した区分所有者Xが、管理組合Yに対し決議の無効確認の請求をしました。これに対し管理組合Yは、Xに対し共用部分の工事費用の共有持分割合の支払いを反訴請求した事案です。

一審の神戸地裁平成3年5月9日判決は、Xの請求を棄却し、Yの反訴請求を認めたため、Xが控訴をしました。

[裁判所の判断]

裁判所は、おおむね以下のように述べて、原審判決を取り消し、Xの訴えを却下し、Yの請求を棄却しました。

① 増築工事は共用部分の変更を伴うのが通常であり、この場合には区分所有法17条1項に定める特別多数決議が必要とされ、かつ、当該工事が特定の区分所有者の専有部分の使用に特別の影響を及ぼすときは、当該区分所有者の承諾を必要とする（同法17条2項）。
② 一棟の区分所有建物の全ての専有部分の増築を共同事業として行うには、区分所有者全員の同意が必要であり、法17条1項の決議があったとしても、自己の専有部分の増築を望まない区分所有者は、専有部分の増築を行う義務はない。
③ 本件決議は、増築に賛成した39名の区分所有者の専有部分の増築のみを目的とするものであると認められ、当該増築に必要な共用部分の変更および敷地利用権の変更という意味において、有効

な決議である。
④　本件決議による工事は、設計変更により、Xの専有部分の工事は行わず、他の区分所有者の専有部分の増築に必要な範囲の屋根・柱等の共用部分の工事にとどめたものであり、当該工事費用は工事の実施者である39人において負担すべきである。したがって、増築工事費用を全区分所有者の負担とすることを内容とする本件決議がなされたからといって、増築に参加しなかったXに対し工事費用の負担を求めることはできない。

[管理組合としての留意点]
　専有部分を含む増築については、決議に反対した者を含まない決議として有効とされます。増築の際には、総会決議の結果を踏まえ、工事範囲等や費用負担について精査することが大切です。

復旧

No.30 区分所有者は、地震による復旧工事の分担金の支払い義務を負うとした事例
(神戸地裁平成9年3月26日判決・判タ947・273)

[事案の概要]

　管理組合が臨時総会において、阪神大震災による被災の復旧工事のための修繕費用の分担金を徴収することを決議しました。ところが、専有部分の範囲につき争いがあったことなどを理由に一部の区分所有者が当該分担金を支払わなかったことから、管理組合が当該区分所有者に対し、当該決議に基づく分担金の支払いを請求した事案です。

[裁判所の判断]

　裁判所は、本件マンションの改修は共用部分の管理に関する事項であるとして、管理組合は同法18条に基づき、各区分所有者に区分所有法19条に規定する持分（専有部分の床面積割合）に応じる負担を求めるために本件決議をしたものであるとして、管理組合の請求を認めました。

[管理組合としての留意事項]

　自然災害等に伴う復旧や修繕工事には多額の費用がかかります。修繕積立金では賄えない場合には、持分に応じて一時金の負担を求めることになりますが、その際には、しっかりと手続きを踏んで総会決議を得ることが大切です。

5-2 マンション管理等にかかわる主な罰則

	大項目	キーワード	事象	違反根拠条文	罰則 適用条文	
1	法定点検		特殊建築物等定期調査を怠ると	建築基準法第12条第1項	建築基準法第101条第2号	100万円以下の罰金
2			建築設備定期検査を怠ると	建築基準法第12条第3項	建築基準法第101条第2号	100万円以下の罰金
3			昇降機定期検査を怠ると	建築基準法第12条第3項	建築基準法第101条第2号	100万円以下の罰金
4			消防用設備等点検を怠ると	消防法第17条3の3	消防法第44条第11項	30万円以下の罰金または拘留
5			専用水道定期水質検査を怠ると	水道法第13条第1項、第20条第1項、第34条第1項	水道法第54条第2号、第3号	100万円以下の罰金
6			簡易専用水道管理状況検査を怠ると	水道法第3条第7項、第34条2の第2項	水道法第54条第8号	100万円以下の罰金
7			自家用電気工作物定期点検を怠ると	適用条文なし	罰則なし	
8			自家用電気工作物の使用開始の届出を怠ると	電気事業法第53条	電気事業法第123条第1号	10万円以下の過料
9		浄化槽	浄化槽の保守点検清掃の報告を怠ると	浄化槽法第53条第1項（第7号、第8号に係る部分を除く）	浄化槽法第64条第10号	30万円以下の罰金
10			浄化槽の定期検査を拒むと	第53条第2項（第1項第7号、第8号に係る部分を除く）	浄化槽法第64条第11号	30万円以下の罰金
11			浄化槽の保守点検の技術上の基準、または清掃の技術上の基準に満たない保守点検または清掃と認められ、都道府県知事の改善命令を無視して改善を怠ると	浄化槽法第12条第2項	浄化槽法第62条	6ヶ月以下の懲役または100万円以下の罰金
12		省エネ措置	省エネ措置の届出を怠ると 虚偽の届出をすると	省エネ法第75条第1項	省エネ法第96条第1号	50万円以下の罰金
13			省エネ措置の維持保全状況の定期報告を怠ると 虚偽の定期報告をすると	省エネ法第75条第5項 省エネ法第75条の2第3項	省エネ法第96条第3号	50万円以下の罰金
14	管理組合	記録の保管	規約・集会の議事録を保管しなかったら	区分所有法第33条第1項、第42条第5項	区分所有法第71条第1号	20万円以下の過料
15		管理組合法人の登記	管理組合法人の登記を怠ると	区分所有法第47条第3項	区分所有法第71条第5号	20万円以下の過料
16		財産目録の作成	設立時および毎年1月～3月に財産目録を作成しないと	区分所有法第48条の2第1項	区分所有法第71条第6号	20万円以下の過料
17		役員の人数	理事や監事が規約で定めた員数に欠けているのに、選任手続きを怠ると		区分所有法第71条第7号	20万円以下の過料
18		管理組合の名称	管理組合法人が、その名称中に「管理組合法人」の文字を使わなかったり、管理組合法人ではないのに「管理組合法人」と名乗ったら	区分所有法第48条第2項	区分所有法第72条	10万円以下の過料
19	マンション管理	マンション管理業登録簿	マンション管理業登録簿に登録をせずマンション管理業を営んだり、虚偽の内容で登録をしたら	マンション適正化法第44条第1項、第3項、第53条	マンション適正化法第106条第1号、第2号	1年以下の懲役又は50万円以下の罰金
20		名義貸し	マンション管理業者が、他人に自己の名義を名乗らせ管理業を営ませたら	マンション適正化法第54条	マンション適正化法第106条第3号	1年以下の懲役又は50万円以下の罰金

319

	大項目	キーワード	事象	違反根拠条文	罰則 適用条文	
21	業者	マンション管理士資格	マンション管理士でない者がマンション管理士を名乗ったり、紛らわしい名称を利用すると	マンション適正化法第42条	マンション適正化法第107条第2号	30万円以下の罰金
22	不動産登記	登記識別情報の不正取得	登記簿に不実の記録をさせる事となる登記の申請・嘱託に利用する目的で、登記識別情報の取得や保管をすると		不動産登記法第161条	2年以下の懲役又は50万円以下の罰金
23		登記官による検査の妨害	登記官による、不動産の表示に関する事項の調査を拒否・妨害したり、虚偽の陳述をしたりすると	不動産登記法第29条第2項	不動産登記法第162条	30万円以下の罰金
24		土地・建物の登記申請	土地や建物を取得または滅失したり、登記内容に変更があるのに1ヶ月以上申請をしないと	不動産登記法第36条、37条第1項、第2項、第42条、第47条第1項、第49条第1項、第3項、第51条第1項～第4項、第57条、第58条第6項、第7項	不動産登記法第164条	10万円以下の過料
25	マンション警備	警備業の認定	公安委員会の認定を受けずに警備業を営むと	警備業法第5条第1項、第2項、第3項	警備業法第57条第1号	100万円以下の罰金
26			認定証の有効期間満了後も警備業を営むと	警備業法第7条第1項	警備業法第57条第2号	100万円以下の罰金
27		警備業務の契約書	警備業務依頼者に契約書を交付しなかったり、虚偽の書類を交付すると	警備業法第19条	警備業法第57条第4号	100万円以下の罰金
28		機械警備業務の受信／送信装置設置	公安委員会に届出書を出さずに機械警備業務に関わる受信／送信機器を設置すると	警備業法第40条	警備業法第57条第6項	100万円以下の罰金
29	個人情報保護	個人情報の不正利用	個人情報取扱事業者が、個人情報の不正利用等に対する是正命令に対し違反をすると	個人情報保護法第34条第2項、第3項	個人情報保護法第56条	6月以下の懲役又は30万円以下の罰金
30	建築関係	無許可建築	仮設建築物を無許可で建築したり、1年以内と定めた期間を超えて存続させたら	建築基準法第85条第3項または第5項	建築基準法第101条第8項	100万円以下の罰金
31		容積率オーバー	法定容積率いっぱいに建築したマンションの、床面積に参入しない共用廊下や階段を、専有居室に模様替えすると	建築基準法第52条第1項・第2項・第7項	建築基準法第101条第3項	100万円以下の罰金
32		無許可増築	無届けで建物を増築したとしたら	建築基準法第6条第14項	建築基準法第99条第1項	1年以下の懲役または100万円以下の罰金
33		無許可模様替	建築基準法に定められた大規模模様替を無断で行ったとしたら	建築基準法第6条第1項	建築基準法第99条第1項	1年以下の懲役または100万円以下の罰金
34		確認済証公布前建築	確認済証公布前に、建築、大規模修繕、または大規模模様替工事を行ったとしたら	建築基準法第6条第14項	建築基準法第99条第2項	1年以下の懲役または100万円以下の罰金
35		内装制限	建築基準法の内装制限があるのにもかかわらず、耐火性のない間仕切りを設けたとしたら	建築基準法第35条の2	建築基準法第98条第2項・第4項	3年以下の懲役または300万円以下の罰金
36		無窓居室等の主要構造部	政令で定める開口部を有しない居室において居室を区画する主要構造部を耐火構造または不燃材料で作らなかったとしたら	建築基準法第35条の3	建築基準法第99条第5項	1年以下の懲役または100万円以下の罰金

	大項目	キーワード	事象	違反根拠条文	罰則 適用条文	
37	建築関係	無届撤去	建物を撤去したが届出を提出しなかったら	建築基準法第15条第1項	建築基準法第102条第2項	50万円以下の罰金
38		違反建築	許可された条件に違反した建物を建てたとしたら	建築基準法第9条第1項	建築基準法第98条第1項	3年以下の懲役または300万円以下の罰金
39		検査	建物に関する中間検査や完了検査を受けなかったとしたら	建築基準法第7条第1項または第7条の3第1項	建築基準法第99条第3項	1年以下の懲役または100万円以下の罰金
40		耐震改修	「特定建築物」の地震に対する安全性に関する報告を怠ったり、虚偽の報告をしたり、または所轄行政庁の検査を拒み、妨げ、もしくは忌避したりしたとしたら	建築物の耐震改修の促進に関する法律第27条第4項	建築物の耐震改修の促進に関する法律第44条	50万円以下の罰金
41		占有地内の調査・測量	都市計画の決定・変更を目的とした測量・調査のための占有地立ち入りを拒んだり、妨害したりすると	都市計画法第25条第1項、第5項	都市計画法第92条第1号	50万円以下の罰金
42		未許可の開発行為	都市計画区域又は準都市計画区域内で、都道府県知事の許可を受けなかったり、申請書を提出しないで開発行為（建築・建設のために土地の区画形質を変更すること）を行うと	都市計画法第29条第1項・第2項	都市計画法第92項第3号	50万円以下の罰金
43		許可取り消し違反	都市計画法上に則る開発行為の許可を取り消されたり、変更命令が出されているのに、違反をすると	都市計画法第81条第1項	都市計画法第91条	1年以下の懲役又は50万円以下の罰金
44		用途地域の定まっていない土地	用途地域の定められていない土地であっても、都道府県知事の定めた制限（建蔽率、高さ等に）違反をして建築をすると	都市計画法第41条第2項	都市計画法第92条第5号	50万円以下の罰金
45		開発許可を受けた開発区域内の建築・建設行為	開発行為の完了公告がされる前に建築物や特定工作物を建築・建設すると	都市計画法第37条	都市計画法第92条第4号	50万円以下の罰金
46			開発行為の完了公告後に予定建築物以外の建築物建築や特定工作物の建設を行ったり、建築物の用途変更を行うと、	都市計画法第42条第1項	都市計画法第92条第6号	50万円以下の罰金
47		開発許可を受けていない市街化調整区域	市街化調整区域の開発許可を受けていない区域で、都道府県知事の許可を受けずに建築物の建築や第一種特定工作物を建設すると	都市計画法第43条第1項、第43条第1項	都市計画法第92条第7号	50万円以下の罰金
48		遊休土地に関わる計画の届出	市町村長から遊休土地である旨の通知を受けたのに、土地の利用や処分計画の届出をしなかったり、虚偽の届出をすると	都市計画法第58条の7	都市計画法第92条第8号	50万円以下の罰金
49		有給土地利用の是正勧告	市町村長から遊休土地の利用の是正勧告を受けたのに、報告をしなかったり、虚偽の報告をすると	都市計画法第58条の8第2項	都市計画法第92条の2	30万円以下の罰金
50		開発、建築の届出	地区計画の区域内で、土地の区画形質の変更や建築物の建築、または変更について、着手の30日前までに届出をしないと	都市計画法58条の2第1項、第2項	都市計画法第93条第1号	20万円以下の罰金
51		立入り検査の拒否	開発行為の許可・認可・承認の取り消しや変更などをするための立ち入り検査を拒否したり妨害すると	都市計画法第82条第1項	都市計画法第93条第3号	20万円以下の罰金
52		都市計画公告中の譲渡	都市計画の公告の翌日から10日経過した以降に届出せずに土地を有償譲渡したり、虚偽の届出をすると	都市計画法第52条の3第2項・第4項、第57条第2項、第67条第1項・第3項	都市計画法第95条第1号〜第3号	50万円以下の過料

	大項目	キーワード	事象	違反根拠条文	罰則 適用条文	
53		開発行為の変更届出	開発行為の軽微な変更や、工事の廃止について届出をしなかったり、虚偽の届出をすると	都市計画法第35条の2第3項、第38条	都市計画法第96条	20万円以下の過料
54	建築設備	電気工作物の主任技術者	自家用電気工作物の主任技術者選任を怠ると	電気事業法第43条第1項	電気事業法第118条第8号	300万円以下の罰金
55		電気工作物の自主保安	事業用電気工作物の保安規程の変更命令に違反すると	電気事業法第42条第3項	電気事業法第120条第6号	30万円以下の罰金
56		一般用電気工作物の改善命令	一般用電気工作物の技術基準適合命令に違反すると	電気事業法第56条第1項	電気事業法第120条9号	30万円以下の罰金
57		ガス消費機器の改善命令	ガス消費機器の基準適合命令に違反すると	ガス事業法第40条の3	ガス事業法第59条第3号	30万円以下の罰金
58	駐車場	自動車保管場所の報告	自動車の保管場所について虚偽の書面を提出すると		自動車の保管場所の確保等に関する法律第17条第2項第1号	20万円以下の罰金
59			公安委員会からの自動車の保管場所に関する報告要請に応えなかったり、虚偽の報告をすると	自動車の保管場所の確保等に関する法律第12条	自動車の保管場所の確保等に関する法律第17条第3項第3号	10万円以下の罰金
60	消防関係	無断貯蔵	指定数量以上の危険物（たとえば、灯油等）を継続して無断で貯蔵したとしたら	消防法第10条第1項	消防法第41条第3項	1年以下の懲役または100万円以下の罰金
61		使用禁止	防火対象物の使用の禁止、停止または制限を命じられたにもかかわらず、そのまま使用したとしたら	消防法第5条の2第1項	消防法第39条の2の2第1項、第2項	3年以下の懲役または300万円以下の罰金（情状により懲役および罰金を併科）
62		改修怠慢	消防長または消防署長により、防火対象物の改修等の命令を受けたにもかかわらず改修等を怠ったとしたら	消防法第5条第1項	消防法第39条の3の2	2年以下の懲役または200万円以下の罰金（情状により懲役および罰金を併科）
63		設備損壊	無断で火災報知機、消火栓、消防用水等を損壊したり、撤去すると	消防法第18条第1項	消防法第38条	7年以下の懲役
64		漏油	業務上必要な注意を怠り、油タンクや発動発電機室などから油を漏出させ、または飛散させて火災の危険を生じさせると		消防法第39条の3第1項	2年以下の懲役もしくは禁錮または200円以下の罰金（ただし、公共の危険が生じなかった場合は、罰しない
65		死傷	業務上必要な注意を怠り、油タンクや発動発電機室などから油を漏出、または飛散させて火災等により人を死傷させると		消防法第39条の3第2項	5年以下の懲役もしくは禁錮または300万円以下の罰金
66		維持怠慢	消防設備等が設置等技術基準にしたがって設置されていなかったり、維持のための必要な措置を怠ると	消防法第17条の4第1項	消防法第44条第12号	30万円以下の罰金または拘留

	大項目	キーワード	事象	違反根拠条文	適用条文	罰則
67	その他	看板	公告看板を無断で設置したら	屋外広告物法第4条、東京都屋外広告物条例第8条	屋外広告物法第34条、東京都屋外広告物条例第68条第2号	30万円以下の罰金（条例により、罰金または過料のみを科する規定を設けることができる）
68	その他	飲食店、喫茶店	新たに飲食店や喫茶店等の営業をはじめたことを、所轄保健所に届け出ないと	食品衛生法第52条第1項	食品衛生法第72条第1項、第2項	2年以下の懲役または200万円以下の罰金
69	その他	下水道	不正な手段により下水道料金または手数料の徴収を免れると		東京都下水道条例第26条　※	徴収を免れた金額の5倍に相当する金額（当該5倍に相当する金額が5万円を超えないときは5万円とする）以下の過料
70	その他	維持管理	維持管理が建築物環境基準を満足しておらず、建物内における人の健康を損ない、または損なう事態が認められたにもかかわらず、都道府県知事による改善命令を無視して改善を怠ったとしたら	ビル衛生管理法第12条	ビル衛生管理法第16条第5号	30万円以下の罰金
71	その他	改修工事	解体工事に着手する7日前までに所定の届出をせず、または虚偽の届出をしたら	建設リサイクル法第10条第1項	建設リサイクル法第51条	20万円以下の罰金
72	その他	被災建物の再建	再建の集会の議長が、議事録を作成しなかったり、作成しても記録すべき事項を記載しなかったり、虚偽の記載をしたら	被災区分所有法第42条第1項～第4項	被災区分所有法第19条第3項	20万円以下の過料

※下水道条例は参考までに東京都のものを掲載しています。

第6章

支援ツール

建築本体 マンション健全度　簡易セルフチェックシート－1

	チェック項目	YES	NO
1	マンション竣工後30年を超えている		
2	前回の大規模改修工事から15年以上経過している		
3	コンクリートやタイルの表面に多くのひびわれや欠損が確認できる		
4	コンクリート内部の鉄筋が見えるところがある		
5	共用廊下の床がくぼんでいるところがある（歩いていてわかる程度以上のもの）		
6	タイルやモルタルの浮きや、落下が見られる外壁や金物の表面仕上の塗装が剥がれたり、白い粉を吹いていたり、色あせや変色が目立つ		
7	タイルの隙間などから白いセメント汁のようなものが流れ出していたり、カビや汚れが目立つ		
8	外壁の目地シーリング材が硬化したり、一部なくなっているところがある		
9	屋上や各階バルコニーから、下階等への漏れが見られる		
10	ドアや窓がスムーズに開閉できない		
11	仕上材のビニルクロスの剥がれが目立つ		
12	大きな地震直後に、それまでなかったひびわれが確認できる		
13	天井仕上材が落下しかかったり、壁との間に大きな隙間が確認できる		

支援ツール

| 建築設備 | マンション健全度　簡易セルフチェックシート−2 |

	チェック項目	YES	NO
1	水栓から時々赤錆が混じった水が出てくることがある		
2	台所やトイレの排水の流れが悪かったり、排水時等に逆流や音がすることがある		
3	火災報知機の試験の再に作動せず、警報音が鳴らない箇所が多い（共用部、専有部にかかわらず）		
4	インターホンの音声や画像が不鮮明になることが多い		
5	共用部の上下水道量が以前よりも増加した		
6	電球や蛍光灯を交換してもすぐに切れてしまったり、点灯しなくなったり、連続して点滅したりする		
7	外部にある集水枡があふれることがある		
8	マンションの入居者とは明らかに違う不審者らしい人を共用廊下等で見かける		
9	テレビやラジオなどの雑音や音声の低下が見られる		
10	設備機器が基礎の所定位置からズレた所にある		

※上記チェックシートで、ＹＥＳが過半を超える場合には、建築専門家などに相談することをお勧めします。

事項索引（丸数字は掲載ページの章を表す。例：③215は3章の215ページ）

あ
Is値………③214
合い見積り方式………②94

う
上塗基準………③230

え
F☆☆☆☆（エフ・フォースター）
………②135

か
瑕疵担保責任………②107
壁芯基準………③230
管理規約………①30

き
競争入札………②94
共用部分の確保すべき照度………②176
緊急工事等………③225
緊急点検………③224

こ
コア抜き試験………②68
高齢者対策………④246

さ
再生可能エネルギー固定価格買取制度
………②152、②153

し
使用細則………①30
修繕工事の費用負担………②142
針入度試験………②68

せ
制震（振）構造………③212
赤外線試験………②69
セキュリティの強化………②173

た
太陽電池発電設備用架台………②151
大規模修繕工事費用の構成要素
………②90
第三者管理方式………④244
単一工事………②93

て
定期点検………②54、②57
電力の小売り自由化………②151

と
特別多数決議（特別決議）
………①23、①26

は
破壊試験………②68

ひ
避難ビル………④246
非破壊試験………②68

ふ
普通決議………①23、①25
複合工事………②93

ほ
法定点検………②54、②57

ま
マンション敷地売却制度の流れ
………③240
マンション向け電力提供サービス
………②164

め
免震構造………③212

も
目視調査サポート機器………②71

よ
余剰電力買取制度………②150

ら
ライフサイクルコスト
………②190〜②192

り
リバウンドハンマー試験………②69

判例索引

No.	事例の内容	裁判所	判決年月日	頁
	専有部分と共用部分			
No.1	共用設備の設置された車庫は専有部分であるとした事例	最高裁	昭和56年6月18日	259
No.2	共用設備の設置された倉庫は専有部分であるとした事例	最高裁	昭和61年4月25日	262
No.3	管理人室は共用部分であるとした事例	最高裁	平成5年2月12日	264
No.4	排水管は共用部分であるとした事例	最高裁	平成12年3月21日	266
No.5	登記されていない場合であっても、背信的悪意者に当たる第三者に対しては、管理規約中の共用部分であることを対抗できるとした事例	東京高裁	平成21年8月6日	268
	専有部分の修繕・改造			
No.6	共用部分である駐車場躯体部分の劣化抑制工事をした際に、その一部として区分所有者の専有部分である駐車場の壁面の塗装工事をした場合、その区分所有者に対し、事務管理に基づく費用償還請求権を有するとした事例	東京地裁	平成16年11月25日	270
No.7	バルコニー等の附属設備が経年劣化したことに伴う改修工事の費用負担者は各区分所有者であるとした事例	仙台高裁	平成21年12月24日	272
	共用部分の修繕・改造			
No.8	区分所有者が共用部分である排水管の修理代金を負担した場合、その費用を管理組合に求償することができるとした事例	東京地裁	平成8年11月26日	274
No.9	ピロティ部分に壁を設置したことは共同利益背反行為に当たるとして、区分所有者に対する撤去請求が認められた事例	東京高裁	平成7年2月28日	276
No.10	換気装置設置のため建物外壁に円筒形の開口をしたことは共同利益背反行為に当たるとして、区分所有者に原状回復請求が認められた事例	東京高裁	昭和53年2月27日	278
	工事の実施・遅延・不備等の責任			
No.11	エレベーターなどの共用部分の補修を放置等していた管理者の解任請求が認められた事例	東京地裁	昭和53年1月26日	280
No.13	総会決議で決められた受水槽工事を遅延させた等として区分所有者が理事長に対し善管注意義務違反を理由とする損害賠償請求をすることはできないとした事例	神戸地裁	平成7年10月4日	284
No.14	管理者は、個々の区分所有者に対し報告義務は負わないとした事例	東京地裁	平成4年5月22日	286
No.15	建物の設計者、施工者または工事監理者が建築された建物の瑕疵により生命、身体または財産を侵害された者に対し不法行為責任を負うとされた事例	最高裁	平成19年7月6日	288
No.16	マンション居室改装工事によって受忍限度を超えた騒音が発生したことにつき工事を設計監理した一級建築士および工事を施工した業者が階下の住人に対して不法行為責任を負うとされた事例	東京地裁	平成9年10月15日	290
	工事代金の支出に係る管理者の責任			
No.12	工事代金の支出等が違法であるとして区分所有者が理事長に対し不法行為を理由に損害賠償請求をすることはできないとした事例	東京地裁	平成4年7月16日	282
	事故と管理			
No.17	団地内に設置されていた箱型ブランコで遊戯中の子供が死亡した事故につき、工作物責任の成立を否定した事例	那覇地裁	平成17年11月16日	292
No.18	自転車で歩道上を走行中、車道上に転倒して貨物自動車に轢過されて死亡した事故につき、事故の原因は歩道上に張り出していた生け垣にもあるとして、生け垣の所有者に対する損害賠償請求が認められた事例	大阪地裁	平成19年5月9日	294
No.19	高層賃貸マンションの廊下に備え付けられていた消火器がイタズラで投げ捨てられ、隣家の屋根を破損した事故につき、賃貸人である建物所有者の工作物責任が認められた事例	大阪地裁	平成6年8月19日	296
No.20	マンションの門扉が倒れ5歳の男児が圧死した事故につき門扉の設置保存に瑕疵があったとしてその所有者の損害賠償責任が肯定された事例	浦和地裁	昭和56年9月28日	298

No.21	マンションの屋上からの転落事故につき工作物責任が否定された事例	浦和地裁	昭和59年9月5日	300
No.22	保育園の屋上に設置された駐車場から乗用車が転落し、園庭にいた園児に直撃し死亡した事故につき、車の運転者および保育園の損害賠償責任が認められた事例	名古屋地裁	平成17年3月29日	302
No.23	通行人の頭上に屋根から氷盤が落下したことによる死亡事故につき、建物所有者に損害賠償義務が認められた事例	旭川地裁稚内支部	昭和48年11月15日	304
No.24	建物に瑕疵がある場合、実際の被害が予測困難な自然力によるものであったとしても所有者である貸主に応分の工作物責任が認められるとした事例	東京地裁	平成4年3月9日	306
No.25	玄関ドアによる事故について、ドアの取り付け業者の損害賠償責任を認めなかった事例	東京地裁	平成7年11月15日	308
No.26	アパートの居住者が手すりのない窓から落下し死亡した事故につき、アパート所有者に工作物責任が認められた事例	福岡高裁	平成19年3月20日	310

自然災害

No.27	地震により賃貸マンション1階部分が倒壊し、1階部分の賃借人が死亡した事故につき、建物の瑕疵が認められ、工作物責任が認められた事例	神戸地裁	平成11年9月20日	312
No.28	台風のため屋根瓦が飛散し、隣家に損害が生じた事故につき、工作物責任が認められた事例	福岡高裁	昭和55年7月31日	314

増築

No.29	マンションの増築決議に区分所有者の一部が反対した場合でも増築決議は有効であり、工事費用の支払い義務を負うとした事例	大阪高裁	平成4年1月28日	316

復旧

No.30	区分所有者は、地震による復旧工事の分担金の支払い義務を負うとした事例	神戸地裁	平成9年3月26日	318

おわりに

　本書では、マンションのハード（箱もの）情報や対処方法などを中心にまとめています。

　しかし、管理組合が管理会社やマンション管理士任せとせず、自分たちのマンションをより良くしよう、より長く住まおうという意志を区分所有者一人ひとりが持ち続けることが何より大切です。その上で理事会を中心に、マンションの管理規約、管理委託契約書、過去の総会・理事会の議事録などに目を通すとともに、共用部分については自分の目で現状を確認したいところです。

　また、マンション管理をスムーズに継続させるには、ソフト（運用）面でのきめ細やかな対応が欠かせません。

　とくに、人と人とのコミュニケーションが重要になってまいります。最近では、「人と建物の老い」に対抗するため、マンションの維持や防災対策への意識を高めることも兼ねて、自治体が音頭を取ってマンション管理組合の交流会組織づくりもはじめています。

　一マンションにとどまらず、近隣マンション同士の交流を通じてマンションの抱える共通課題に、グループ討議や情報交換を足掛かりにして解決を図ろうとするものです。

　このように、マンション管理組合同士を組織化して、より活発なマンション管理組合活動を促進しようとする機運が高まっています。

　さらに、最近では分譲マンションの所有者などに長期修繕計画の作成や管理状況の報告などを義務づける条例（罰則規定あり）を制定しようとする自治体の動きがあり、公共財として、マンション管理がますます注目されてきております。

　本書が、このような状況の中、少しでもマンション管理に関係される皆様の参考になれば幸いです。

マンション管理・改修ガイドブック
資産価値向上のための処方箋

2015年6月20日　第1版第1刷発行

　　監　　修　NTTファシリティーズ
　　著　　者　佐藤貴美・南木政博
　　編集協力　NTTファシリティーズ総合研究所

　　　　発 行 者　松　　林　　久　　行
　　　　発 行 所　株式会社　大成出版社
　　　　　　　　東京都世田谷区羽根木1-7-11
　　　　　　　　〒156-0042　電話 03(3321)4131(代)
　　　　　　　　http://www.taisei-shuppan.co.jp/

©2015（索引省略）佐藤貴美・南木政博　　　　　　　　印刷　信教印刷
　　　　　　落丁・乱丁はお取り替えいたします。
　　　　　　ISBN978-4-8028-3202-1

ビルオーナーとビル管理者のための
建築関連法規ガイドブック
―オアフィスビル編―

<本書の特徴>
・オフィスビルを経営するオーナーや管理業者向けに、コンプライアンスの視点から、その業務や設備に関する法律にはどのようなものがあって、何をしなくてはならないのかを、チェックシートで確認！（1章）
・2章～5章では、その詳細についてQ&Aや紛争事例をまじえわかりやすく紹介！

［監修］　NTTファシリティーズ
［著］　　佐藤貴美
　　　　　田中毅弘
　　　　　南木政博
編集協力／NTTファシリティーズ総合研究所

定価本体 4,200 円（税別）
A5 判・438 頁・並製・送料実費
図書コード 2974

基本を学ぶ建築法規
―建築基準法・関連法令の基本事項を学ぶ―

・建築物の基本的なルールである建築法規（建築基準法および関連法規）について、初学者にもわかりやすいよう、体系的に図解や事例等を使って丁寧に解説！
・建築確認の対象となる法規だけでなく、確認対象には含まれないが建築に関連して適用を受ける他法令等についてもしっかり理解できる！

［編著］町田修二

定価本体 4,200 円（税別）
A5 判・400 頁・並製・送料実費
図書コード 3173

株式会社 大成出版社

〒156-0042　東京都世田谷区羽根木1-7-11
TEL 03-3321-4131　FAX 03-3325-1888
ホームページ　http://www.taisei-shuppan.co.jp/
※ホームページでもご注文いただけます。